法國超鐵血宰相掌權、英國議會與國王撕破臉、俄國真假沙皇爭上位……
慵懶的崇禎十七年，歐洲卻在大混戰！

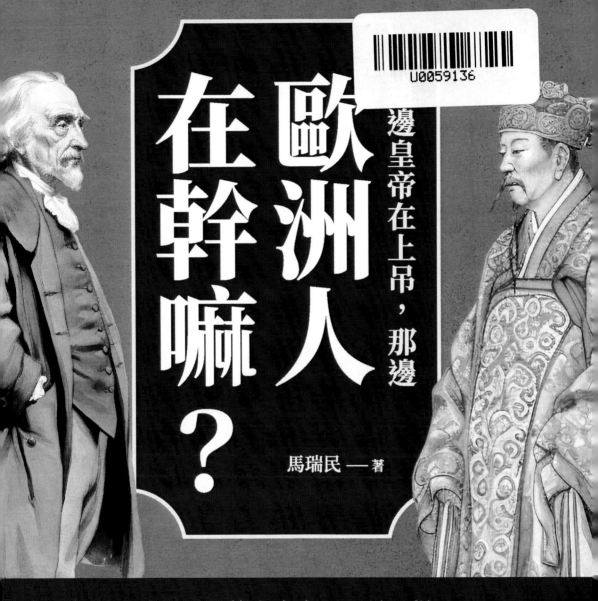

歐洲人
在幹嘛？

這邊皇帝在上吊，那邊

馬瑞民 —— 著

「崇禎年間」後面不是接文言文，而是一場
超精彩的歐洲近代史！

法國：誰是死後被法國人民開棺鞭屍的暴虐宰相？　荷蘭：因為一朵花，全國陷入經濟泡沫！
俄羅斯：不只真假公主，還有真假沙皇！　　　　美國：《風中奇緣》的寶嘉康蒂，後代居然都是名人？

目 錄

目錄

前言　十年

1640 年代。

人類數千年歷史中的十年。

世界、歐洲、中國發生巨變的十年。

第一個日不落帝國 —— 西班牙 —— 落下了帷幕。它從美洲往本土運送黃金白銀，運了一百年，還擁有幾乎整個拉丁美洲。然而，在海上打不過英國，在陸上打不過法國，在疆域內攔不住葡萄牙和荷蘭的獨立，從此成為歐洲邊緣國家。

第二個日不落國家 —— 荷蘭 —— 正處於黃金時代。從 1568 年打響第一槍到 1648 年獨立，荷蘭人用了八十年的時間擺脫了西班牙的統治。這個只有一百多萬人口的小國是人類歷史上第一個資產階級共和國，政治、經濟、金融、文化和科技全方位充分發展。荷蘭的國際貿易額占世界的一半，荷蘭商船的噸位相當於英法德義的總和。

17 世紀的荷蘭，其在世界上的地位就好比今天的美國。阿姆斯特丹相當於紐約，荷蘭盾相當於美元。

第三個日不落帝國 —— 英國 —— 正在進行一場劇烈的政治變革。查理一世（Charles I））認為自己的權利來自上帝，因此只需向上帝負責。而英國議會卻認為，國王必須對議會負責，對人民負責。議會成立了法庭，砍下了國王的腦袋。隨後，英國議會建立了共和國。克倫威爾（Oliver Cromwell）解散了議會，把英國變成軍事獨裁國。最後，英國人民廢掉了克倫威爾的兒子，把英國王儲從海外接回來，恢復了英格蘭王國。究竟什麼樣的政府才好？英國人在探索。

這一時期，英國人在北美建立了一所學校，叫哈佛大學。

北美的英國殖民者娶了一位印第安公主，被迪士尼拍成動畫《風中奇緣》。

第四個日不落大國 —— 法國 —— 正在孵化中。中世紀的法蘭西是典型的封建國家，天子孱弱，諸侯割據，國土像是馬賽克拼成的。一位弱小多病的主教，行事風格就像曹操一樣，甚至比曹操更為果決。他用獨裁手段把全部權力收歸王

前言

室，然後舉全國之力發展經濟、發展文化、發展軍事，使法國在短短的二十年內變成歐洲第一強國。

這一時期，法國成為世界數學中心，一直到今天都是數學強國。

第五個大國 —— 俄國 —— 正在崛起。用了六十年的時間，俄羅斯人把一千萬平方公里的西伯利亞收入囊中。貪婪的俄國人並不滿足，他們跨過黑龍江燒殺搶掠。新成立的大清帝國不得不派出一支軍隊，去邊境抗擊侵略者。

1644 年，國祚延綿兩百多年的大明帝國滅亡了。

崇禎十七年，葡萄牙人在澳門定居了將近一百年，西班牙和明朝做了七十年的貿易夥伴。傳教士在北京居住了四十年。明朝已經配備了最先進的荷蘭火砲。明朝的天文曆法已經與國際接軌。歐洲向明朝輸入了科技、輸入了金錢（巨額）、輸入了軍隊和武器、輸入了人才和思想。

但是，明朝沒有富有，沒有強大，沒有步入現代化。

歐洲國家崛起只是表面現象，其背後經濟、科技、思想與藝術的崛起更值得關注。1500 年到 1644 年，這一百五十年左右歐洲的成就如下：

❑ **天文**：哥白尼的日心說、第谷（Tycho Brahe）的星表、布魯諾（Giordano Bruno）的宇宙說、伽利略的日月觀察、克卜勒三定律。

❑ **地理**：哥倫布發現美洲、葡萄牙人控制印度洋、西班牙人控制太平洋、荷蘭人發現大洋洲。麥哲倫船隊、德雷克完成環球航行。法國人殖民加拿大、英國人在北美建立哈佛大學。

❑ **政治**：荷蘭成立資產階級共和國、英國探索君主立憲、瑞士建立宗教共和國。出版的相關政治書籍有《君王論》（*II Principe*）、《國家六書》（*Six livres de la Republique*）、《神學政治論》（*Tractatus Theologico-Politicus*）、《利維坦》（*Leviathan*）與《戰爭與和平法》（*De iure belli ac pacis*）等。

❑ **經濟**：英國東印度公司和荷蘭東印度公司成立。發展工商業成為歐洲君主的共識。貿易戰成為國與國競爭的新手段。

☐ **科學**：科學家不限於伽利略，還有阿格里科拉（Georgius Agricola，研究礦物）、托里切利（數學家）、笛卡兒（解析幾何）、梅森（Marin Mersenne）、司乃耳（Willebrord Snel van Royen，研究光學折射）、帕斯卡（Blaise Pascal）、雷文霍克（Antoni van Leeuwenhoek）、惠更斯（Christiaan Huygens）、韋達（François Viète，研究代數）、納皮爾（John Napier，發明對數）、費馬（Pierre de Fermat）、吉爾伯特（William Gilbert，研究磁石）、瓦薩里（Andreas Vesalius，近代人體解剖創始人）、威廉·哈維（William Harvey，證實血液循環現象）。

☐ **思想**：馬丁路德的宗教改革、湯瑪斯·摩爾（Thomas More）的烏托邦、馬基維利（Michiavelli Nicolo）的君主論、蒙田的懷疑論、培根的新工具、笛卡兒的方法論、史賓諾沙的倫理學。

☐ **文藝復興**：李奧納多·達文西、米開朗基羅、拉斐爾、提香（Titian）、杜勒（Albrecht Dürer）、老彼得·布勒哲爾（Pieter Bruegel de Oude）、卡拉瓦喬（Caravaggio）、林布蘭（Rembrandt）、魯本斯、貝尼尼（Gian Lorenzo Bernin）等，大師和作品數不勝數。

歐洲已經超過了明朝，並且將以更快的速度與清朝拉開差距。

前言

第一部分
白銀時代的法國

第 1 章
紅衣主教黎塞留 —— 法國的曹操

他架空國王、驅逐太后、流放王弟、斬殺權貴、收買文人、壓榨人民。

他對內消除割據、集中權力、壯大經濟、發展文化。他對外舉盡全法國之力，將最強大的敵人瓦解。

為了把國家變成第一強國，所有人都得聽他的，所有人都必須付出一切。

Armand Jeandu Plessis de Richelieu（1585-1642）

人可不朽，救贖可待來日。國家不得永生，救贖唯在當下。

君主沒有後路。

國王的學問即是隱藏的學問。

強權即真理。

用我的紅袍覆蓋一切。

必須像獅子一樣睡覺，永遠不闔上雙眼。

嚴懲那些以藐視國家法令為榮的人，就是對大眾做好事。

第1章　紅衣主教黎塞留—法國的曹操

有一篇文章〈西方人眼中的三國人物〉，該文稱諸葛亮為黎塞留式的人物。我覺得曹操和黎塞留更像。那麼，諸葛亮、曹操和黎塞留，地距萬里、時隔千年，他們之間有什麼異同？

1585 年 9 月 9 日，黎塞留出生在巴黎的一個貴族家庭。

1606 年，法國歷史上最好色的國王亨利四世提名 20 多歲的黎塞留為呂松主教。

當時的制度規定，擔任主教的最低年齡是 23 歲。亨利國王打算派一名特使，前往羅馬勸說教宗恩准。至於盤纏和上下打點費用，自然由黎塞留出。黎塞留沒有錢，他決定自己當這個特使。

來到羅馬之後，黎塞留聆聽了一場重要的布道（演講）會。會後，他將布道文從容地背誦下來，一字不漏（像三國的張松）。接待他的人差點嚇掉了下巴，立即上報教宗保祿五世（Paulus PP. V）。

保祿五世曾批准傳教士將《聖經》譯成中文。他召見了這位遠方的青年才俊，請他現場表演。當著教宗的面，黎塞留背誦了那篇布道文，不過和上一次不同，黎塞留引用了那篇布道文中的《聖經》原話，卻表達了完全相反的觀點，用同一段話推導出截然相反的結論。

教宗聽後連連搖頭。才能如此之高，品德如此之差，此人日後必成大奸大惡之徒。

不過，教宗還是批准了黎塞留的請求。首先，黎塞留的確有才。其次，如果今天不批，兩年後他年齡一到，還是主教。不如現在做個順水人情。

黎塞留回國後到呂松就任，五年時間使該地區的教務煥然一新。黎塞留的確非常奸猾，但也的確非常有才能。

1610 年，法國國王亨利四世在巴黎街頭遇刺身亡。9 歲的路易十三繼位，來自義大利美第奇家族的瑪麗太后（Maria de' Medici）攝政。瑪麗太后信任同樣來自義大利的康西諾·孔奇尼（Concino Concini）。孔奇尼是個無德無能的廢人，亨利四世好不容易在國庫裡積攢下來的那點積蓄，都搬他家裡去了。被冷落到角落裡的法國權貴對此極為不滿。他們要求法國王室召開三級會議，商討國策。

1614 年，年近三十的黎塞留作為宗教界代表到巴黎參加三級會議，第一次登上政治舞臺。

吉斯家族（Guise）、孔代親王（prince de Condé）、新教領導人喀爾文（Jean Calvin）以及全國各路權貴紛紛斥責、抨擊孔奇尼腐敗無能、禍國殃民。瑪麗太后和年輕的國王路易十三又羞又恨。

人微言輕的黎塞留站出來，強烈呼籲眾人支持法國王室。就像早期弱小的曹操一樣，擁護皇室、反對袁紹。在國王、貴族和人民三者之間，黎塞留堅定不移地支持前者。窘迫、孤立的瑪麗太后很感激這個不起眼的年輕人。兩年後，黎塞留進宮，擔任國務祕書，其實就是孔奇尼的祕書。孔奇尼驕橫跋扈，他身邊的人也是張牙舞爪。黎塞留卻一直很低調。他埋頭工作、不惹事生非。

1616 年，瑪麗太后為了紀念她與亨利四世的愛情，修建了一條林蔭大道，取名「皇后林蔭大道」，即今天的香榭麗舍大道。同年，法國神父金尼閣（Nicolas Trigault）準備前往中國，他請求法國王室資助他一些禮品。瑪麗太后送給金尼閣一批精美的掛毯，讓他帶給萬曆皇帝。

1617 年，路易十三過了 15 歲生日，他想親自掌權。孔奇尼自然不肯撒手。瑪麗太后也不想讓國王走上前臺。4 月，路易十三在其親信呂伊內公爵（Charles d'Albert）的支持下成功發動政變。孔奇尼被刺殺，瑪麗太后被流放到布盧瓦（Blois）。

身為太后黨成員，黎塞留也是這場政變的犧牲品，而被打發到亞維儂（Avignon）。不過沒被排擠、沒坐過冷板凳的官員，也不可能成為大政治家。瑪麗太后不甘失敗。她在布盧瓦調兵遣將，想擺脫兒子控制。路易十三對自己的母親既不能強硬，也不能軟弱，於是召黎塞留做中間人，協調母子關係。

黎塞留勸路易十三把太后送到昂熱（Angers），給太后部分自由，緩解母子關係。太后呢，只得暫時接受這個妥協條件，並任命黎塞留出任她的首席顧問。黎塞留決心緊跟太后。一來，他看出來太后不甘心失敗，強烈要求返回政治舞臺。二來，無論如何，太后是國王的母親，兩人還是要復合。三來，太后頭腦簡單，並無主見，非常需要自己。

綜上所述，太后有動機、有能力把黎塞留送進御前會議。

1619 年 9 月，路易十三和太后會晤。母子和好如初。

1621 年，支持路易十三政變的呂伊內公爵去世，國王開始提拔黎塞留。

1622 年，在國王和太后的支持下，黎塞留獲封紅衣主教，成為法國教會的首腦人物。

1624 年 4 月，黎塞留進入法國內閣，8 月接任首相。他終於進入了權力的中樞。

當時的一位貴族寫信給朋友說，你知道，我既不愛撒謊，也不會諂媚。這次我告訴你實話，這位小個子紅衣主教身上有某種特別的東西。要想讓法國戰勝狂風巨浪，全法國只有他能當舵手。

同年，文盲兼閹人魏忠賢逼走了首輔葉向高，成為明帝國的實際掌權者。魏忠賢一手遮天，是明朝體系腐朽、文人無能的集中展現。

黎塞留接手的法國，是一個內外交困、百業凋敝的爛攤子。

法國國王一貫自詡為地球上最高貴的國王，但法國貴族和人民不這麼想。貴族都是軍閥，敢和國王在宮中頂嘴，在戰場上廝殺。有的豪門出過五個元帥、七個上將，半個法國的士兵都出自他們家族。巴黎人民一不高興，就把國王趕出首都。

法國是天主教國家，但新教徒在法國南部武裝割據，處於半獨立狀態。整個法國可以說是四分五裂，各集團都在為自己的利益明爭暗鬥。

世代公侯的法國權貴瞧不起來自義大利、商人家族出身的瑪麗太后。瑪麗太后對咄咄逼人的權貴採取綏靖策略。他們一鬧事，就贈送土地與財產，以求得暫時的和平，但這不但不能解決問題，反而助長了貴族們驕橫的氣焰。

路易十三是一個和善的人，但他性格軟弱，身體也虛弱，對法國的未來沒有信心、沒有規劃，過一天是一天，而受到權貴欺瞞，明朝中後期的皇帝也是如此。

路易十三和來自西班牙的安妮王后正在冷戰，事業和家庭都飽受挫折，路易十三根本沒有心情、精力和野心好好治理國家。

法國的外交惡劣，一直在和西班牙打仗。西班牙從美洲往中國運真金白銀，運了一百年。西班牙從菲律賓採購大量中國商品運回歐洲銷售，壟斷了歐洲貿易。作為全球第一個日不落帝國，西班牙還擁有葡萄牙、比利時和大半個義大利。神聖羅馬皇帝擁有德國、奧地利和捷克，和西班牙國王是血親，同屬哈布斯堡家族（Habsburg）。西班牙國王和羅馬皇帝三面包圍了法國。

對於法國的衰敗、積弊，黎塞留全部看在眼裡、痛在心裡。他早就想要改變這個國家了，而現在機會終於來了。於是，路易十三心甘情願地做了漢獻帝，黎塞留當仁不讓地做了曹操。曹操的確兢兢業業地治理著國家，但是他強奪漢獻帝的魏國，並當做私人家產傳給子孫。而和曹操不同的是，黎塞留是主教，沒有家庭，沒有子女。他要傾盡畢生心血，把一個強大的法國交給法國國王。

機不可失，失不再來。黎塞留說：

「人可不朽，救贖可待來日。國家不得永生，救贖唯有當下。」

上帝是公平的，每個國家都曾給過機會，錯過一次就得再等幾十年，甚至上百年。中國從 1520 年就開始接觸歐洲人（明朝正德皇帝接見葡萄牙代表團），但一直到 1860 年都沒有跟上歐洲現代化的步伐，反而被日本超越。

黎塞留夜以繼日地工作，路易十三說黎塞留一天的工作量，相當於別人一個星期。

一個國家，如果內部各種勢力爭鬥不休，就會止步不前，明朝就是典型的例子，而內部爭鬥還會引起外國勢力的干涉。黎塞留的目標是，國內必須保持穩定，而保持穩定的前提是集權。他塞留的方案是：

一、廢除地方封建勢力。黎塞留向每個省派遣一名欽差大臣，掌管全省司法、行政、財政大權。這相當於中國明清的總督制度。而且，這個官職不能買賣、不能轉讓、不能世襲，只有中央才有權任免。

二、地方權貴禁止建設軍事工程、禁止儲備軍火、禁止召集軍隊。

三、非經批准，地方貴族禁止與外國政府、外國組織、外國使節往來，即使是教宗的使節也不例外。

　　對於違背法規、掀起叛亂的貴族，法國政府過去一貫的做法是褫奪官職、沒收財產。而黎塞留當政後，新的處罰方式是酷刑、處死，或者終身監禁。據說在處死那些貴族時，黎塞留會故意僱用沒有經驗的劊子手，至少要砍上五斧才會死亡，並夾雜著慘叫聲。圍觀的貴族們當時就嚇尿了褲子。

　　這正是黎塞留想得到的結果：要嘛聽話，要嘛流血。

　　黎塞留要求南方的新教徒解散軍隊，拆毀城堡，不准私自召開全國會議。新教徒強烈反對，黎塞留就親率軍隊，攻下新教城市，流放了新教領袖，而法國大哲學家笛卡兒站在黎塞留這邊參軍作戰。

　　巴黎高等法院的法官想進入御前會議，受黎塞留支持的路易十三對他們說，你們的職責是判斷官司糾紛，而如果你們膽敢闖進內閣花園，我就打斷你們的狐狸尾巴。

　　為了防範知識分子傳播自由思想，黎塞留建立了出版檢查制度。1630 年，黎塞留創辦了《法蘭西報》，把它作為集權政治的輿論工具。路易十三積極投稿，身為至尊的帝王，看到自己的文字變成鉛字、被眾人閱讀，他十分高興。不過，法國權貴們更喜歡看嘲笑黎塞留的小報。

　　對於法國百姓，黎塞留同樣鐵面無情。不管你多窮、不管你有什麼樣的理由，只要國家需要錢，你就必須無償支持。

　　黎塞留去世的那年，財政部竟然把三年後的稅收都徵完了。飢寒交迫的農民，食不果腹的工人奮起反抗。凱爾西（Quercy）、普羅旺斯（Provence）、希農（Chinon）、普亞捷（Poitiers）、利摩日（Limoges）、安古蘭（Angoulême）、桑通日（Santiago）、加斯科涅（Gascony）、盧昂（Rouen）等地紛紛爆發起義。

　　黎塞留從不與人民談判，每一次都是殘酷鎮壓。他說，為了國家的強大，民眾必須像騾子一樣忍辱負重。

　　黎塞留建立情報機關，派出大量特務監視危險分子。路易十三的王后是西班牙公主，身邊有很多西班牙侍女，而黎塞留把她們都趕走，並換成自己人，別說是王后，太后和國王身邊都有黎塞留的人。

　　只要我認為你是壞人，不管有沒有證據，你就是壞人。紅衣主教有句名言：

「只要寫下六行字，就算是這個世界上最誠實的人，我也一定能從中找到足夠的理由絞死他。」

為了國家的強大，每一個人都必須有犧牲自己、犧牲全家的覺悟，法國變成了一個專制的警察國家。

黎塞留掌權前，參加過一次三級會議；而在掌權後，三級會議再也沒有召開，一直到法國大革命。整個國家就是一列高速行駛的列車。原列車長路易十三退居二線，黎塞留親自駕駛。車上的人，不管你是誰，有什麼身分，都不能作亂、不能批評，否則就會直接被丟下列車。黎塞留說：「一旦下定決心，我會直奔目標反轉、割裂一切，我的紅袍將覆蓋一切。」

大權獨攬後，黎塞留開始實施他雄心勃勃的強國計畫，主要措施有：

一、大力發展工商業

他不惜動用外交手段為法國商人在土耳其、伊朗和俄國拓展業務，在海外與荷蘭人競爭。黎塞留要求改進食糖提煉技術以便提高產量，並調配一切資源發展法國玻璃工業，且允許貴族下海經商、巨商花錢買貴族身分。

總之，做生意不再丟臉、不受歧視，而且會得到國家的支持。

黎塞留大力發展加拿大殖民地。1627 年，在黎塞留的指導下，路易十三簽署法令：在北美的印第安人，只要願意皈依天主教，一律給予法國國籍。

1634 年，法國冒險家尼柯萊（Jean Nicolet）到達北美密西根湖格林灣的懸崖時，他以為到了中國。為此，他特意穿上一件中國的絲綢衣去找中國人，結果可想而知。

同一時代的崇禎皇帝天天為財政發愁。當時，葡萄牙人來到中國一百年了，西班牙人在菲律賓與中國做生意也超過 50 年了。但滿朝文武都沒有意識到，只有發展工商業，才能讓大明帝國真正強大起來。

二、建立國家軍隊

黎塞留禁止貴族擁有軍隊、發動戰爭。他把貴族的軍隊收編成一支十三萬人的國家陸軍，成為歐洲各國當中數量最多的武裝力量。黎塞留建立了法國歷史上第一支國家海軍。經過 10 年努力，法國大西洋艦隊配備了 38 艘軍艦，地中海艦隊擁有了 25 艘艦艇。

今天，法國人稱黎塞留為法國海軍之父，並用黎塞留命名法國最強的戰列艦。

三、保衛和弘揚法國語言和文化

1635 年，黎塞留創立法蘭西學院，吸收中國知識分子加入，授予終身院士榮譽。法蘭西學院只有 40 把椅子，老院士辭世後才增選新院士，這。40 名院士被稱為「不朽者」（Les Immortels）。學院的名人包括拉辛（Jean-Baptiste Racine）、拉封丹（Jean de la Fontaine）、孟德斯鳩、夏多布里昂（François-René de Chateaubriand）、雨果、梅里美（Prosper Mérimée）、小仲馬等。黎塞留不是「不朽者」，路易十三不是「不朽者」，他們只是一個國家的貢獻者。只有為全人類做出貢獻的人，才有資格稱「不朽者」。

黎塞留支持戲劇，並親自撰寫劇本。法國出現了高乃依（Pierre Corneille）、拉辛等一大批劇作家，開始成為歐洲戲劇中心。與此同時，英國清教徒拆毀劇場，禁止人們觀看戲劇。1644 年，英國人拆毀了莎士比亞投資的環球劇場（Globe Theatre）。在保持政治穩定的前提下，黎塞留大力發展經濟、軍事、文化，法國在各方面都取得了空前的成就。

曾經奄奄一息的法國，變成了一個蒸蒸日上的強國。

曹操總疑心別人晚上要刺殺他，睡覺的時候不允許別人接近；黎塞留四處樹敵，手上沾滿鮮血，其處境與曹操十分相似。

他在紅衣主教府裡養了上百隻貓，晚上熄燈之後，整個府邸到處都是閃亮的貓眼，猶如洞窟的鬼火，以防刺客入侵。

被兒子趕出政治中心後，瑪麗太后心中始終不肯原諒路易十三。她更喜歡國王的弟弟奧爾良公爵加斯東（Gaston Jean-Baptiste）。國王和安妮王后冷戰，一直沒有生下孩子，而瑪麗太后認為加斯東早晚會繼承王位。

瑪麗太后原指望把黎塞留塞進御前會議後，能成為自己的傳聲筒。她萬萬沒有想到，原本那個十分聽話的紅衣主教，已經將自己完全排除在宮廷之外。瑪麗太后也不滿兒子的作為，但她只能將一腔怒火全部發洩到黎塞留頭上。

黎塞留在外交上倡導法國與西班牙為敵，惹惱了來自西班牙的安妮王后，安妮王后同時也討厭路易十三。

路易十三也討厭黎塞留，黎塞留大權獨攬，把他變成了簽字蓋章的傀儡。黎塞留陰險狡詐、心狠手辣，和軟弱善良的國王完全是兩種人。心灰意冷的路易十三只能從情婦身上找點樂趣；而為了防止那些女人背後的勢力左右國王，黎塞留把她們通通遣走。儘管又怒又恨，路易十三還是離不開黎塞留。因為路易十三更討厭太后、王后和自己的弟弟加斯東，這些人比黎塞留的威脅更大。

一次，路易十三病情嚴重，似乎沒有生機了。加斯東發誓要做個比哥哥更好的國王，瑪麗太后則百分之百相信他，安妮王后則希望繼續當王后（嫁給加斯東）。掌璽大臣說他一定會徹底否定黎塞留的國策。

瑪麗太后說，加斯東要加冕為王是大喜事，這段日子不宜流血，她要留著黎塞留慢慢折磨。眾人舉著葡萄酒杯，有說有笑，到了凌晨都不肯散去。

第二天，太后和王后圍在國王床前，三番兩次勸說國王罷黜黎塞留。太后爆出了紅衣主教的黑料，比如私下嘲笑國王無能、哪些行為明顯違背聖旨，但路易十三就是不肯答應。反正我要死了，到時候你們怎麼做都可以；但只要我有一口氣，就絕不更換首相。

不久之後，國王恢復了健康。太后惱羞成怒。既然已經撕破臉，乾脆分個你死我活。

公老虎和母老虎都不好惹。國王決定調解，時間是 1630 年 11 月 10 日，地點在太后的寢宮 —— 盧森堡宮，今天法國參議院的辦公大樓。

黎塞留來到太后宮殿正門，守衛禁止他入內。在全法國，還沒有人敢攔阻鐵血首相。黎塞留從未受過如此羞辱，他大聲抗議，堅持要進去，守衛則舉起了火槍。

黎塞留了解太后寢宮的建築結構，他原本想透過相連的一道長廊走進去，但太后早就派人守住長廊了。

紅衣主教急得直跺腳，他又忽然想起：王后寢宮底樓有個小教堂、小教堂裡有一道暗梯，順著暗梯上去可以直接進入太后的臥室。這個祕密絕大多數人不知道，而如果黎塞留今天順著暗梯直接進入王后的臥室，那麼這個祕密就在太后和國王面前曝光了。

非常時期，必須採用非常手段。

當黎塞留突然出現的時候，國王和太后都震驚了，尤其是太后。連這個祕密都被奸詐的首相掌握了，自己還有什麼隱私？說不定自己身上哪裡有胎記，黎塞留都知道。太后變得有些歇斯底里，她大罵黎塞留忘恩負義，壞事做絕；然後告訴國王，今天有他無我、有我無他。

黎塞留突然匍匐在太后腳下，痛哭流涕，吻著她的裙子下擺，承認太后所有的指控，懇求她原諒自己的過錯。太后更加憤怒了。她知道紅衣主教是一流的演員，他現在的做法叫以退為進。如果不原諒首相，那就是自己無理取鬧、心胸狹窄。

作為一個軟弱的人，面對自己抓狂的母親，路易十三只能勸母親息怒平靜。路易十三的病情還沒有恢復，就被太后弄得頭昏腦脹。在這種情況下，他只得讓黎塞留先走。

黎塞留離開臥室，從正門出去。他可不敢回家，只好在一樓的樓梯口等著。

過了沒多久，路易十三實在受不了，便告別了母親。黎塞留一看國王出來，立即躬身施禮，希望國王說句話。但路易十三好像沒有看見黎塞留，大步離開了。

看來，罷黜已成定局。

黎塞留迅速回家，準備當天晚上逃亡到利哈佛（Le Havre），他是那裡的總督；但到了最後一刻，黎塞留決定還是留下來靜觀其變。

太后聽說國王沒有搭理黎塞留，大喜過望。她立即命侍女們為自己化妝。王后也來了，眾人嚴肅認真地研究了未來政府的核心人選，並就如何羞辱黎塞留展開了愉快的討論。

晚上，國王在小巧別緻的狩獵宮單獨接見紅衣主教。黎塞留向國君躬身施禮，提出辭呈，路易十三回答道：我不批准，你留任首相。黎塞留提醒國王要考慮太后的感受，但路易十三說：我是國王，我為決定負責。

在太后黨沉睡於夢鄉之際，黎塞留開始部署行動了。結局是這樣：太后流放到康比涅（Compiègne）、王弟加斯東判處大不敬，又由於太后的愚蠢行為，11 月

10 日這一天被法國人稱為「愚人節」。太后不甘心失敗。她逃到布魯塞爾。1642年，太后在貧困中死於科隆，加斯東後來舉兵反抗黎塞留。黎塞留平息叛亂後，剝奪了加斯東皇室身分。從此，加斯東從王位第一繼承人變成一介平民。

黎塞留架空了國王，逼得國王的母親客死他鄉，罷黜了國王的弟弟。

在國內，黎塞留以國王利益為上，打擊反對派；在國外，黎塞留以法國利益為上，打擊敵對國。

筆者認為，東亞各國是草食性動物，基本上和平相處；而西歐各國是食肉動物，戰爭幾乎不曾停止過。從 16 世紀開始，除了領土戰爭，又增加了宗教戰爭。

法國、西班牙、葡萄牙、奧地利、義大利是天主教國家；英國、荷蘭、丹麥、瑞典是新教國家。1618 年，神聖羅馬皇帝斐迪南（King Ferdinand II）在西班牙國王和教宗的支持下，發動了一場消滅德國新教諸侯的戰爭，史稱「三十年戰爭」。皇帝的軍隊連戰連勝，哈布斯堡家族在歐洲的地位如日中天，高高在上。

從地理位置來看，法國處於哈布斯堡家族三面包抄當中。因此，黎塞留絕不能坐等對方變成吞噬自己的巨獸。

黎塞留、瑪麗太后和路易十三

但法國實力弱小，打不過對方，所以黎塞留決定展開一場外交戰。

有人說弱國無外交，但實際上強國才不需要外交。弱國在強國面前，只能講理、抗議、談判、結盟、找靠山，用盡各種外交手段。

法國是天主教國家，而黎塞留是天主教會高層領導人，照理說應該支持哈布斯堡家族打擊新教國家。然而黎塞留認為，國家安全和利益的價值遠遠高於宗教信仰，哈布斯堡家族才是法國應該遏制、打擊的敵人。

1625 年，黎塞留出巨資惠歐洲的三個新教國家，丹麥、荷蘭和英國與斐迪南皇帝大戰。1629 年丹麥戰敗，被迫簽下屈辱協議，退出戰爭。斐迪南皇帝的勢力越來越大，兵臨波羅的海，對北方強國瑞典造成嚴重威脅，黎塞留於是惠瑞典參戰。

當時瑞典正與波蘭糾纏在一起，無暇分身，黎塞留便派特使前往調停。1629 年 9 月瑞典和波蘭達成休戰協約。法國還幫助瑞典在波蘭、俄國購買糧食、火藥。總之，法國為瑞典提供一條龍後勤服務，瑞典人只管打就行了。

1630 年 7 月，瑞典國王古斯塔夫二世 (Gustav II Adolf) 與德國新教諸侯薩克森公爵 (Herzog von Sachsen)、布蘭登堡侯爵合兵一處，擊敗蒂利伯爵 (Johann Tserclars von Tilly) 統率的皇帝軍和天主教聯軍。

這個古斯塔夫可了不得。在歐洲歷史上可以與凱撒、拿破崙等戰神相提並論，他一出馬，斐迪南皇帝算是遇上勁敵。

1631 年，黎塞留與古斯塔夫簽訂《巴瓦爾德條約》(Treaty of Bärwalde)。法國每年資助瑞典 100 萬里弗爾，瑞典保證派遣六千騎兵、三萬步兵持續進攻哈布斯堡家族。

前面要進攻，後面要拆臺。黎塞留給斐迪南的附庸——巴伐利亞選帝侯一大筆錢，讓他表面支持皇帝，暗中保持中立。

1631 年，古斯塔夫國王再次擊敗蒂利伯爵，並於隔年擊斃之。「戰神」古斯塔夫國王雖然取得多次勝利，卻意外死於沙場。古斯塔夫是歐洲最優秀的軍事統帥，但從某種程度上來說，他也是受黎塞留控制的棋子。

瑞典軍隊失去了靈魂領袖，戰力大減，皇帝軍轉為攻勢。1634 年，皇帝軍大

破瑞典軍於諾德林根（Nördlingen）。戰局急轉直下，哈布斯堡王室馬上就要統一德國，稱霸歐洲，斐迪南皇帝發誓要報復一直躲在幕後的法國。

法蘭西危急了！

1635 年 5 月，法國向西班牙宣戰，打不過「黑社會」大哥，打「黑社會」二哥也可以。1636 年，法軍節節敗退，德國大軍步步逼近巴黎。為了支撐盟友，為了西班牙人作戰，巴黎人民節衣縮食，吃盡了苦頭，卻依然逃不過失敗和恥辱。

憤怒的巴黎人高喊著要處死黎塞留，而黎塞留騎馬上街，平靜地站在市民面前。這時沒有一個人敢說話，甚至不敢大聲呼吸。

黎塞留親自指揮作戰，皇帝軍大敗，退出法國領土。

1638 年，法國正式向斐迪南皇帝宣戰；同年，後起的法國海軍在比斯開灣大敗西班牙海軍。黎塞留接著煽動葡萄牙和加泰隆尼亞在西班牙內部獨立。

從 1635 年到 1640 年，法國與西班牙這對百年冤家的日子都不好過，國庫負債纍纍、平民起義頻頻。從軍事上講，西班牙軍隊的戰鬥力歐洲排第一；從人才上講，西班牙首相奧利瓦雷斯（Conde-duque de Olivares）的才能和勤奮程度也不亞於黎塞留。

西班牙是傳統封建國家，派系林立。大貴族在自身利益和國家利益之間尋求平衡，國王無法控制大貴族的軍隊和財力；而經過黎塞留的改革，法國王室可以集中力量，所以雖然綜合國力弱，但抗風險能力強，最後才熬到西班牙倒臺。

1648 年，「三十年戰爭」結束的時候，德國被分裂成若干國家；荷蘭和葡萄牙脫離了西班牙的統治獨立；西班牙這個第一日不落帝國開始退出世界的中心舞臺；英國爆發內戰，實力衰退，無暇顧及歐洲事務；而法國成為歐洲第一強國，還收穫了亞爾薩斯和洛林。

這一年，黎塞留已經去世六年了。生前，黎塞留也沒有想到會有這一天，因為他這是賭博、賭法國的國運：不去反抗哈布斯堡家族，是等死；主動挑戰哈布斯堡家族，是找死。幸運的是，法國贏了。

當時歐洲的國際關係比較複雜，有時受王室聯姻影響，有時受宗教思想制

約。比如法國和西班牙兩國你死我活的競爭，實際上就與國王路易十三是西班牙國王菲力普四世的姐夫有關。而黎塞留不論宗教與親戚關係，在外交上都讓法國得利，所以有人稱他為現代外交學之父。

黎塞留渾身是病，痔瘡、膀胱炎加神經脆弱，他的藥物就是拚命工作。然而，他得到的是辱罵和無時無刻不存在的生命威脅。

黎塞留說：「政治家去工作，就像老百姓去服刑。後者是因為罪，前者是因為功。很多人以為黎塞留只會鐵面無私地工作，是個不近人情、不苟言笑的呆子，其實正相反。黎塞留也是個有血有肉、會哭會笑、貪財好色、虛榮嫉妒的平常人。有的人「心中只有祖國，沒有自己」，但黎塞留不是這樣的人。他為自己留下了富可敵國的財產，宅邸就在羅浮宮旁邊，堪比皇宮，至今還可以參觀。

他出行的時候，前呼後擁，場面不亞於國王。黎塞留的轎子和張居正的轎子差不多，裡面有床、有桌子，還有祕書，相當於一室一廳。

黎塞留愛慕虛榮，花大錢僱傭文人為自己歌功頌德，他也對自己的親人特別照顧，將他們都提攜為法國巨富。

1642 年 12 月 4 日，這位統治法國 18 年的紅衣主教與世長辭，終年 57 歲。他終生未婚，沒有情婦，也沒有子女。

黎塞留為國王留下了幾件遺產：一是指定自己的接班人，紅衣主教馬薩林（Jules Mazarin）；二是將 150 萬里弗爾的私房錢交給國王，這是一筆巨款；三是著作《政治遺囑》（*Testament politique*），裡面有治理法國十幾年的寶貴經驗。黎塞留說：我們法國人天生不適合長久戰鬥。一開始，我們會比誰都強硬；到了中間階段，我們會開始失去耐性和冷靜；最後我們就會對戰爭完全失去興趣，變得比女人還軟弱。

黎塞留生前架空國王、趕走太后、監控王后、流放親王、處死公爵、關押貴族、收買文人、壓榨百姓。彌留之際，神父問這個小個子主教，你要不要寬恕你的敵人？黎塞留回答：「除了公敵之外，我沒有敵人。」

黎塞留去世了，此時的法蘭西已經發生了巨大的變化。百年來，法國在哈布斯堡家族的鐵鉗下生存，多次簽下屈辱的城下之盟；而現在，德國被分解為碎

塊，西班牙淪為歐洲二流、邊緣國家，法國則擁有強大的國家意志、軍隊、財政徵稅能力，遠遠走在其他歐洲國家前面。兩百年內，沒有任何國家可以挑戰法國。法國有了第一支強大的國家陸軍、第一支遠洋海軍、第一家殖民貿易公司、第一分官方報紙、第一間官方郵局、第一所皇家學院（法蘭西學院）。

軍閥割據的法國變成了集權統一的法國，封建社會的法國大步邁入資本主義近代文。黎塞留不但是法蘭西改革的設計總監和執行長，也塑造了整個歐洲的格局，開創了用專制手段強迫國家快速發展的模式。在國際上，他也擁有不少崇拜者和學生，比如俄羅斯的彼得大帝、德國的俾斯麥。

彼得大帝曾擁抱黎塞留的半身像大聲說道：「我寧願捨棄我的一半國土，為了讓他教會我怎樣統治剩下的另一半。」他生前用刀劍架著俄羅斯貴族的脖子改革，將俄羅斯人民當牛毛去建設、征戰。死後留下了一個大帝國，以及俄羅斯官員對他的咒罵。

黎塞留的治國方式是特殊時期的特殊方式，只能借鑑，不能完全依循。

具有理性和前瞻性的政治家可以用專制的方法讓國家以高速前進，但迷戀權力和缺乏判斷力的政治家若使用專制手段，則注定會失敗。

當黎塞留病死的消息傳出的時候，全巴黎的百姓都上街了。他們載歌載舞、燃放煙火，慶祝這位紅衣撒旦、怪物、獨裁者的死亡。整個城市就好像是過狂歡節一般。不光是巴黎，整個國家都沸騰了。

幾乎全法國人民都痛恨黎塞留。黎塞留當政 18 年，法國稅收翻了四五倍，到處都是特務、壓迫、貧窮，與戰爭帶來的傷亡。法國人民在死亡的懸崖邊生活。官員腐敗、封建專制、社會不公、嚴刑酷法，都是黎塞留的遺產。伏爾泰、盧梭對黎塞留嗤之以鼻，孟德斯鳩說黎塞留是一個邪惡的人。

法國大革命時，憤怒的市民挖出黎塞留的屍體洩憤，並丟在街道上；法國大革命後，黎塞留這個名字等同於黑暗、封建、壓迫。直到幾十年前，法國的大學生還把黎塞留的肖像印在三角褲和皮鞋鞋底上。但即使黎塞留如此專制，法國人也不得不承認，他們比土耳其蘇丹和俄羅斯沙皇的臣民的奴役狀態要自由得多。

黎塞留大量出售官職，沒有節制地向人民徵稅，成為法國的毒瘤，最終要了法蘭西王國的性命。

黎塞留是法國的千秋罪人，羅馬皇帝馬克西米利安曾經說：「皇帝是國王的國王。西班牙國王是人的國王。法國國王是畜生的國王，因為只要法國國王下命令，人們就像畜生一樣服從。」的確，法國國王對人民的壓迫程度超過其他歐洲國家。因此，法國人民渴望自由、人權的意願也超過其他歐洲國家。

路易十三拒絕出席黎塞留的葬禮彌撒，作為一個孤僻、軟弱、和善的人，他討厭狡詐、凶狠、無情的黎塞留，並恨他奪走了自己的權力和榮譽。

路易十三接回了母親的遺體，為她舉行了隆重的葬禮，並釋放了紅衣主教關押的政治犯，允許流亡國外的貴族回國，也緩和了黎塞留的高壓政策、開放言論自由。

幾個月後，路易十三撒手而去，終年 42 歲。臨終前，他請求上帝原諒自己為了國家而愧對自己的家人。他和母親、妻子、弟弟矛盾重重；他關愛自己的三個妹妹，可是又與三個妹夫大打出手（三個妹夫分別是西班牙國王、英格蘭國王、義大利薩伏伊公爵）。

路易十三死後，安妮王后告誡路易十四，你要學自己的祖父亨利四世，不要學你的父王路易十三。年幼的小國王問為什麼？王后答道：「你祖父死的時候，全法國人都在哭泣；你父王死的時候，全法國人都在歡笑。」

當然，人們對路易十三的指責，主要是因為黎塞留。貴族們埋怨路易十三放棄自己的權勢，百姓們指責路易十三放棄自己的職責，歷史學家指責路易十三是小丑。路易十三說：「我的確不需要黎塞留，但法國需要黎塞留。」他的包容和肚量，超過了歷史上所有帝王。

路易十三死後，路易十四繼位。之後法國歷代國王都閉口不談黎塞留。因為他讓法國國王臉上無光。

黎塞留羞辱了路易十三，卻成就了路易十四。黎塞留把路易十三變小，卻提高了法國王權。強大的國家、專權的國王，這是最強大、最偉大的政治家黎塞留送給法國的贈禮。

在《政治遺囑》中，黎塞留寫道：「我的第一個目的是使國王崇高，我的第二個目的是使王國榮耀。」

你覺得黎塞留和曹操相比，有哪些異同？

第 2 章

笛卡兒 ——「我思故我在」

近代哲學的創始者，近代數學的創始者。

他和瑞典女王究竟有沒有一段浪漫的愛情故事？

René Descartes（1596-1650）

要想追求真理，我們必須在一生中盡可能地將所有事物都懷疑一次。

我寧願相信，一切都是假的。

沒有知識的人常常以為別人無知，知識豐富的人時時發現自己無知。

盡力知道人生當中，什麼是該做的、什麼是不該做的。

一個國家的最大財富，在於擁有真正的哲學。

最有價值的知識是關於方法的知識。

讀一本好書，就是與諸多高尚的人士談話。

懷疑是一門藝術，它使我們脫離感官的影響、獲得解放。

1649 年，一個消息讓歐洲戰神 —— 瑞典國王古斯塔夫二世勃然大怒。

18 歲的克里斯蒂娜公主（Kristina Augusta），竟然愛上了 53 歲的數學老師，一個法國窮老頭！

國王立即命人把這個不知天高地厚的老人驅逐出境，再把公主軟禁起來。

53 歲的老頭回到法國後，思念成疾，他連續寫給公主 12 封信。

瑞典國王截獲了這 12 封信，全部銷毀。

始終沒有收到回信的數學老師病危，在彌留之際，他寄出了人生的最後一封信。

瑞典國王打開信後愣住，上面寫著一行符號：

$$r = a\,(1\text{-}\sin\theta)$$

瑞典國王召集全國的神祕學家，但沒有人能破譯這行密碼。

國王無奈地把這封信交給公主。

公主見信後，淚流滿面、心如刀絞。

這行密碼用幾何方式畫在紙上，就是一顆心，一顆老師不變的心（見下圖）。

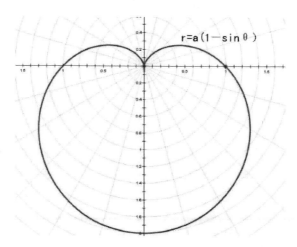

這名數學老師就是大名鼎鼎的法國哲學家、數學家笛卡兒。

這個故事純屬瞎編亂造。

第一，瑞典國王古斯塔夫二世 17 年前就死於戰場。

第二，克里斯蒂娜不是公主是女王，她不是 18 歲是 23 歲。

第三，笛卡兒沒有回法國，而是死在瑞典。

下面我們來認識一下「數學老師」笛卡兒。

1596 年 3 月 31 日，勒內·笛卡兒（René Descartes）出生於法國的圖賴訥拉海（La Haye en Touraine）。為了紀念這位偉大的人物，圖賴訥拉海現改名為笛卡兒。

笛卡兒的父親是一位地方法官，雖然不是大貴族，但很有錢。笛卡兒 1 歲時，母親患肺結核去世，笛卡兒的父親再婚並移居他鄉。從此，父子二人很少見面。父親一直寄錢給笛卡兒，讓他學業無憂。

笛卡兒跟著外婆生活。他體弱多病，每天早上都很難起床，睡醒了也不床，只是躺在床上胡思亂想。

8 歲那年，父親把笛卡兒送到法國一所知名的貴族學校 —— 位於拉弗萊什（La Flèche）的耶穌會學院。學校的課程有古典文學、歷史、神學、哲學、法學、醫學、數學等，笛卡兒比較喜歡數學。

校方考慮到笛卡兒的身體情況，特准他只要上下午的課。

從拉伯雷（François Rabelais）、蒙田的教育理念到笛卡兒的教育實踐，當時法國的教育非常關注學生的個性，而不像現在的學校管得如此嚴格。

1616 年 12 月，中學畢業後，笛卡兒遵從父親的意願，進入普瓦捷大學（Université de Poitiers）學習法律與醫學，準備將來成為一名律師。

大學畢業後，笛卡兒卻對法律失去興趣。在父親的贊助下，他在歐洲各國遊歷，相當於在社會大學繼續學習。

1618 年，笛卡兒入伍，成為一名荷蘭士兵。不久，荷蘭和西班牙簽署停戰協定，笛卡兒失業了。他又加入德國軍隊，而彼時德國和荷蘭是交戰國。

笛卡兒是傭兵，誰給錢就幫誰打仗。

　　1618 年 11 月 10 日，笛卡兒在廣場公告欄上看到有人公布了一道數學難題，向高手尋求答案。笛卡兒有意解題，無奈不懂佛蘭芒語（編按：Vlaams，一種帶有比利時口音的荷蘭語），於是向旁人求助。有一位名叫以撒·貝克曼（Isaac Beeckman）的好心人幫他翻譯了題目。兩人成為好朋友，共同研究自由落體、圓錐曲線和流體靜力。

　　1623 年，26 歲的笛卡兒賣掉父親留給他的資產，換成現金後購買國債，每年的利息有一大筆錢，衣食無憂。1627 年，笛卡兒跟隨黎塞留圍攻法國新教徒的城市拉洛歇爾（La Rochelle）。

　　法國是傳統的天主教大國，不能自由討論宗教問題。黎塞留建立文化審查制度，箝制思想自由，所以 1628 年笛卡兒移居荷蘭，在那裡生活了 20 多年。

　　笛卡兒的座右銘是：「隱居得越深，生活得越好。」他不願意把自己的住址告訴別人，包括最親近的朋友。一旦地址暴露，他馬上搬家。他在荷蘭共搬了 24 回家。不過想找到他的話也是有線索的——他一般住在大學或圖書館附近。

　　笛卡兒之所以說走就走，主要原因是他沒有結婚，沒有孩子。笛卡兒有一個情婦，一個私生女。整體上看，他應該不是很喜歡女人。

　　在笛卡兒的時代，幾何學的地位比較高，人人都趨之若鶩。代數還是一門新興科學，而笛卡兒的同胞 —— 韋達被稱為歐洲代數學之父。

　　1607 年，笛卡兒 11 歲的時候，明朝官員科學家徐光啟翻譯了《幾何原本》的前六卷。笛卡兒認為幾何學過於依賴於圖形，束縛了人的想像力。而代數學從屬於法則和公式，不能成為一門改進智力的科學，他思考如何能把兩者結合。

　　然後，第二個故事產生了。

　　有一天上午，笛卡兒躺在床上，苦苦思索著如何把「點」和「數」連繫起來。突然，他看見屋頂角上有一隻蜘蛛，拉著絲垂了下來。不久，蜘蛛又順著絲爬上去，在上面左右拉絲。看了一下表演，笛卡兒突然興奮地從床上跳下來。

　　笛卡兒想，可以把蜘蛛看作一個點。牠在屋子裡可以上、下、左、右運動，能不能把蜘蛛的每一個位置用一組數字確定下來呢？

　　笛卡兒拿出一張紙，畫上兩條垂直交叉的直線。紙上任何一個點到兩條直線

的垂直距離是兩個數字，這兩個數字就是這個點的位置。把蜘蛛放在紙上，就可以用數字表示蜘蛛的位置。蜘蛛一爬，就是一個方程式。

笛卡兒把「數」與「形」結合起來，把代數方程和幾何曲線結合起來。

這就是解析幾何。

我來問個問題：圓是什麼？

用幾何回答，圓是到一個點為定長的所有點的集合；用代數回答，圓是 $(x-a)^2 + (y-b)^2 = r^2$。

解析幾何的創立是數學史上一次劃時代的跨越。

從此，代數和幾何相互促進、相互發展，成為一對好朋友。

另外，已知數符號 $(a，b，c)$、未知數符號 $(x，y，z)$ 都是笛卡兒發明的。

在解析幾何的基礎上，牛頓、萊布尼茲創立了微積分。

解析幾何和微積分一「結婚」，現代數學就誕生了。

恩格斯說：「數學中的轉折點是笛卡兒的變數。有了變數，運動進入了數學；有了變數，辯證法進入了數學；有了變數，微分和積分也就變得極為必要了。」

笛卡兒還發現了一個公式。該公式的表述為：在任意凸多面體，設 V 為頂點數，E 為棱數，F 是面數，則 $V - E + F = 2$。

這個公式於 1752 年由瑞士數學家歐拉證明，叫歐拉公式。後來人們發現笛卡兒早在一百年前就證明了，於是稱歐拉 —— 笛卡兒公式。

除了數學，笛卡兒還研究光學和氣象學，他認為自己發現了彩虹產生的原因。

1637 年，笛卡兒將屈光學 (dioptrics)、氣象學和幾何學的研究成果合為一本書出版。書名叫做《談談正確引導理性在各門科學上尋找真理的方法》（*Discours de la méthode pour bien conduire sa raison, et chercher la vérité dans les sciences*），簡稱《談談方法》（*Discours de la méthode*）。

笛卡兒認為，屈光學、氣象學和幾何學雖屬三種不同的學科，但研究方法都是相同的。笛卡兒專門寫了一篇序言來介紹這種方法，他的屈光學、氣象學、幾何學

研究成果乏善可陳，可是他的序言卻聲名大噪，成為哲學史上最重要的作品之一。

笛卡兒認為，人類運用理性的方法可以認識世界。所謂理性的方法就是邏輯學、幾何學和代數學。凡是不能用理性證明的東西，即不是科學，不是真理。所以現在還有人說，數學、物理、化學是科學，但政治和經濟不是科學。

在《談談方法》中，笛卡兒提出了 4 個原則：

第一個原則：絕不承認任何事物為真，對於我完全不懷疑的事物才視為真理。

從童年開始，我們的腦袋就開始被灌輸知識和觀點，這些難道都是對的？

比如，筷子放到水中看起來是彎的，難道筷子變了？

比如，我們每天看太陽升落，難道太陽在圍著地球轉？

我們每天看到的文章，難道都是對的？

笛卡兒說：「具有最高能力且狡猾的邪惡精靈用盡渾身解數來欺騙我。天空、空氣、大地、顏色、形狀、聲音都可能是假的。」

感覺是不可靠的，主管、老師、父母說的話也不一定可靠。

歐洲人懷疑亞里斯多德、托勒密的地心說，懷疑教宗的話，懷疑國王的法律。總之，一切皆可懷疑。

明朝末年，少數知識分子開始懷疑孔子、否定朱熹。這是對的，隨著時代的發展，孔子的錯誤會越來越多。當然，這不是孔子本人的錯，而是時代進步了。

笛卡兒說「我思故我在」，其實是說「我疑故我在」。他沒有說「我看故我在」、「我聽故我在」、「我吃故我在」、「我拍故我在」、「我炫耀故我在」。

「我思」是一個顛覆性的詞語。在中世紀，神父說，不要總想著「我」，想著「自己」，要多想著上帝，多想著上帝的話。至於思，更不可以。神說什麼，你做什麼，你怎麼能胡思亂想呢？

我要理直氣地存在，我有思考的權利。這是思想解放，這是革命。

我思考什麼呢？世界。我思考世界能得到什麼？科學。

沒有思考的動物是感覺不到自身的存在的，沒有思考的人像動物一樣存在。

有思想的人，他的話對大家具有啟發性；沒有思想的人，他的肉體存在，但

思想不存在。

一個透明的玻璃盒子裡裝著十顆蘋果。即使從上下左右看，你也不能說十顆蘋果都是好的。而解決辦法，就是把十顆蘋果拿出來一顆一顆看。

如果有一萬顆、十萬顆蘋果，怎麼辦？

笛卡兒提出第二個原則：將複雜問題分成若干個簡單的部分來處理。

將大問題分解成小問題，將複雜問題分解成簡單問題。

比如，我們把人類思想領域分解為哲學、科學、宗教、藝術。科學又可以分解為物理、化學、生物等。物理又可以分解為光學、熱學等。問題一直分解下去，一直到最基層。

第三個原則：思想從簡單到複雜。

先解決一個一個小問題，合併小問題的答案，就可以得到大問題的答案。

先解決簡單問題，然後綜合起來解決複雜問題。

第四個原則：經常徹底檢查，確保沒有遺漏任何東西。

問題只是暫時解決完了，以後還要不斷修正和改進。

笛卡兒用他的方法論得出若干科學結論，比如：運動的物體不受外界影響的話，將保持等速直線運動（慣性定律）、物質和運動的總量永遠保持不變（能量守恆定律）。

慣性定律就是牛頓力學第一定律。

笛卡兒的意思是說，過去已經發現的所有科學知識，我都不相信。從現在開始，我製造了一個真理鑑定儀，一條一條篩選過去的科學知識，去偽存真。

這臺真理鑑定儀是幾何、數學和邏輯。先定義，再推導結論。

梁啟超說，近代歐洲超過中國是因為兩個人，一個是培根，一個是笛卡兒。

培根的方法論是做實驗，不管書本上怎麼說、不管推導的過程多麼合理，我只相信親眼看到的東西。

笛卡兒推導，培根做實驗。一個研究理論，一個親身實踐，科學就這樣誕生了。

禪宗講頓悟，大師用木槌敲打你一下，認識不認識就看你的悟性了。

朱熹強調理學格物，就是研究客觀事物，但沒有得出科學結論。

為什麼？沒有工具和方法。

王陽明強調良知，離認識萬物的距離更遠了。我眼睛看不到花，花就不存在。我看不到科學知識，科學知識就不存在，這是一種主觀唯心思想。

很多明朝士人的文章寫得很華麗，當講到一個觀點，就舉例子證明，聽起來非常有道理；但是，絕大多數觀點是不能用一兩個例子證明的，這不是科學的方法。

你哪怕看到一百隻羊是白的，也不能說所有的羊都是白的。

笛卡兒在哲學上的第二個貢獻是二元論，即世界由物質和精神組成。兩者互相獨立，沒有一方高過另一方。

物質從簡單到複雜，從原子到材料，從零件到機器，人體是從器官到系統到整體。物質有大小、形狀、位置等屬性。

精神是靈魂，是情感，是欲望，是思考。只有人才有靈魂。

人既是物質的，也是精神的。

人既會思考，也會占空間。

千萬別做空間大、靈魂小的人。

物質可滅，靈魂可滅嗎？

比如，笛卡兒死了好幾百年了，這個人的身體消失了。當然，笛卡兒的頭顱現存於巴黎的人類博物館，可以看，可以碰，但笛卡兒的頭顱不等於笛卡兒。

大部分人化成灰，完全沒有了，連姓名也沒有了，就像沒活過一樣。

笛卡兒的肉體消失了，但他的名字天天出現在世界各地。法國有一個叫笛卡兒的鎮，笛卡兒的肖像還印在錢上。

我現在用嘴念笛卡兒名字，用鍵盤打笛卡兒這三個字，即使不用鍵盤打笛卡兒這三個字，我打「我思故我在」這五個字，任何讀者看到了都會聯想到笛卡兒。

笛卡兒的物質是消失了，但描寫笛卡兒的圖像、文字是不是笛卡兒的靈魂？一張笛卡兒的圖片是物質，這個物質卻和笛卡兒連繫在一起。

但笛卡兒的二元論也有問題。

比如，笛卡兒認為動物只屬於物質世界，沒有靈魂。現在科學證明動物也有情感，甚至會得心理疾病。比如貓就是一種愛嫉妒的動物，還會得憂鬱症。

比如，笛卡兒認為宇宙是被物質充滿的，沒有任何物質的空間是不存在的。

英國伊麗莎白公主問笛卡兒，靈魂是如何驅使身體運動的？笛卡兒被伊麗莎白公主的問題難倒了。他對公主說，別再思考這種形而上學的東西，會擾亂您的生活。

1649 年，瑞典女王克里斯蒂娜對笛卡兒的《論靈魂的激情》（*Les Passions de l'âme*）一書十分感興趣，邀請他到瑞典當自己的哲學導師（不是數學老師）。女王怕笛卡兒不來，特意派一位艦隊司令開著軍艦去接他。

笛卡兒欣然前往，但他到達斯德哥爾摩後發現了一個天大的難題：女王要求笛卡兒每天凌晨 5 點授課，而笛卡兒在早上 11 點前是不下床的。

聖命難違，笛卡兒只得早早起床，頂著凜冽的北風進宮授課。

不久之後，笛卡兒發現了第二大困難：克里斯蒂娜女王其實是葉公好龍，並不喜歡他的哲學思想。

不久之後，笛卡兒受寒，沒想到轉化成無藥可醫的肺炎。

1650 年 2 月 11 日，笛卡兒病逝於斯德哥爾摩，享年 54 歲。

絕對不是相思病。

說實話，笛卡兒這個老師，並不是很想見克里斯蒂娜女王。

笛卡兒的屍體被運回巴黎安葬，他的墳墓遭盜墓賊挖掘，其頭骨幾經易手，現存於法國巴黎人類博物館（Musée de l'Homme）。

西方哲學的第一階段是古代哲學，代表人物有畢達哥拉斯、蘇格拉底、亞里斯多德、柏拉圖等。

第二階段是中世紀經院哲學，代表人物有奧古斯丁（Augustine）、安瑟倫

（Anselm）、阿奎那（Aquinas）、司各脫（Scotus）等。這些哲學家都是神學家，他們用《聖經》解釋萬事萬物。

笛卡兒是西方哲學第三階段的開創者，在他之後有霍布斯、史賓諾沙、洛克、巴克萊、萊布尼茲、休謨、康德。這些人都深受笛卡兒影響。他們如飢似渴地閱讀笛卡兒的著作。即使有些人反對笛卡兒，但也是在用笛卡兒的概念和方法反對笛卡兒。

笛卡兒、史賓諾沙和萊布尼茲並稱三大理性主義哲學家。

黑格爾說：「哲學之舟在海上長期漂流，終於看到了陸地。」那片陸地就是笛卡兒。

羅素說：「笛卡兒是近代哲學的始祖。」

以前的哲學，先預先假定世界的本源。比如古希臘說原子，阿奎那說上帝，老子說道，朱熹說理。這些都有道理，也都有明顯的缺陷。

比如《聖經》裡就有自相矛盾的地方，「四書五經」也發展不出科學。

笛卡兒說，這些我都不承認，我要從自己出發，從現在出發，照理性的方法論來解釋世界。

笛卡兒構建了自己的知識體系。他認為哲學是一棵樹，形而上學是根，物理學是幹，醫學、力學和倫理學是枝。

聽起來有些亂？

在笛卡兒那個時代，哲學＝真理，形而上學＝哲學，物理學＝科學。

翻譯過來，人類的知識體系是這樣的：

哲學是根，科學是幹，物理、化學、醫學是枝。

的確，哲學是方法論。而方法論錯了，是產生不了科學的。

康德之後，哲學進入第四階段（現代哲學時期），代表人物有黑格爾、馬克思、尼采等。

1819 年，人們在笛卡兒的墓碑上刻下了這樣一句話：「笛卡兒，歐洲文藝復興以來，第一個為人類爭取並保證理性權利的人。」

因為笛卡兒，哲學成為法國精神的重要組成部分。高中生都要學習哲學。
2019 年，法國哲學考試的題目有：

1. 人是否可以擺脫時間？
2. 為什麼人需要認識自己？
3. 解釋一部藝術作品有什麼意義？
4. 道德是不是最佳政治手段？
5. 文化多元化是不是人類團結的障礙？
6. 承認義務是不是放棄自由？
7. 是否只有交換的東西才有價值？
8. 法律能造就我們的幸福嗎？

   你可以試著回答其中的一道題目。

笛卡兒與克里斯蒂娜女王（左）

第 3 章

布萊茲・帕斯卡 ── 「人是一根會思想的蘆葦」

12 歲，他證明了三角形內角和等於 180 度。

16 歲，他發現了以自己名字命名的數學定理。

19 歲，他發明了世界上第一臺電腦。

30 歲，他發現了以自己名字命名的物理定律。

32 歲，他放棄科學、探討哲學，寫出了一本舉世聞名的哲理散文集。

Blaise Pascal（1623-1662）

人類的全部尊嚴，就在於思想！

好聽的話，投資最小、收穫最大。

男人的不幸是不可以在一個小屋裡靜靜地待著。

給時光以生命，而不是給生命以時光。

所有人自然地彼此憎恨，世界上找不到 4 個朋友。

人的心是如何的空虛，他的排洩物反而充實得多。

人既不是天使，也不是禽獸，但不幸就在於想表現為天使的人卻表現為禽獸。

人對生死攸關的事情麻木得出奇，卻對微小的事情敏感得令人吃驚。

西元 1642 年，崇禎十五年，世界上第一臺電腦在法國誕生。

這臺電腦可以進行八位數的加減運算。當時生產了五十多臺，目前留在世上的還有八臺。法國國立工藝博物館有四臺，IBM 公司擁有一臺。

發明者是 19 歲的布萊茲・帕斯卡。

帕斯卡於 1623 年 6 月 19 日出生於法國的克萊蒙費朗（Clermont-Ferrand），這裡也是米其林輪胎公司的總部。

帕斯卡的父親埃蒂安是一名小貴族，擔任地方法官，業餘愛好是數學。3 歲的時候，帕斯卡的母親就去世了，留下帕斯卡斯卡和他的姐妹。

1631 年，父親以 65,665 里弗爾的高價賣掉自己法官的位子，然後全部投資在國債上，每年的利息就足夠一家四口衣食無憂。

隨後，埃蒂安帶著三個孩子移居巴黎，他沒去找工作，專職在家輔導三個孩子。

11 歲的時候，帕斯卡斯卡發現用餐刀敲盤子，盤子會響。如果用手按住盤子，聲音就停止了。於是，他寫了一篇關於聲音與振動的論文。

埃蒂安既為兒子驕傲，又擔心他胡思亂想會影響希臘和拉丁文的學習，於是禁止他在 15 歲之前學習數學。

埃蒂安帶著帕斯卡斯卡以及兩個姐妹拜訪朋友、參加活動、認識花鳥魚蟲、分析問題，在生活實踐中學習。

有一天，埃蒂安發現帕斯卡斯卡用一塊煤在牆上證明了三角形的內角和等於兩個直角（即三角形內角和等於 180°）。此後埃蒂安不僅允許兒子學習數學，而且還主動教兒子幾何課程。

帕斯卡 13 歲的時候，法國著名戲劇家高乃依的《熙德》（*El Cid*）在巴黎上演。埃蒂安帶著全家人常看戲劇，認識了高乃依。

埃蒂安還帶著帕斯卡參加馬蘭・梅森（Marin Mersenne）神父舉辦的科學沙龍。

世界多國科學家組成了一個評審委員會，選出了 100 位在世界科學史上有重要地位的科學家。除了我們熟知的阿基米德、哥白尼、伽利略、笛卡兒、牛頓、

達爾文、愛因斯坦外，梅森神父也名列其中。

梅森最早深入研究形如 2p 減 1 的正整數，數學界把這種數稱為「梅森數」，並以 Mp 記之（M 為梅森姓名的首字母）。如果梅森數為質數，則稱為梅森質數。迄今為止，人們只發現了 48 個梅森質數，非常稀少，就像海洋裡的珍珠。

梅森神父

梅森還提出十二平均律、建立弦振動頻率公式、測出聲速是 419.5 公尺／秒、發現聲音的強度與距離聲源的距離的平方成反比。

科學史上稱梅森為「聲學之父」。

17 世紀之初，沒有科學研究機構，沒有學術刊物，沒有國際會議。如果每個科學家都獨立研究、不與他人交流，那麼既難產生科技成果，也得不到相互啟發與推廣。

梅森在自己的寓所定期舉辦科學沙龍。費馬、伽桑（Pierre Gassendi）、德薩格（Girard Desargues）、羅伯瓦（Gilles Personne de Roberval）等人經常參加。來不了現場的科學家（比如定居荷蘭的笛卡兒）可以寄去自己的研究成果，由梅森朗讀給與會者。梅森也把沙龍的會議紀錄寄給外地的科學家。

梅森相當於建了一個歐洲科學家群組，只不過方式比較原始。

梅森去世後留下 78 封信件，相當於 78 篇科技論文。論文作者有伽利略、費馬、托里切利、笛卡兒、惠更斯，以及帕斯卡。

梅森去世後不到二十年，英國皇家學會創辦了科學期刊，促進了科學成果的發表與分享。

梅森的沙龍可以說是歐洲科學院、世界科學院。

16 歲的時候，帕斯卡對法國幾何學家德薩格的著作產生了興趣。他在閱讀中受到啟發，發現了著名的六邊形定理，即內接於圓錐曲線的六邊形的三雙對邊的交點共線，後人將其命名為帕斯卡定理。

古希臘數學家阿波羅尼奧斯著有《圓錐曲線論》，涵蓋了幾乎所有的圓錐曲線結論，將近一千九百年來沒有人提出新的發現，帕斯卡是第一人。

梅森神父將帕斯卡的研究成果寄給客居荷蘭的笛卡兒。

笛卡兒完全不相信這是一個 16 歲孩子的作品，他以為是德薩格或帕斯卡父親的研究成果。

1638 年，為了應對吃緊的三十年戰爭，紅衣主教黎塞留宣布只償還部分國債。

埃蒂安的 65,665 里弗爾變成了 7,300 里弗爾，他大罵黎塞留。黎塞留想逮捕他，而埃蒂安只得逃跑。

這一年，黎塞留在看戲時，認識了主演之一，而主演正是帕斯卡的妹妹。她趁這個機會要求黎塞留赦免她的父親，黎塞留也同意了。

埃蒂安回到巴黎後，帶著帕斯卡拜見了黎塞留。

遭受損失的不只埃蒂安一個人，全部國民都縮衣節食的生活。

1639 年，諾曼底地區發生暴亂，民眾焚毀稅局，殺死稅吏。

黎塞留任命埃蒂安為諾曼底地區稅務官，算是一種補償。

1640 年，埃蒂安帶著三個子女搬到盧昂。稅務工作需要大量計算，埃蒂安經常熬到深夜，白天顯得非常疲憊。

帕斯卡決定幫助父親減輕負擔。他的辦法是：發明一臺可以加減乘除的機器。

經過一番努力，1642 年，世界上第一臺電腦誕生了。

其原理類似於三個關聯的密碼鎖。把一個密碼鎖撥成一個數字，把第二個密

碼鎖撥成另一個數字，第三個密碼鎖隨之轉動，顯示前兩個數字之和。

如果調節一個開關，第三個密碼鎖可以顯示前兩個數字之差。

帕斯卡後來又造了五十臺電腦，準備發一筆橫財。

這是真正投入商業化的電腦，還獲得了法國王室頒發的專利。

不過，花錢僱一個人計算一個月，其成本遠遠低於買一臺帕氏電腦。

大部分電腦沒有賣出去，帕斯卡也沒有成為 17 世紀的比爾‧蓋茲。

另外一個難以踰越的障礙是：法國當時的貨幣使用 12 進制和 20 進制，長度單位使用 6 進制和 12 進制。

帕斯卡送了一臺電腦給瑞典女王克里斯蒂娜。女王大喜，表示願意派軍艦接帕斯卡到瑞典生活。帕斯卡明智地拒絕了，因為他孱弱的身體無法承受惡劣的天氣。

克里斯蒂娜女王還邀請過本書中的另一位人物 —— 康門紐斯（Jan Amos Komenský）。不管怎麼說，女王好學的精神值得敬佩。

為了紀念帕斯卡在電腦領域的貢獻，世界上第一個結構化的程式語言就叫 pascal。

帕斯卡還發現了二項式係數在三角形中的一種幾何排列，後人稱之為帕斯卡原則。

帕斯卡從小體弱多病，長大後亦不見好轉。他不到三十歲就得借助拐杖行走，醫生要求他多放鬆、多娛樂。

帕斯卡跳舞、打球、狩獵，以及賭博。

1654 年，一名賭徒向「數學家」帕斯卡求助。問題是這樣的：

梅勒和賭友各出 32 枚金幣作為賭注，以擲骰子決定輸贏。如果出現「6」，梅勒贏 1 分；如果出現「4」，對方贏 1 分。雙方誰先得到 10 分，誰就贏得全部賭注（64 枚金幣）。雙方正賭到興頭上，聖旨到了。國王命令梅勒立即到王宮接待外賓。此時梅勒得 8 分，對方得 7 分。

現在問題來了：這 64 枚金幣應該如何分配才合理？

帕斯卡思考後有了一些發現，就寫信給數學家費馬。兩人信件一來一往，數學中一個重要的分支 —— 機率論誕生了。

帕斯卡順便還發明了輪盤賭。

1660 年，費馬寫信約帕斯卡見面。帕斯卡回信說，自己無法走路與騎馬，不能赴約。那一年，他才 37 歲。

萊布尼茲於 1672 ～ 1676 年僑居巴黎，他仔細研究了帕斯卡的手稿，在電腦和機率論方面深受啟發。

1647 年，帕斯卡回到巴黎居住。

同年 9 月，51 歲的笛卡兒探望了 24 歲的帕斯卡。

這是兩位天才人物唯一一次會晤。

笛卡兒對帕斯卡發明製造的電腦十分讚賞，但在討論真空的時候，兩人發生爭執。

笛卡兒認為宇宙中沒有物質的空間是不存在的，帕斯卡持相反的觀點。

笛卡兒嘲笑帕斯卡說，也許你的腦袋裡就有很多真空。

帕斯卡決定用實驗來反駁笛卡兒。

四年前，義大利科學家托里切利做過一個實驗，把一根一公尺長且裝滿水銀的玻璃管倒立放進水銀槽，水銀從玻璃管中流出一部分。此時，玻璃管下半部分是 76 公分的水銀柱，上半部分 24 公分是無色透明的，這很可能就是真空。

為什麼水銀柱中的水銀沒有全部流出來？

這是因為大氣的重量把水銀壓進了玻璃管。

帕斯卡從梅森神父那裡獲得了托里切利實驗的全程。他認為，山頂上空氣稀薄，大氣壓力比地面小。如果在山頂上重複這個實驗，水銀柱的高度應該低於 76 公分。

由於身體虛弱，帕斯卡委託他的姐夫操作這次實驗。

1648 年 9 月 19 日，姐夫在多姆山頂按照帕斯卡的設計完成了實驗。

實驗結果是：水銀柱高度在山頂和山底相差 8 公分，

結果出來之後，不僅在科學界引起了轟動，巴黎市民也紛紛前去圍觀，就像看戲劇表演一樣。

此次實驗的知名度，不亞於伽利略的比薩斜塔實驗。

但實際上，伽利略的故事是假的，帕斯卡的故事是真的。

不過，也有人嘲笑這種實驗沒有任何價值。

埃蒂安激動地替兒子辯護：「你說我兒子的實驗笨拙和馬虎，我說你才不會實驗，連實驗室的門都進不去。」帕斯卡製造電腦的時候，埃蒂安準備各種工具和材料，全力支持兒子。

當有人否定實驗結論時，帕斯卡反駁說：「僅僅一個事實不能證明某句話是對的，但一個相反的事實卻能證明某句話是錯的。」

這句話與三百年後科學哲學家卡爾·波普（Karl Raimund Popper）的觀點是一致的，即科學就是證偽。

帕斯卡還認為，動物只會重複，人類卻可以總結前人的經驗。蔑視古人不對，崇拜古人也是錯的，應該把古人的知識當墊腳石，超越古人。

有人把反對古人當罪行，把補充古人當叛逆，彷彿所有的真理都已被古人發掘完畢，這是錯誤的。我們不應該崇拜古人，而應該崇尚真理。

FIG. 45.—Hydrostatic paradox. Pascal's experiment.

水桶實驗

帕斯卡後來又做了一個實驗。實驗的過程是這樣的：

第一步，在地面上放置一個密閉裝滿水的桶。

第二步，在桶蓋上插入一根細長的管。

第三步，登上很高的梯子，向細管裡灌水。

第四步，只要倒一杯水，桶就被壓裂了。

帕斯卡後來得出結論，封閉容器中，流體的某一部分壓強如發生變化，將毫無損失地傳遞到其他部分和容器壁。

於是，帕斯卡定律誕生了。

根據帕斯卡定律，帕斯卡發明了針筒和水壓機。

為了銘記帕斯卡的貢獻，科學家用「帕斯卡」命名壓強單位，簡稱「帕」。

一個「帕斯卡」等於一個「牛頓（力）」作用在一平方公尺的面積上。

以後不要笑話別人胖，多沒禮貌，要說他的帕斯卡比較大。

1651 年，埃蒂安去世。帕斯卡非常傷心。他寫道：「如果沒有耶穌基督，死亡是可怕的，是令人憎惡的，是自然界醜陋的一面。然而，在有了耶穌基督之後，一切全然改變了，死亡是那樣地仁慈、神聖。死亡是信仰者的歡愉。」

1654 年 11 月 23 日，帕斯卡駕車過橋時，馬匹受驚，躍過橋欄掉進塞納河中，幾乎把馬車拖下水。幸好只是輜繩斷了，馬掉進了河裡，馬車半懸在欄杆上，帕斯卡當場昏厥。

醒過來後，帕斯卡說自己在昏迷中見到了上帝。他感到極度恐懼、悔恨，也為自己能見到上帝而喜悅。帕斯卡把自己的經歷和感悟寫在一張羊皮紙上，縫進外衣的襯裡。關於這件事，他沒有告訴任何人。

而直到他死後，人們才發現了這張紙，才知道這個故事。

此次意外事件，促使帕斯卡將關注點從物質世界轉向精神世界，從科學轉向哲學和神學。他認為感性和理性知識是有限的、不可靠的，只有信仰才是萬能和完美的。

1655 年，31 歲的帕斯卡走進了修道院。在此期間，他大量閱讀古羅馬著名

斯多葛學派哲學家愛比克泰德（Epictetus）和法國思想家蒙田的作品。

愛比克泰德的名言如下：

1. 假如你想做事，就得養成做事的習慣；假如你不想做事，就別去碰它。
2. 只有受過教育的人才是自由的。
3. 連自己命運都不能主宰的人是沒有自由可言的。
4. 在順境中交友只是舉手之勞，在困厄時尋友難如登天。
5. 否定意志的自由，就無道德可言。
6. 信心來自謹慎。
7. 理智不能用大小或高低來衡量，而應該用原則來衡量。

蒙田是懷疑論的創始人。他的名言就更多了。最具代表性的就是這句：

「結婚彷彿金漆的鳥籠。籠外的鳥想進去，籠內的鳥想出來。」

帕斯卡總結自己的心路歷程，寫下一部散文集，叫《思想錄》（Pensées）。

伏爾泰說，《思想錄》是法國第一部散文傑作。

雨果說，如果整個法國文學只能讓我選擇一部書留下，我會毫不猶豫地選擇《思想錄》，它的作者是一個崇高而純粹的法國天才。

在這本書裡，帕斯卡主要表達了兩個主張：

第一個主張：人的精神分為理智（邏輯與理性）與情感（直覺與非理性）。前者是科學精神，後者是人文精神。研究科學容易，研究宗教和人心困難。

帕斯卡認為笛卡兒高估了科學，單純依靠理性是不能掌握全部真理的，很多時候需要心靈的引導。

的確，智商高、情商低的人很難創造重大的科技成果。情商高、有決心、有毅力的人才能成為大科學家。

第二個主張：帕斯卡勸告讀者信仰上帝。他認為人的弱點和罪惡太多了。他說：「人混合著天使與野獸的成分，表現在心靈與肉體的對立。人是一個怪物、一個巨魔、一片混亂、一個矛盾、一個非凡的東西。他是一切事物的裁判，是地

球上的柔弱體，是真理的保管者，是錯誤與懷疑的縫製者，是宇宙的榮耀與棄物。人在道德上很神祕。人表現或隱藏著每一種罪惡。人只是一個偽裝者、一個說謊者、一個偽君子，對自己對別人都一樣。人是無底的、虛榮的！」

只有信仰上帝，人才能洗脫罪惡。

對於那些半信半疑的人，帕斯卡說：「如果你相信上帝，而上帝又不存在，你不會失去什麼；萬一上帝存在，你就賺到了。你可以進入天堂，獲得永生。反過來，你不相信上帝，上帝不存在，你也不會失去什麼；萬一上帝存在，你就得下地獄了。」

後人稱此為帕斯卡賭注。

《思想錄》讓你去思考人生、人性、宇宙、生命和神的關係。當然，喝一瓶啤酒，吃一些魚乾非常容易。不過，一個從不去思考的人，和碗裡的魚乾又有什麼區別？

當時很多法官、律師、醫生、富人為了體面，紛紛購置馬車出行。

不過，養馬車的費用居高不下，遠遠超過養汽車。除了養馬、建馬廄、買飼料，還要養馬車夫，並提供吃住和薪資。

乘坐馬車出行很風光，時間一長生活卻很容易陷入困頓。

帕斯卡本人就是受害者。當他收入驟降的時候，只能賣掉馬車。可是步行又非常不方便，尤其他的腿還有殘疾。

1661 年，帕斯卡提議成立了一個公共馬車公司，每天營運幾個固定路線，收取固定的低票價。隔年，帕斯卡組建的法國公共馬車公司試營運，引起了轟動。這家公司是今天所有公車公司的前身。

第二次世界大戰前，巴黎公車票上印有帕斯卡像。像帕斯卡這樣的人才，從事任何行業都能創造奇蹟。

1662 年 8 月 19 日，帕斯卡因為過度勞累，故疾發作，不幸逝世，終年 39 歲。

真是天妒英才！

醫學報告顯示，他的大腦「異常的大，腦髓堅實」。

帕斯卡沒有進過學校，沒有結婚，沒有謀求公職，他短暫的一生為人類作出了太多太多的貢獻。帕斯卡說：「人只不過是一根葦草，是自然界裡最脆弱的東西，但他是一根能思想的葦草。不須要整個宇宙拿起武器來毀滅他，一口氣、一滴水就可以殺了他。不過，縱使宇宙毀滅了他，人仍然要比致他於死命的東西顯得高貴。因為他知道自己要死亡，他知道宇宙對他的優勢。而宇宙對此卻一無所知。」

帕斯卡是文學家、思想家、哲學家、神學家、數學家、物理學家、發明家、公司創始人。

世界上有兩個幾百年才出的天才，一個是達文西，一個是特斯拉。

帕斯卡可以算半個。

他的成功和達文西有相似性，沒有受過正規教育，思維不受老師和書本的束縛，所有的出發點都是解決問題。

有人說，帕斯卡之於法蘭西，猶如柏拉圖之於希臘，但丁之於義大利，塞凡提斯之於西班牙，莎士比亞之於英格蘭。

帕斯卡是法國的國寶。

帕斯卡人品也頗值得稱道。為了懺悔自己的罪過，帕斯卡讓一戶窮人住到自己家中。當其中一個孩子染上天花時，他並未要求這個家庭離開，而是自己搬到姐姐家去住。

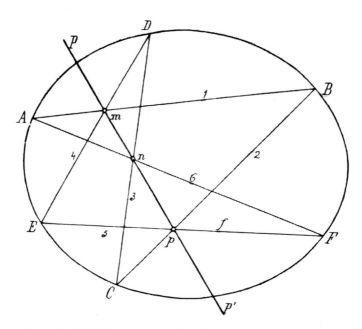

帕斯卡定理：圓錐曲線的內接六邊形其三條對邊的交點共線（mnp 共線）

法國紀念帕斯卡創立公共馬車公司

第 **4** 章
費馬 ── 一道解了 358 年的數學題

崇禎十年，西元 1637 年。一名法國律師在書裡寫下一句話：「將一個高於二次的冪分成兩個同次冪之和，是不可能的。我發現了一種美妙的證法，可惜這裡的空白太小，寫不下。」

就是這句話，提出了世界上最迷人的數學猜想，讓全世界的數學家幾百年前仆後繼、夜不能寐。

Pierrede Fermat（1601-1665）

我已經發現了一些絕美的定理。

也許後代會感謝我告訴他們一件古人不知道的事情。

1601 年 8 月 17 日，皮耶‧德‧費馬出生於法國南部圖盧茲附近的博蒙德洛馬涅（Beaumont-de-Lomagne）。他的父親是一位皮革商，經營有道，受人尊重，後來成為當地官員。費馬的母親出身貴族，精通法律。

費馬是富二代，錦衣玉食、生活優渥。他不必外出上學，家裡常駐兩名教師。

14 歲時，費馬進入當地公學就讀，中學畢業後在奧爾良大學和圖盧茲大學學習法律。

在歐洲中世紀，出人頭地的主要方式是在戰場上立下軍功，或者從小到修道院生活，幾十年後當主教或修道院院長。17 世紀，歐洲法官和律師的需求量大增，他們不僅收入高且受人尊重。

費馬大學還沒有畢業，他的父親就替他買了「律師」和「議員」兩個職位。

1631 年，30 歲的費馬畢業返鄉，順利成為圖盧茲議會的議員。他的職務是請願者接待室的顧問。如果當地人有重要事情想寫信給國王，費馬的工作就是判斷這封信能不能呈遞上去。而中國的明朝沒有這套體系，連百姓向本省總督反映問題都難如登天。

同年，費馬娶了表妹，一位貴族小姐，兩人育有兩男三女。

擔任七年地方議員之後，費馬升任調查參議員。又過了四年，1642 年，費馬進入最高刑事法庭。1646 年，費馬升任地方議會首席發言人。

費馬雖平步青雲，但實際上並沒有傑出的政績，唯一值得稱道的地方就是工作中不勒索、不受賄，因為他不缺錢。

如果法官認識的人太多，判案的時候可能會偏袒自己的親友，因此當時的政府要求法官盡量不要參加社交活動。

所以，費馬將大量的業餘時間用來研究數學。

數學研究比較容易，不需要圖書館，不需要實驗室，一支筆，幾張紙，隨時隨地就能進行。費馬研究數學的時候，有時在餐廳，有時在教堂。

費馬的第一個數學成就，是發現了一對相親數（Amicable numbers）。相親數是指兩個正整數，它們彼此的全部因數之和（本身除外）與另一方相等。

世界上第一對相親數是古希臘數學家畢達哥拉斯發現的。他說，你的朋友是你靈魂的倩影，就像 220 與 284 一樣親密。

220 的因數為 1、2、4、5、10、11、20、22、44、55、110、220。把 220 排除，則：

$1 + 2 + 4 + 5 + 10 + 11 + 20 + 22 + 44 + 55 + 110 = 284$

284 的因數為 1、2、4、71、142、284。把 284 排除在外，則：

$1 + 2 + 4 + 71 + 142 = 220$

所以，220 和 284 是一對相親數。

當時的人們以為世界上只有一對相親數，所以為這兩個數字編了很多故事，並利用於魔術、法術和占星術。

1636 年，費馬發現了世界上第二對相親數 17296 和 18416。此時距畢達哥拉斯發現第一對相親數已經超過二千年了。

兩年後，笛卡兒找到了第三對相親數 9437056 和 9363584。

此後的一百年，相親數又從人們的視野中神祕地消失了。直到數學天才歐拉出現，一下子就找到了 60 對。

又過了一百年，1886 年，一個 16 歲的義大利孩子發現這些大師們竟然遺漏了一對很小的相親數，1184 和 1210。

除了發現相親數，畢達哥拉斯還提出了完全數（Perfect number），即一個正整數的全部因數之和（本身除外）等於它本身。

他說，完全數象徵著完滿的婚姻以及健康和美麗，比如 6 和 28。

$6 = 1 + 2 + 3$

$28 = 1 + 2 + 4 + 7 + 14$

有些基督徒認為 6 和 28 是上帝之數，因為上帝創造世界花了 6 天，月亮繞地球一週是 28 天。

畢達哥拉斯認為「萬物皆數」、「數是萬物的本原」。

數學不是用來解題的，數學是認識世界的工具，數學是所有科學的鑰匙。

畢達哥拉斯認為任何數都可以用整數表示，小數可以用整數之比表示。比如 0.35247，就是 35,247/100,000。

畢達哥拉斯的得意門生希帕索斯 (Hippasus) 發現，邊長為 1 的正方形，它的對角線長度不能用整數之比來表達。而這使他的同學們大怒，居然把希帕索斯丟到大海裡淹死了，且他們命令所有人不得洩露的祕密，史稱第一次數學危機。

費馬發現 26 夾在 25 和 27 之間。還發現 25 是平方數 (5×5)，27 是立方數 (3×3×3)。他想找到第兩個夾在平方數和立方數之間的數字，卻始終沒有成功。

最後，費馬證明 26 是唯一一個符合這種條件的數。

20 世紀，數學家又開始玩一個叫相親數鏈 (Sociable number) 的遊戲，即由 3 個或更多的數形成的一個閉循環的數組。例如，五元數組 (12496，14288，15472，14536，14264) 中，第一個數的因數加起來等於第二個數，第二個數的因數加起來等於第三個數，第三個數的因數加起來等於第四個數，第四個數的因數加起來等於第五個數，而第五個數的因數加起來等於第一個數。

費馬第二個重大數學成果是提出了解析幾何的基本原理。

1630 年，費馬撰寫了〈平面與立體軌跡引論〉(*Ad Locos Planos et soli-dos isagoge*) 一文。在文中，費馬提出，有兩個未知量的方程式，可以描繪出一條直線或曲線。

費馬發現解析幾何的基本原理比笛卡兒還早 7 年，但他沒有及時發表這篇文章。事實上，他根本沒打算發表。費馬去世後，他的兒子發現並發表了這篇文章，比笛卡兒的《幾何學》整整晚了 42 年。

費馬從方程式出發來尋求軌跡，笛卡兒從軌跡出發來尋找方程式，兩個人從相反的方向得出了共同的結論。

費馬的第三個數學成果是建立了求切線、求極大值和極小值以及定積分方法。

牛頓說，他關於微積分的早期觀點直接來自於費馬繪製切線的方式。

費馬的第四個數學成果誕生於他和帕斯卡交流的信件當中。在信中，費馬提

出了數學期望的概念，為機率論奠定了基礎。

費馬的第五個數學成果是數學中最重要的分支 —— 數論。

高斯說過，數學是科學的皇后，數論是數學的皇冠。

在費馬死後一百年裡，沒有人能挑戰費馬在數論領域中的地位。

17 世紀初，丟番圖的《算術》一書在歐洲大受歡迎。丟番圖是古希臘時期的數學家，代數學的創始人之一。臨死前他出了一道題目，讓朋友刻在他的墓碑上。這道題目的答案就是他的壽命。其內容如下：

墓中躺著丟番圖，下面是他經歷的人生道路：

上帝給予的童年占六分之一，

又過了十二分之一，兩頰長鬍。

再過七分之一，點燃起結婚的蠟燭。

五年之後天賜貴子，

可憐遲來的寧馨兒，享年僅及其父之半，便進入冰冷墳墓。

悲傷只有用數論的研究去彌補，

又過了四年，他終於告別數學，離開了人世。

你能算出來答案嗎？

答案是 84 歲。

1621 年，費馬讀完《算術》這本書，立即對數論產生了濃厚的興趣。他得出大量結論，比如：

1. 全部大於 2 的質數可分為 $4n + 1$ 和 $4n + 3$ 兩種形式。

2. 形如 $4n+1$ 的質數能夠表達為兩個平方數之和。

例如，13 等於 $4×3+1$，也等於 $2×2 + 3×3$。

17 等於 $4×4 + 1$，也等於 $1×1 + 4×4$。

3. 形如 $4n + 3$ 的質數不能表達為兩個平方數之和。

費馬寫下了大量結論，但沒有提供證明過程，或者只是給出一點點提示，讓讀者自己猜。他就是要挑釁各國的數學家，氣得笛卡兒稱費馬在吹牛。英國人沃

利斯（John Wallis）將費馬稱為「那個該詛咒的法國佬」。

比如上面的三個結論，直到一百年後的 1749 年，天才數學家歐拉經過 7 年的工作，才提出證明。

普通人看到的 1、2、3、4、5、6、7、8、9、10，數學家看到的卻是：整數、正數、實數、有理數、自然數、質數、合數（Composite number）、奇數、偶數、完全數，整體還是一個等差數列。

這就是數學的魅力。

費馬在解析幾何、微分、機率論、數論領域創造出大量成果，不遜於任何一個偉大的數學家。如果在今天，他可以獲得三次菲爾茲獎（數學界的諾貝爾獎）。

費馬做出這麼多的貢獻，但也沒有耽誤工作 —— 調查、判案仍正常進行。他是最懂法律的數學家，最懂數學的法官。

人們稱費馬為「業餘數學之王」。

獲得這麼多的成果，並不是像上樹摘桃子一樣容易，其背後是大量的時間投入與精力的付出。費馬一生只在方圓一百英里內活動。作為一個富二代，他甚至沒有去過巴黎。

費馬並沒有打算透過這些成果賺錢。他或把自己的發現寫信與朋友探討，或將自己的發現寫在書頁上，然後把書放回書架。

費馬把研究數學當作遊戲，當作樂趣，當作破案。

費馬謙虛地說：「也許後代會感謝我告訴他們一件古人不知道的事情。」

1665 年 1 月 12 日，費馬去世，終年 64 歲，他的遺體葬在圖盧茲的家族墓地。

費馬和法國思想家蒙田的人生很相似。不只是他們兩人，我發現歐洲很多科學家、思想家出身貴族或富裕家庭，終生衣食無憂。他們沒有到政治舞臺爭權奪勢，沒有去風月場所花天酒地。他們選擇平靜地生活，然後在平靜中創造出偉大的業績，把自己變成推進世界進步的偉人，流芳百世的名人。

費馬逝世後，他的長子在《算術》這本書中發現父親留下的一句話：

將一個高於二次的冪分成兩個同次冪之和，或一個四次冪分成兩個四次冪之和，或者一般地將一個高於二次的冪分成兩個同次冪之和，這是不可能的，是不可能的。我發現了一種美妙的證法，可惜這裡的空白太小，寫不下。

根據推測，這段話寫於 1637 年，崇禎十年。

這句話用簡單的方式表達如下：

當整數 $n > 2$ 時，關於 x，y，z 的方程 $x^n + y^n = z^n$ 沒有正整數解。

我們知道，當 $n = 2$ 時，就是畢達哥拉斯定理，有很多正整數解。畢達哥拉斯發現這一定理之後，高興得殺了一百頭牛慶祝。所以，畢達哥拉斯定理也叫「百牛定理」。

後人稱費馬的這段話為費馬大定理（Fermat's Last Theorem）。

費馬大定理有結論，但沒有推導過程，稱費馬猜想更合適。

費馬猜想和哥德巴赫猜想（Goldbach's conjecture）、四色猜想（four color theorem）成為世界三大數學難題。

費馬猜想提出一百年後，無人應答。

直到 1770 年，歐拉證明了 $n = 3$ 時，費馬猜想成立。

本文多次提到歐拉，之後會寫到他。

1816 年，法國科學院將費馬猜想簡化：

當 n 是奇質數（3，5，7，11，13）時，方程 $x^n + y^n = z^n$ 沒有正整數解。

只要奇質數無解，合數必定無解。

法國科學院稱之為費馬大定理，向全世界徵集答案。

有費馬大定理就有費馬小定理。費馬於 1636 年提出小定理，內容為：

如果 p 是一個質數，而整數 a 不是 p 的倍數，則有 a^{p-1} 除以 p 的餘數恆等於 1。

萊布尼茲於 1683 年證明了它。

「數學王子」高斯愛面子。他聲稱證明費馬大定理不難，並對此不感興趣。

不過，每當費馬大定理取得一點點進展，他都要偷偷詢問和了解。

真相是，高斯想證明 $n = 7$ 時，費馬大定理成立，但沒有成功。

1825 年，德國數學家狄利克雷（Peter Gustav Lejeune Dirichlet）和法國數學家勒讓德（Adrien-Marie Legendre）分別獨立證明了 $n = 5$ 時，費馬大定理成立。

1839 年，法國數學家拉梅（Gabriel Lamé）證明了 $n = 7$ 時，費馬大定理成立。

1847，拉梅和他的同胞柯西（Cauchy, Augustin – Louis）宣布證明了費馬大定理，引起了世界轟動。

此時距費馬大定理的提出已經超過 200 年。

德國數學家庫默爾（Ernst Eduard Kummer）告訴他們，你們兩個都是錯的。

庫默爾創立了一種「理想數環」理論，一下子證明了 100 以內除 1、37、59、67 以外的奇數為冪時，費馬大定理成立。

費馬大定理第一次取得了重大突破。

但這也只是證明了沙漠中的 30 粒沙，大海中的 50 滴水。

50 年後，大數學家勒貝格（Henri Léon Lebesgue）向法國科學院提交了費馬大定理的證明論稿。由於他的聲望，大眾都相信他是對的；但數學家們則遺憾地指出，他是錯的。

此時已經到了 20 世紀初，據費馬猜想的提出已經過了 260 年。

1908 年，德國哥廷根皇家科學協會向世界推出了沃爾夫・斯凱爾獎（Wolf Prize），獲獎條件是解決費馬大定理，獎金是 10 萬馬克。

期限是一百年，截止日期是 2007 年 9 月 13 日。

獎金提供者是富商沃爾夫・斯凱爾，他於當年病逝，10 萬馬克是他一半的遺產。

當時德國民眾平均月收入為 100 馬克左右。

10 萬馬克換算成今天的人民幣，相當於 500 萬左右。

一個德國商人為什麼對一個法國猜想情有獨鍾呢？

因為費馬大定理救了他的命。

斯凱爾年輕時，因為失戀決定於某天半夜 12 點自殺。晚餐後，他去了圖書

館，正好讀到了庫默爾的一篇文章，論述柯西和拉梅沒有證明費馬大定理。

普通人自殺前，大概會先去酒店大吃一頓，都到這個節骨眼了，誰還有興趣去圖書館讀這種文章？

斯凱爾讀著讀著就入了迷，情不自禁拿起紙筆計算，這一算就是一夜。天亮了，費馬大定理還沒有解決，於是放棄輕生的念頭。

斯凱爾一邊證明費馬大定理，一邊做生意。雖然費馬大定理沒有被證明，但他倒成了大老闆。

1908 年，臨死前，斯凱爾為了感謝費馬大定理的救命之恩，捐出自己遺產的一半用來鼓勵世人解答費馬大定理。

從此以後，每年都有成千上萬的人宣稱自己證明了費馬大定理。

顯然，沒有一個是正確的。

1922 年，英國數學家莫德爾（Louis Mordell）提出一個著名猜想，叫做莫德爾猜想，有助於解決費馬大定理。

1955 年，日本數學家谷山豐提出了一個新的猜想，後來稱為「谷山 ——志村猜想」。具體內容我就不說了，因為我更不懂。總之，只要能證明「谷山 —— 志村猜想」成立，就能證明費馬大定理成立。

二戰以後，電腦誕生了。借助這種先進的機器，世界各地的數學家證明 500 以內，1,000 以內，10,000 以內的值，費馬大定理成立。

到了 1980 年代，這個值提高到 125,000，然後是 4,100 萬。

不過，還是沒有用。你可以證明 4,100 萬，但你可以證明 4,100 億嗎？

數學必須百分之百準確。有一個故事是這樣的：

天文學家、物理學家和數學家一起搭火車。他們向窗外眺望，看到田野裡有一隻黑色的羊。

天文學家說：「蘇格蘭羊都是黑色的。」

物理學家反駁道：「不！只能說有些蘇格蘭羊是黑色的。」

數學家反駁道：「不！只能說在蘇格蘭至少有一隻羊，這隻羊有一側是黑色

的。」（因為另一側看不到。）

1983 年，德國數學家法爾廷斯（Gerd Faltings）證明了莫德爾猜想，離解開費馬大定理向前邁進了一大步。法爾廷斯也因此獲得 1986 年菲爾茲獎。

1984 年，德國數學家弗雷提出有助於解決費馬大定理的「弗雷命題」。

美國加州大學黎貝（Kenneth Alan Ribet）聽說「費雷命題」之後，花了一年半時間，但沒有解答出來。1986 年，黎貝與哈佛大學教授巴裡‧梅祖爾喝咖啡，順便討論弗雷命題。梅祖爾的一句話點醒了黎貝。他隨即證明了「弗雷命題」。

英國數學家安德魯‧懷爾斯（John Wiles）看到黎貝的證明後，感到解決費馬大定理的外城城門已經打開，可以進攻內城了。

懷爾斯 1953 年出生在英國，父親是一位工程學教授。

10 歲時，小懷爾斯在一本書中讀到費馬大定理，立即產生了濃厚的興趣。長大後，他選擇數學作為終身職業。

的確，博士生、博士生導師都無法解答費馬大定理，小學生卻看得懂。

1974 年，懷爾斯畢業於牛津大學墨頓學院，獲數學學士學位。

1977 年，懷爾斯榮獲劍橋大學克萊爾學院博士學位。

1981 年，懷爾斯到美國普林斯頓高等研究院任研究員。

1982 年，懷爾斯任普林斯頓大學教授。

1986 年，懷爾斯吃飽喝足，決心向高不可攀的費馬大定理出發。

當時沒有人看好 33 歲的懷爾斯。

因為他有一個致命的缺點，年齡太大。

學數學的人都知道一條行業規矩，30 歲以上的人，可以發現物理定理，可以發現化學定理，可以發現生物定理，但基本上不可能發現數學定理。

法國數學伽羅瓦（Évariste Galois）21 歲死於決鬥。

高斯 19 歲時發現了正十七邊形的尺規作圖法，解決了一個千年難題。

橢圓函數領域的開拓者阿貝爾，27 歲時死於貧困。

對解決費馬大定理有重要貢獻的谷山豐 31 歲自殺。

華裔數學家陶哲軒 7 歲開始學微積分，24 歲任美國加州洛杉磯分校正教授。

世界著名的菲爾茲獎不授予 40 歲以上的數學家，這叫做「四十不獲」。

懷爾斯說，解決費馬大定理的過程就像黑暗中的密室逃脫。首先進入一個房間，什麼都看不見，開始用手摸屋裡的家具，然後是擺設，全摸完了，找到電燈開關。打開電燈開關，找到門出去，進入第二個房間，重複上面的過程。

能不能逃脫，什麼時候逃脫，不知道。

1993 年 6 月 21 日，懷爾斯在劍橋大學發表了一次演講。在演講中他證明了谷山 ── 志村猜想。把谷山 ── 志村猜想和莫德爾猜想、弗雷命題放在一起，最終證明費馬大定理成立。

這一消息立即登上了全球各大媒體的主要版面，引起了**轟動**。

一本美國雜誌立即把懷爾斯評為年度最具魅力的全球 25 人之一。還有一些男裝品牌請他代言（宅在家裡的數學家講究穿著嗎？）。

然而，全世界的數學家反倒十分冷靜。

因為之前已經有無數人宣布證明費馬大定理，最後發現自己錯了。

果然，懷爾斯的證明是錯誤的。

當年 12 月，懷爾斯承認自己的證明有小問題，但可以解決。

10 個月後，問題依舊沒有解決。

從英雄到傻瓜，只有一天的時間。

1994 年 10 月 25 日 11 點 4 分 11 秒，懷爾斯透過他的學生，美國俄亥俄州立大學教授卡爾·魯賓向全世界發出了證明費馬大定理的郵件。

1995 年，懷爾斯把證明過程發表在《數學年刊》（*Annals of Mathematics*）第 141 卷上，證明過程包括兩篇文章，共 130 頁。

這次是對的。

130 頁，看來費馬的書頁邊邊真的寫不下。

此時距費馬猜想的提出整整 358 年了，當然這是全世界數學家前仆後繼的成果。

1997 年 6 月 27 日，懷爾斯從哥廷根皇家科學協會領走了沃爾夫·斯凱爾 10 萬馬克的獎金，距離截止日期還差十年。

這個獎金在制訂之初有一條規定，數學家在證明費馬大定理兩年後才能領獎。懷爾斯 1995 年透過雜誌發表證明全過程，1997 年領獎。

哥廷根皇家科學協會也怕把獎金發給懷爾斯後，別人證明他是錯的。

1998 年，第 23 屆國際數學家大會史無前例地頒給 45 歲的「老數學家」懷爾斯菲爾茲特別獎。

2000 年，懷爾斯被英國王室授勛為爵士。

當懷爾斯登上人生頂峰，風光無限的時候，世界上無數數學家沮喪失落、徹夜無眠。他們從此失去了奮鬥的動力，失去了活著的目的。

費馬大定理無疑是人類歷史上最精彩的一道數學謎題。

解決費馬大定理有什麼用？不解決它人類不是照樣在發展？

非也。

費馬大定理是一隻會下金蛋的母雞。在證明費馬大定理的過程中，數學本身得到了極大的發展。比如莫德爾猜想、比如弗雷命題、比如谷山 —— 志村猜想。

證明費馬大定理的歷史就是半部數學史。

證明費馬大定理也是對人類智力的極限挑戰。讓全世界最聰明的人前仆後繼地去驗證人類的能力。

費馬大定理的證明可以與分裂原子或發現 DNA 相媲美。

費馬大定理解決了，另一個謎又產生了。

三百多年前，費馬本人到底有沒有證明費馬大定理？

按照費馬時代的數學發展水準，他是不可能證明費馬大定理的。

費馬寫下那段著名的話後，又活了 28 年，卻始終沒有給提出答案。

有人推測，也許費馬真的另有捷徑。

什麼是歷史？

帝王將相是歷史，王朝更替是歷史，宮鬥權謀是歷史。

數學也是歷史，而且是人類最重要的歷史之一。

沒有數學，哥白尼不會發現日心說，哥倫布不會發現新大陸，愛因斯坦不會發現相對論。

沒有數學，就沒有物理、化學、生物的發展。

沒有數學，我們出門沒汽車，宅在家裡沒手機。

宋元時期，中國出現了一批著名的數學家和數學著作，如賈憲的《黃帝九章算法細草》，劉益的《議古根源》，秦九韶的《數書九章》，李冶的《測圓海鏡》和《益古演段》，楊輝的《詳解九章算法》、《日用算法》和《楊輝算法》，朱世傑的《算學啟蒙》、《四元玉鑑》。

這一時期，中國數學成就攀上歷史最高峰，部分成果達到世界頂尖水準。

到了明朝，中國數學家幾乎銷聲匿跡了，到了清朝也沒有什麼新發現。

明末，徐光啟在利瑪竇的幫助下翻譯了《幾何原本》。徐光啟認為，幾何是多學科的本源，人人都應該學幾何。可惜的是，《幾何原本》並沒有被廣泛的傳播。徐光啟和李天經亦上奏崇禎皇帝，闡述數學的重要性。崇禎批覆，「屬利用要務」。不過，大敵當前，崇禎沒有心情考慮數學問題。

數學長期停滯不前，明清的天文、地理、物理和化學都失去了發展的基石和動力，能不落後於世界嗎？

明末著名思想家黃宗羲還認為，歐洲人數學好，都是從中國偷走的。他寫道：

容圓、測圓、割圓，皆周公、商高之遺術，六藝之一也。珠失深淵，罔象（即水怪，這裡指歐洲人）得之，於是西洋改容圓為矩度，測圓為八線、割圓為三角。

直到今天，很多人對數學的認識還存在一些盲點。

世界上哪國人數學最好？

答案大概是法國。

明朝末年，法國出現一系列世界級數學家，除了費馬，還有帕斯卡、韋達、

梅森、德薩格、笛卡兒。

在 17 世紀，法國絕對算得上是世界第一的數學大國，在之後的一百年裡都遙遙領先於歐洲。在此之後，法國還出現了一系列令現在的學生「聞風喪膽」的名字：達朗貝爾、拉格朗日、帕松、傅立葉、拉普拉斯、柯西。

笛卡兒的理性主義為法國數學森林提供了源源不斷的營養。

今天，法國仍然是世界數一數二的數學強國。

所有菲爾茲獎得主當中，畢業於哈佛大學的有 18 位，畢業於巴黎大學的有 16 位，畢業於巴黎高等師範學院的有 15 位。

法國人驕傲地稱自己為真正的數學王國。

在巴黎，有一百多條街道以數學家的名字命名。

1688 年，在費馬去世 23 年後，受法國國王路易十四委託，5 名法國數學家傳教士抵達北京，成為康熙皇帝的數學老師。由於數學名詞在法語、漢語、滿語之間翻譯的時候經常出錯，最後康熙皇帝親自拍板，未知數的個數叫「元」，未知數的值叫「根」或「解」。

在法國人的支持下，清政府編纂了《數理精蘊》，成為當時的數學教材。

中國學生獲得奧數金牌的數量比法國人多得多。不過，奧數比賽只是一種智力遊戲，透過密集訓練就可以迅速提高分數。而創造數學成果，則需要驚人的毅力、耐心和靈氣。

著名華裔數學家丘成桐說：「奧數無助於甚至不利於培養學生的創新能力，並影響學生的全面發展，奧數培養不出大數學家。」

第二大盲點，學數學有沒有用？

亞洲中小學生算過的數學題量，比吃過的飯粒都多。

不是因為喜歡，而是為了升學。

數學的性質變成四書五經，學數學是為了參加科舉考試。

一旦考上大學，或者大學畢業，大部分人用加減乘除就夠了，開根號的機會都很少。

學習的時候拚命練習，工作的時間基本不用。

這是一種巨大的浪費，對國家、社會和個人都是如此。

曾經有這麼一個故事。

在課堂上，有個學生問歐幾里得學習數學有什麼用處。

歐幾里得馬上掏出一枚錢幣給他，然後請他出去。

對不起，想升官發財，別用數學浪費你的時間。

數學不能被神化，也不能被妖魔化。

升學考試應該降低數學難度，著重考察數學思維能力，不要讓孩子把大量的時間花在做數學題目上。這種填鴨式的教育法，讓很多本來有可能成為數學天才的孩子反而厭惡數學，遠離數學。

其實，數學本身是很美的，解答數學題是有很多樂趣的。

我出一道題目。

安德魯・懷爾斯完成費馬大定理的證明後，
來到費馬故鄉的紀念碑前碑文上寫著費馬大定理（Klaus Barner 攝影）

1670 年，費馬的長子塞繆爾出版《費馬評註丟番圖算術》一書黑框內為費馬大定理評註

第 **5** 章
世界上到底有沒有真空

世界上有沒有一個地方，那裡什麼都沒有？

哲學家和科學家為這個問題大打出手，直至今天仍然沒有定論。

帕斯卡和笛卡兒爭論的真空問題，是一個看似簡單卻又十分古老的問題。

世界上有沒有真空？世界有沒有一個地方，那裡什麼都沒有？

古希臘哲學家德謨克利特認為，世界是由原子和虛空構成。虛空即真空。

亞里斯多德則認為宇宙沒有虛空。只要有一個地方是空的，其他物質就會跑過去將其填滿，他的名言是「大自然厭惡真空」（nature abhors a vacuum）。

舉個例子。你吸一根吸管，表示大自然要把氣填進吸管。如果你用手指堵住吸管的另一頭再吸，空氣就會壓迫吸管變扁。空氣無法進入吸管內部，就在外部用力擠壓吸管的空間。你如果吸一口可樂，用手堵住靠近嘴邊的這個口，把吸管立起來，可樂不會向下流。

可樂寧肯違背萬有引力，也要占據吸管，不讓吸管是空的。

你看到了嗎？大自然處處阻止你創造一個真空。

不過，關於真空這個詞，有兩種解釋。

一種是哲學上的真空，一種是物理上的真空。

《心經》上說，空不異色，色不異空。空即是色，色即是空。

《壇經》上說，本來無一物，何處惹塵埃。

《道德經》上說，無名，萬物之始。

這是哲學上的真空。

物理上的真空是指沒有物質的空間。

世界上有沒有真空？著名物理學家伽利略也無法回答。

因為宣傳日心說，伽利略被羅馬教會軟禁在家。

有一天，他收到了一封來自中國的信，向他請教天文問題。

這是怎麼一回事呢？

原來，伽利略的好友，德國人鄧玉函（Johann Schreck）於 1618 年前往中國傳教。他隨身帶著伽利略的天文書 ——《星際使者》（Sidereus Nuncius）。他將伽利略翻譯成中文「伽利萊」。1629 年，鄧玉函進入明朝曆局修訂曆法。他寫信給伽利略，請他幫助解答天文問題。

被羅馬教廷審判後，伽利略心灰意冷，不想再討論天文問題，沒有答覆。

軟禁在家的伽利略並不寂寞。歐洲的名人，凡是到佛羅倫斯的都會去探望他。其中有英國政治哲學家霍布斯、英國詩人兼政論家彌爾頓、法國科學家兼哲學家伽桑迪（Pierre Gassendi）等。

伽利略在軟禁中寫下了一生中最重要的作品──《關於托勒密和哥白尼兩大世界體系的對話》（*Dialogo sopra i due massimi systemi del mondo, tolemaico e copernicano*）。為了避免羅馬教會的干涉，這本書在荷蘭出版。正是因為這本書，伽利略被稱為「現代物理學之父」。

1630 年 7 月 27 日，喬瓦尼·巴蒂斯塔·巴里阿尼（Giovanni Battista Baliani）寫了一封信給伽利略，告訴他一個有趣的現象。他說，他做了一根特別長的管子，可以把水抽到 10.3 公尺左右的高度。但是，再高的話就抽不上來了，哪怕 11 公尺也不行。

伽利略同意亞里斯多德的觀點。他認為，大自然厭惡真空，所以你向上抽水，水就湧進管子裡。至於水柱為什麼只有 10 公尺高，那裡因為水柱高了重量就大，水柱承受不了它自身的重量。就像繩子一樣，承重太大就會斷了。

伽利略有一個弟子叫卡斯德利，是著名的數學家和水利工程師，也收了一些學生。有一次，卡斯德利把自己學生的一篇文章送給伽利略看。

伽利略讀後大為驚嘆，讓卡斯德利把這個叫托里切利的年輕人請來。

1641 年年底，伽利略雙目失明，臥病在床。

托里切利來到佛羅倫斯，拜伽利略為師，和大師共處了三個月。

1642 年，崇禎十五年。伽利略，一代物理宗師與世長辭，享壽 77 歲。

伽利略留下一個關門弟子，和一個未解之謎。

大約在 1641 年，義大利著名數學家、天文學家貝蒂尼（Mario Bettini）做了一項實驗。

他把一根長管裝滿水，兩頭封住，立在充滿水的盆中，然後把下頭的封口解開。

如果水管較長的話，總會有一部分水流出，管中水位的高度是 10.3 公尺。

托里切利也想做這個實驗。不過，10 公尺多長的管子不好找，做起實驗來也不方便。

托里切利想到一個辦法，用密度更大的液體替代水，比如海水，比如蜂蜜。

經過多次實驗，他終於找了一種理想的替代品 —— 水銀。

現在我們知道，水銀的密度約是 13.6 g/cm3，是水的 13.6 倍。

1643 年，托里切利開始了一場著名的實驗。

第一步，把一根長度為 1 公尺的一頭封死的玻璃管灌滿水銀。

第二步，用手指頂住管口，將其倒插進裝有水銀的玻璃器皿中。

第三步，放開手指後，管中的水銀柱開始下降。玻璃管上面看起來是空的，下面是水銀。

管中水銀柱的上方看起來什麼都沒有。是真空？還是空氣？

這個還真不好判斷。

於是，托里切利開始第四步程序。

他往玻璃器皿中注入大量清水。密度較輕的清水浮在水銀上面。

第五步，把玻璃管緩緩地向上提起，當玻璃管管口提高到水銀和水的交界面以上時，管中的水銀開始外洩，清水則竄入管中，直至管頂。

整個管子裝滿了清水。

如果玻璃管水銀面上方有空氣，那麼清水就不可能裝滿整個管子。

所以，原先管內水銀柱上方一無所有，是空的，真空。

為什麼水銀沒有全部流出來？

因為大氣有重量，這個重量壓在水銀槽面。水銀槽面把壓力傳遞給玻璃管裡的水銀柱。

托里切利還發現，不管玻璃管是長是短，是粗是細，也不管玻璃管傾斜程度如何，水銀柱的垂直高度始終保持在 76 公分左右。

這就是標準大氣壓。

我們知道，水銀的密度是水的密度的 13.6 倍。

76 公分 ×13.6 ＝ 1,033.6 公分，約等於 10.33 公尺。

這就回答了喬瓦尼・巴蒂斯塔・巴里阿尼的問題，管子可以把水抽到 10.3 公尺，但不能到 11 公尺。

在寫給朋友的一封信中，托里切利說了一句美妙的話，

「我們都生活在空氣的『海』底。」

就像哥白尼的日心說一樣，托里切利顛覆了人們天天眼睛看到的常識。實際上，我們每天都在負重（空氣）前行。

實驗結果鐵證如山。

還是有很多保守的人不承認這個結果。

他們說玻璃管上端不是真空，是一種不占空間的特殊空氣。

托里切利還有很多科學成果。他發現了一種形似長號的形狀。這種形狀的表面積無限大，但體積還不如一枚雞蛋。後人稱之為「托里切利小號」（Torricelli's Trumpet）。

托里切利是伽利略最有成就、最出名的學生。

天妒英才。39 歲生日之際，托里切利突然病倒，與世長辭。

他是怎麼死的？我猜想，接觸水銀過多，毒死的。

前文講過，法國科學家、思想家帕斯卡相信真空存在。他在山底和山頂分別重複了托里切利的實驗，發現山底的水銀柱高度是 76 公分，山頂卻遠遠低於這個數字。

科學家再三證明真空和大氣壓的存在，哲學家卻拒絕承認。

笛卡兒認為宇宙是被物質充滿的，沒有物質的空間不是空間。他說，我們無法想像一個空無一物的容器，一如無法想像一個沒有谷的山。地球和太陽之間也不是真空，而是充滿了物質，這種物質就是以太（aether）。

英國政治思想家霍布斯反對托里切利的水銀實驗結論。他認為，宇宙的總空間是一個定數。當玻璃管流出 24 公分的水銀時，就擠占了宇宙的另一部分空間。

然後，就有些物質鑽到管子的上面。

這些物質是怎麼進去的？不知道。也許可以穿過玻璃。

至於帕斯卡的實驗，霍布斯認為，山上空氣新鮮，PM2.5 值比較小。

山上的空氣和山下的空氣不一樣，所以實驗結果也不樣。

有人做了另一個實驗。把一條狗放進玻璃缸中，然後用氣泵抽氣。兩三分鐘後，狗就死了。實驗人認為，玻璃缸裡的氧氣太少了，狗憋死了。

霍布斯說，抽氣的時候，玻璃缸裡的空氣劇烈運動，阻礙了狗的呼吸。實際上，玻璃缸中的氧氣並沒有減少。

這個實驗人就是英國著名的科學家 ——「化學之父」波以耳。

我看過一個實驗影片。把一隻蟑螂放進一個玻璃缸中，然後抽出裡面的氣體。一小時後你覺得會發生什麼？八小時後你覺得會發生什麼？蟑螂不動了。二十四小時後，打開玻璃缸，放入空氣，你覺得會發生什麼？蟑螂又活了過來，繼續亂爬。

我到現在也不敢確信這個實驗是真是假？

霍布斯和笛卡兒都是理性主義者，他們認為科學是透過邏輯推理得來的。一萬次實驗結果也不能代表正確。

明末思想家王夫之和霍布斯一樣，是一位唯物主義者。他也認為宇宙中全是氣，沒有真空。他說的是氣，不是空氣，類似於「原子」。

哲學和科學都是認識世界的學問，前者是一般，後者是個別。哲學家和科學家思考的問題不一樣。

科學家用一個容器製造一個一立方公尺的真空，這個真空內沒有物質，當然也沒有生命，更沒有意識。

這個真空有時間嗎？

沒有物質就沒有運動，沒有運動就沒有時間。

沒有物質、沒有時間的空間，是空間嗎？

宇宙是所有時間、空間與其包含的內容物所構成的統一體。既然這個空間中

沒有物質、沒有時間，那麼，這個空間屬於宇宙嗎？

科學家在爭論真空和大氣壓，當時的民眾對此卻一無所知。

一位科學家決定讓老百姓親眼看看什麼叫大氣壓。他就是奧托・馮・格里克（Otto von Guericke），還是德國馬德堡的市長。

奧托市長首先重複了托里切利的實驗，沒有問題。奧托市長還發現水銀柱的高度並不總是 76 公分，晴天和陰天有差別。如果今天水銀柱的高度明顯低於 76 公分，明天一般都會有暴風雨。為什麼是這樣？奧托市長無法解答。

氣壓降低會造成空氣升騰。空氣對流和升騰是風和雨產生的必要條件。現在人類廣泛運用氣壓來預測天氣。

奧托市長決定做一個實驗，向民眾展示什麼是真空和大氣壓。

實驗時間：1654 年 5 月 8 日。

實驗地點：雷根斯堡廣場。

實驗儀器：兩個直徑 37 公分的黃銅半球。半球是空的，相當於半圓形的鍋。

參觀人：全體市民

實驗步驟如下：

第一步，把兩個半球灌滿水，合在一起。

第二步，把銅球內的水透過小孔全部抽出，使球內形成真空。

第三步，用閥門扭緊抽水的小孔。這時候，大氣把兩個半球緊緊地壓在一起。

第四步，4 個馬夫牽來 8 匹高頭大馬，他們平均站在銅球的兩邊。每個半球透過繩子拴在 4 匹馬的身上。

第五步，奧托市長一聲令下，4 個馬夫揚鞭策馬，8 匹馬開始拔河。

市民們忍不住高喊：「加油！加油！」

4 個馬夫，8 匹大馬，累得氣喘吁吁，銅球沒有打開。

第六步，奧托市長下令，馬匹加倍。

16 匹大馬拚命用力，8 個馬夫在大聲吆喝。

市民不喊了，都伸長脖子，瞪大眼睛，想看到結果。

銅球仍然沒有打開。

最後加到 30 匹馬，銅球仍然沒有打開。

奧托市長打開氣閥，放入空氣，用手輕輕一拉，銅球就打開了。

從此，整個歐洲都知道大氣壓的存在了。

當年進行實驗的兩個半球至今仍保存在慕尼黑的一家博物館中。

受奧托市長的啟發，義大利耶穌會神父於 1670 年提出一個新想法：真空球內沒有空氣，能不能飛起來？

設計的方案如下：

第一步，造 4 個直徑為 7.5 公尺的銅球，抽出裡面的空氣，使其變成真空球。為減少重量，銅球殼必須像紙一樣薄。

第二步，造一艘船。船上立 4 根桅杆，把銅球固定在桅杆上。船上立一根中央桅杆，上面裝有帆，可以借助風力。

經過計算，神父認為這艘船可以承載 6 位成人。

神父又想到一個問題，果斷放棄了親自實驗的打算。

什麼問題呢？

如果有人乘坐這樣的飛船上天，到一個城市上空向下拋擲火球和炸彈怎麼辦？作為神父，希望「轟炸飛船」永遠都不要在世界上出現。

今天，美國國家航空航天博物館仍有「飛船」模型。

馬市長的同胞、哲學家兼科學家萊布尼茲還是不相信真空。

他說，水銀柱上方玻璃管中的那段不是真空。那裡沒有粗大的物質，但充滿了精細的物質。

萊布尼茲做了一個比喻。一個容器好像是裝活魚的籃子。把籃子放到水底，魚游走了，但籃子裡的水還是滿的。

有人做了一個實驗。

在真空玻璃缸中放入一個定時的鬧鐘。時間到了，鬧鐘的小錘在擊打鈴鐺，

卻聽不到聲音。

聲音是靠空氣震動傳播。真空缸中沒有空氣，所以聲音傳不出來。這非常容易理解。

奧托市長的半球和真空泵

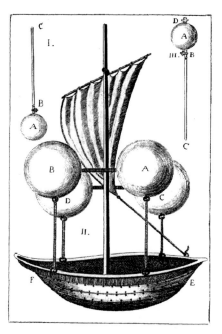

飛船模型

不過，你卻清楚地看到了小錘在運動。那麼，是什麼把光傳到你的眼睛裡呢？

如果玻璃缸是真空的話，也許應該是漆黑一片，你什麼也看不見。

晚上，整個玻璃管都是黑的。白天，托里切利玻璃管上方的真空難道不應該繼續是黑的嗎？

所以，玻璃管上方必定有某種東西，這種東西可以傳播光。

科學家稱之為「光以太」。

從此，科學家又認為世界上沒有真空了。

笛卡兒、霍布斯、萊布尼茲獲勝。托里切利和帕斯卡失敗。

這種觀點持續了將近兩百年。

不過，科學家始終沒有捕捉到光以太。這種物質只聞其名，不見其形。

直到 1887 年，又有一個著名的實驗誕生了。

美國科學家邁克生（Albert Abraham Michelson）認為，如果光以太存在，那麼，從太陽到地球的陽光就會穿過一個巨大的光以太場。考慮到地球的形狀和磁場，光以太會是不規則分布。因此，不同光束的傳播速度必定不一樣。

邁克生和他的助手莫雷的實驗過程是這樣的：把一束陽光分成兩分，讓它們沿不同的路徑傳播，最終匯聚到一個探測器上。如果兩束陽光到達探測器有先有後，就說明它們速度不一樣，因為受到了光以太的影響。

經過反覆實驗，所有的陽光都是相同速度。

也就是說，「光以太」不存在。真空就是真空。

托里切利和帕斯卡獲勝。笛卡兒、霍布斯、萊布尼茲失敗。

1905 年，愛因斯坦發表了狹義相對論。他說，空間和時間的相對性可以解釋邁克生 —— 莫雷實驗。「以太」並不存在。

到了 20 世紀，人們對物質的理解更加深入透澈，有了分子、原子、質子和電子的概念。

海森堡（Werner Heisenberg）認為，能量可以從無中產生，從有中消失。具體到一個沒有空氣的玻璃缸，也有大量的能量在產生、在湮滅。

英國天才物理學家狄拉克（Paul Adrien Maurice Dirac）將狹義相對論和量子力學結合後，提出世界上有電子存在，還有反電子存在。虛空中可以突然出現電子和反電子。電子和反電子一碰撞，又全部消失了。也就是說，世界上有物質，還有反物質。

在一個米缸大小的真空缸中，有幾兆的正物質和反物質就像沸騰的開水一樣在運動。後來人們提出一個新詞彙，叫狄拉克海（Dirac sea）。真空不僅有「東西」，而且有如海洋一般大量的「東西」。

1950 年代，費曼（Richard Phillips Feynman）認為，真空中存在著大量的虛光子和正負電子對。

1970 年代，物理學家提出「真空凝聚和真空相變」概念。正如水有固、液、氣等好幾種相，真空也有幾種相。在較低能量下，真空處於凝聚相。在較高能量下，真空發生相變，產生新物態。

如果沒有實驗支持，這些話聽起來簡直就是胡言亂語、痴人說夢。

笛卡兒、霍布斯、萊布尼茲獲勝。托里切利和帕斯卡失敗。

這還沒有結束。

科學家指出，宇宙的演化過程就像是正物質和反物質的運動一樣。在真空中，第一步只有能量（比如光子），沒有物質。第二步，能量產生正物質和反物質。第三步，正物質和反物質持續碰撞，一些正物質留下。第四步，正物質變成了恆星，變成了地球，變成了恐龍，變成了人類，變成了你手中的這本書。

也就是說，宇宙萬事萬物，其實來源於真空。

無中生有。

空就是色，色就是空。

如果笛卡兒、霍布斯、萊布尼茲、托里切利和帕斯卡還活著，猜想他們要瘋掉。

哲學家和科學家都無能為力。

只能求助神學家了。

神父說，《聖經》一開始寫道，神說要有光，就有了光。世界起源於一束光。

研究真空有什麼用？

其實，我們今天的生活已經完全離不開真空了。

燈泡、收音機、電視機、照相機、眼鏡、汽車、手機都需要真空技術。在生活中，真空技術用於食品包裝，用於衣物保存，用於室內保溫（雙層玻璃），用於房屋整潔（吸塵器），用於在牆上掛東西，用於火罐。

真空極大地方便了我們的生活。

歷史不是政治史，而且政治史占歷史的比例也不是最高的。每個人應該花更多的時間學習科學史。它對你的幫助更大。另外，科學史的精彩程度並不比宮鬥劇差。

1662 年，8 歲的康熙登基為帝。

這一年，英國皇家學會已經成立兩年。

這一年，羅伯特·波以耳發明波以耳定律。

這一年，牛頓 19 歲，萊布尼茲 16 歲，數學家雅各布·白努力 8 歲，天文學家哈雷 6 歲。

第二部分　金時代的荷蘭

第 **6** 章

荷蘭 —— 黃金時代

一句話，荷蘭就是 17 世紀的「美國」。

一百年來，荷蘭一直是一個極度貧困，並且深受壓迫的民族。他們居住的地方寒冷、潮溼，非常不舒適，自然條件極其惡劣。同時，他們還常常因為被視為宗教異端而深受迫害。

　　荷蘭人當然要試圖改變自己的命運。因此他們艱苦的勞動，幾乎人人投身到勞動中；所有人無論貧富長幼，都要仔細研究各種關於數量、重量以及長度的技藝，所有人的生活都是勤儉的，同時還要供養那些沒有勞動能力的人和孤兒；他們處罰懶人，強迫他們勞動，努力使他們變成有用之人。

—— 威廉・配第

　　沒有一個國家比荷蘭擁有更完全的自由，更大的安全保障，更少的犯罪率及更完美的純樸古風。

—— 笛卡兒

　　任何農奴一踏上荷蘭，立即獲得解放。每一個人都可隨意出國，也可以把他的錢全帶走。晝夜行路都是安全的，即使一個人單獨旅行也可以。僱主不能違反僕人的願意和強留他，沒有人會因宗教信仰問題惹麻煩。每一個人都可以自由發表言論，甚至批評官吏。

—— 1660 年，一位法國作家

上篇

　　崇禎時期的荷蘭，是一個什麼樣的國家？

　　這個人口只有明帝國四十分之一的小國（150 萬左右），在當時卻是世界第一貿易大國、強國。

　　關於荷蘭，簡單地說，我們只需記住八個「第一」。

　　首先，荷蘭是世界上第一個資產階級共和國，成立於西元 1588 年，萬曆

十六年。

當時的荷蘭，準確地說，叫尼德蘭聯省共和國（Dutch Republic），一共有七個省。七個省可以視為單獨的國家，有自己的議會和政府。

七省選出四十名代表，組成國家最高權力機構，聯省議會。聯省議會決定對外戰爭和國內財政政策。

大省代表多，小省代表少，但投票的時候，一個省一票。小省與大省的決策權是相等的。

議會負責人稱大議長，一般由法學家擔任。

國家負責人稱執政，相當於總統兼三軍總司令，執行具體政策。

荷蘭省是七省之中最大的，所以人們用荷蘭代稱尼德蘭。

荷蘭省議會有十九名代表 —— 十八名城市代表，一名貴族代表。貴族集團在荷蘭省沒有決策權。

十八個城市有自己的市議會，基本上由該市的大商人控制。

如果你把「省」字換成「邦」字，就是美國。

美國建國的過程，基本上就是荷蘭建國史的重演。

荷蘭大議長奧爾登巴內（Johan van Oldenbarnevelt）說過一句名言：「荷蘭的模式不是事先策劃，而是事實需要；不是出於才能，而是被逼無奈。」

荷蘭人原本想做西班牙國王腓力二世的順民。

腓力二世強迫荷蘭人改信天主教，強迫荷蘭繳納重稅。

自由和財富都失去了，憤怒到極點的荷蘭人拿起武器反抗西班牙。他們想把荷蘭獻給法國，獻給英國。英法兩國懾於西班牙的淫威，不敢接受。

威廉親王率領荷蘭人民反抗西班牙統治者，被西班牙人派去的殺手刺死。

大約在 1568 至 1572 年，荷蘭人創作了一首歌曲叫〈威廉頌〉（Het Wilhelmus）。這是荷蘭第二項「第一」，是世界上最早的國歌。

威廉親王去世後，荷蘭人民成立了共和國，選舉威廉親王的兒子莫里斯親王為共和國攝政。

1598 年，荷蘭海軍上將瓦爾維克（Wybrand Van Warwyck）在非洲東部一個島嶼登陸，用莫里斯的名字將這個島命名為模里西斯（Mauritius）。現在模里西斯是一個主權國家。

莫里斯親王繼續與西班牙軍隊作戰。他親自參加的戰爭不下五十場。他是最早使用雙筒望遠鏡偵察敵情的將領。

世界上第一架望遠鏡誕生於 1608 年，由荷蘭眼鏡師漢斯・李普西（Hans Lippershey）發明。

莫里斯於 1625 年去世，沒有子女。荷蘭執政傳給了他的弟弟亨利親王。

亨利親王繼續與西班牙人作戰。戰場不局限於歐洲。

荷蘭人襲擊葡萄牙（當時葡萄牙從屬於西班牙）在亞洲的據點：澳門、麻六甲、斯里蘭卡。荷蘭人把日本和臺灣的西班牙人趕走。荷蘭人奪取了葡萄牙在巴西的殖民地。

這可以說是一場全球戰爭。

亨利親王於 1647 年去世，執政傳給了兒子威廉親王。

威廉親王與法國結盟，繼續與西班牙人作戰，終於迫使對方承認荷蘭獨立。

從 1568 年到 1648 年，荷蘭獨立戰爭打了八十年，從明隆慶二年打到清順治五年。

荷蘭獨立了，站起來了，世界第一個「日不落帝國」—— 西班牙卻倒下了。

小國荷蘭打敗了世界第一強國，大明帝國卻被人口稀少、生產力極不發達的北方民族所滅。

威廉親王 1650 年去世。他死後一週，獨子小威廉出生。

荷蘭聯省議會在大議長約翰・德維特（Johan de Witt）的帶領下，決定拋開嬰兒，獨自執政。

好不容易趕走了西班牙，昔日的盟友英國又翻臉了。

英國在克倫威爾的帶領下，也變成了共和國。從內戰的廢墟中站起來之後，英國人發現世界貿易已經被荷蘭人壟斷了。英國於是向自己的鄰居荷蘭宣戰（兩

國隔著英吉利海峽）。

英荷開戰，英國損失的只是船隻，荷蘭損失的卻是全球貿易。

荷蘭向英國割地賠款，承認戰敗。

戰爭結束後，荷蘭人用短短幾個月的時間就把 27 萬英鎊的戰爭賠款賺回來了。至於損失的 1,200 艘荷蘭商船，還不到全國總量的十分之一。

1688 年，英國國王詹姆斯二世意圖在國內推廣天主教。憤怒的貴族把他驅逐出境，把他的女婿，荷蘭攝政威廉三世（當年被荷蘭大議長廢黜的小威廉）迎到英國為王。

威廉三世把荷蘭的政治制度、經濟理念、資金項目帶到英國。

英國加速發展資本主義，成為世界第一大國。

英國歷史學家喬治·特里維廉說，荷蘭對英國的影響比其他國家都要多。

英國、美國都是荷蘭的學生。

荷蘭不僅創造了世界上第一首國歌，還創造了世界上第一個三色國旗。紐約曾經是荷蘭殖民地。今天紐約的市旗就是荷蘭人最早的三色旗。法國、德國、義大利和俄羅斯的國旗也是三色旗。

第四，荷蘭是 17 世紀造船和航海第一大國。

1676 年，英國政治經濟學之父，威廉·配第（William Petty）寫了一本書，叫《政治算術》（*Political Arithmetick*）。這本書對比了荷蘭、英國和法國的數據，找出了荷蘭崛起的原因。由於配第掌握的資料更原始，因此他的觀察和結論比其他人更可靠。配第寫道：

歐洲約有兩百萬噸的船隻。其中，英國約有五十萬噸，荷蘭九十萬噸，法國十萬噸，漢堡、丹麥、瑞典和但澤共有二十五萬噸，西班牙、葡萄牙和義大利共有二十五萬噸。

一般認為，荷蘭一個國家的商船總噸位接近世界的一半。

荷蘭是世界造船工廠，在一百年裡保持世界第一。

由造船而興起的木材廠超過六百家，大大提高了 GDP。

我們知道，木頭是直的，船隻是彎的，因此要花很大的力氣、很高的成本把將頭弄彎。荷蘭人不用。因為他們在樹木生長期間就用繩子把它拉彎，樹直接長成彎木頭。

俄國沙皇彼得大帝化身平民，到荷蘭學習造船技術，學會了荷蘭語。很多荷蘭單字成為俄語的一部分。英語的 deck（甲板）、yacht（遊艇）、freight（船運的貨物）都來自荷蘭語。日語中很多航海單字也來自荷蘭語。

船隻多了可以發展遠洋漁業。荷蘭人捕撈了歐洲一半的鯡魚，每年超過一千萬公斤。荷蘭還有五十艘捕鯨船。鯨魚骨頭可以做梳子、髮夾和鈕釦，鯨油可以做燈油和肥皂。

配第認為荷蘭造船業可以帶動很多相關產業。他分析道：

航海和捕魚業帶動船槳、船桅和木桶所需的木料貿易，同時還控制了纜繩製造以及製造船篷及漁網所需的大麻的貿易。捕魚業的附帶產業有鹽、鐵、瀝青、樹脂、硫黃、燃油以及獸脂。

如果明朝政府鼓勵中國漁民到東海南海捕撈黃魚、帶魚，每年撈上幾百噸，分給李自成、張獻忠們，他們也許就不會造反了。

有了船隻，荷蘭人就可以到世界各地航海探險，發掘商業機會。

第一個到明朝庫頁島的歐洲人是荷蘭人。西元 1643 年，崇禎十六年，荷蘭航海家弗里斯率領一支探險隊來到這裡。

1626 年，一名荷蘭人在朝鮮擔任官員。他娶了朝鮮妻子，生下兩個孩子。

日本人在長崎修建了一個人工島，只允許荷蘭人居住、做生意。

荷蘭人把印度尼西亞變成了自己的殖民地。他們建立了巴達維亞城（即雅加達）。今天印尼的律師還需要學習荷蘭語，因為很多可援引為判例的法律文書是用荷蘭語寫的。

荷蘭人進攻麻六甲，趕走葡萄牙人，成功。

荷蘭人進攻斯里蘭卡，趕走葡萄牙人，成功。

荷蘭人進攻澳門，趕走葡萄牙人，失敗。

荷蘭人進攻馬尼拉，趕走西班牙人，失敗。

荷蘭人占據臺灣，經營了幾十年，被鄭成功趕走。

1652 年，荷蘭人在好望角建立殖民地，作為商船前往東南亞的中間補給站。南非這個國家就是荷蘭人建立起來的。南非目前有 600 萬人使用南非荷蘭語。

前面也講過，荷蘭人占領了非洲的模里西斯島。

在美洲，荷蘭人進入巴西，進攻葡萄牙人，部分成功。

葡萄牙人稱非洲最南端為好望角，荷蘭人稱南美洲最南端為合恩角。

荷蘭人在北美哈德遜河河口建造新阿姆斯特丹。英國奪走了它，改名紐約。荷蘭人在紐約留下了上百個地名，比如華爾街、布魯克林、長島等。現在紐約華人最集中的法拉盛，就來源於荷蘭的弗利辛恩（Vlissinge）。

第一個發現澳洲的歐洲人是荷蘭人。1606 年，荷蘭船長詹森（William Janszoon）第一個登陸澳洲。荷蘭人稱澳洲為新荷蘭。澳洲有三十處地名是荷蘭人命名的。

荷蘭人發現了澳洲旁邊有一個大島，用荷蘭的一個省（澤蘭省）命名為新澤蘭，即紐西蘭。

崇禎十五年，荷蘭人阿貝爾·塔斯曼（Abel Tasman）發現了塔斯馬尼亞島、東加和斐濟。

萬曆年間，荷蘭人威廉·巴倫支（Willem Barentsz）三次繞過挪威最北端，到達俄羅斯，最後死在那裡。人們把他航海的區域命名為巴倫支海（Barents Sea）。

另外，加拿大的溫哥華、巴哈馬的首都拿索也源於荷蘭。

歸納起來，荷蘭人影響的國家有英國、美國、日本、印尼、澳洲、紐西蘭、斯里蘭卡、馬來西亞、南非、模里西斯、蘇里南等。

荷蘭人命名的城市、街道、海洋、海灣、海峽、海島、海灘、高山大川，可以寫成厚厚的一本書。

第五，荷蘭是世界第一貿易大國。

英國航海家雷利（Walter Raleigh）說過：「誰控制了海洋，誰就控制了世界貿

易；誰控制了世界貿易，誰就控制了世界的財富，因而控制了世界。」

這句話用在荷蘭人身上最合適。

當時的歐洲和大明帝國是封建國家。大多數國民是農民，少數人是地主，君主是大地主。

荷蘭是資本主義國家。59% 的國民是市民，30% 是地主和農業工人，10%是各級官員和商人。荷蘭出現了富裕的中產階級，如教授、律師、醫師、藝術家、商人、實業家等。

荷蘭沒有帝王，沒有宮鬥，沒有三拜九叩。

政權掌握在商人手中。

從中央政府到地方政府，只做一件事情——賺錢。整個荷蘭就是一家大公司，每個城鎮就是一家小公司。

這個國家的目的不是維持，不是天下太平，而是發展。

有了強大的造船工業和全球商業網路，荷蘭人成為世界最大貿易國。

荷蘭人發明了一種船叫長笛船（Fluit）。這種船有兩個特點：一是甲板窄、肚子大；二是裝載火砲少。歐洲很多海峽收過路費的時候按甲板寬度計量，所以長笛船交稅少。另外，船上武器少，武裝人員也少，可以少用人，多裝貨。

荷蘭的長笛船穿梭於世界各地，組成世界上最大的航運公司。

荷蘭人做生意有個特點。他們一旦與某個國家合作，就要簽獨家代理權。荷蘭一方面拓展自己的財路，一方面切斷別人的財路。

波羅的海五國（俄羅斯、瑞典、波蘭、丹麥、德國）的貿易基本上被荷蘭人控制。荷蘭人把德國的小麥、瑞典的鐵器、芬蘭的木材、俄羅斯的皮毛銷往歐洲各國，如西班牙和葡萄牙，再把葡萄牙和西班牙的香料、絲綢、鹽、羊毛和黃金銷往歐洲各地。荷蘭人在瑞典投資礦業，建立了哥德堡港口並直接營運，瑞典的某些地區就好像是荷蘭的殖民地。

在香料群島，荷蘭人壟斷了丁香和荳蔻。一些當地土著偷偷把香料賣給英國人、葡萄牙人。荷蘭人發現後，屠殺土著，絞死英國人。為了控制價格，荷蘭人

砍倒大量丁香樹。要知道，丁香樹 12 年才能結果。

荷蘭人壟斷了泰國的外貿權。

葡萄牙人在日本又要經商，又要傳教。荷蘭人說，我們只做貿易。於是日本驅逐了其他歐洲人，只和荷蘭人做生意。

荷蘭人把啤酒、咖啡、顯微鏡、牛頓力學、西醫、羽毛球傳入日本。荷蘭人把中國的絲綢和東南亞的糖料賣給日本人，買回金銀銅材運出。明末農民起義加上滿人入關，荷蘭人買不到中國的青花瓷。他們就在荷蘭仿製瓷器，出口到日本。

荷蘭人到了中國之後，要求明政府中斷與西班牙人、葡萄牙人的交易，只和荷蘭人做生意。明政府當然不能同意。荷蘭為此不惜發動戰爭。

1656 年，荷蘭使團到達北京。清政府要求他們覲見皇帝時必須三拜九叩。俄羅斯代表堅持不跪，被趕出北京。荷蘭人毫不猶豫地答應了。叩頭不痛不癢，還能換來銀子，為什麼不做？

現在，你家裡有一件明朝的瓷器，都算是值錢的文物了。

明末清初，荷蘭人運到歐洲的中國瓷器，你猜猜有多少件？

三百萬件。

歐洲人把瓷器當奢侈品，擺在櫃子裡向朋友炫耀，也有的擺在門楣上。

荷蘭買全世界的貨物，賣全世界的貨物。

商業繁榮帶動工業投資。

1700 年，荷蘭取代法國，成為世界第一工業國。

荷蘭人賺錢已經到了痴迷的地步。比如他們一邊和法國人打仗，一邊把先進的武器賣給法國人。

由於全世界的人都從荷蘭人手中買東西，所以他們把不認識的東西都以荷蘭命名。比如，荷蘭豬和荷蘭豆。荷蘭豆原產泰國和緬甸。中國人從荷蘭人手中買，稱荷蘭豆。荷蘭人拿到歐洲去賣，稱中國豆。

第六，1602 年，荷蘭創建了世界上最「大」的公司 —— 荷蘭東印度公司。

鼎盛時期，荷蘭東印度公司在全球擁有 15,000 個分支機構，貿易額占到全世界總貿易額的一半。在這個過程中，荷蘭東印度公司把 100 萬歐洲人送到亞洲。

把荷蘭東印度公司的最高市值換算成今天的數額，約 7.9 兆美元，超過世界前 15 名大公司的市值總和（蘋果＋微軟＋Google＋臉書＋摩根大通等等）。

荷蘭東印度公司每年報酬率約 20%，持續 200 年。

荷蘭東印度公司雅加達總部，現在是歷史博物館

第七，荷蘭於 1609 年在阿姆斯特丹創建了世界上第一家股票交易所。荷蘭東印度公司在這裡上市，是世界上第一家上市公司。

荷蘭金融業很發達。阿姆斯特丹銀行成立於 1609 年，比英格蘭銀行早一百年。崇禎年間，荷蘭銀行的貸款利率約為 5%。

1648 年，荷蘭一家銀行就有 2 億荷蘭盾的現金。

金融公司把機構和國民的錢集中起來，投資到高報酬的行業，形成金融加產業的良性互動，每個國民都是受益者。

荷蘭銀行向英國發債，每年可收到 2,500 萬荷蘭盾的回報。

明朝還沒有發行國債的概念。國家缺錢了，只知道向百姓加稅。加稅導致百姓造反。然後加徵更多的稅，導致更多百姓造反。這種惡性循環，最終導致明朝的滅亡。

如果明朝政府發債向老百姓借錢，還給利息，百姓也許不會造反。

如果明朝政府向荷蘭政府借錢，鎮壓農民起義，我想荷蘭人一定樂見其成。

明朝或許可以成立明朝銀行。明朝銀行向民間以年息 5% 左右吸收存款，然後以 8% 的利息貸款給明朝政府。

當然歷史不是想像。

我想說的是，充分利用金融手段，可以增加國家實力，抵抗風險。

葡萄牙人費盡心機幫助明朝訓練並裝備了一支強大火砲部隊。結果，這支部隊投靠了大清。

為什麼？

明政府沒錢發軍餉給部隊，士兵叛變。

第八，荷蘭產生了人類第一次經濟泡沫。

鬱金香是荷蘭的國花，原產地是土耳其，於 1593 年前後傳入荷蘭。

鬱金香剛引進歐洲的時候，數量少、價格貴。當時的王公貴族把鬱金香當奢侈品，出席宴會的時候在身上插上一支就非常有面子。

由於市場需求旺盛，敏感的荷蘭人嗅到了商機。一開始，少數商人囤積鬱金香球莖，很快演變為全民運動。

1634 年，有人花 1,000 元買了一個鬱金香球莖，一個月後以 2 萬元賣出。

1635 年，一種名叫 Childer 的鬱金香品種，其一株的價格等於 13 頭公牛。

在這種案例的「刺激」下，貴族、市民、農民、工匠、船夫、隨從、夥計，甚至掃煙囪的工人和舊衣服店裡的老婦，都節衣縮食投資鬱金香。

賣掉你唯一的房子，買兩株鬱金香，然後租一間平房住下。

一個月後，賣掉你的鬱金香，可以換三套別墅。

此時的鬱金香不再是一種觀賞植物，而是瘋狂上漲的股票。

1637 年 2 月 4 日，鬱金香突然崩盤。七天之內，價格暴跌 90%。普通品種的鬱金香甚至不如一顆洋蔥（洋蔥至少可以吃）。

一年後，原來一百元的鬱金香只剩下三塊五了。

買鬱金香的人，傾家蕩產、流浪街頭。

沒有買鬱金香的人，因為借高利貸給別人買鬱金香，傾家蕩產、流浪街頭。

荷蘭全國經濟陷於癱瘓。

為什麼會產生鬱金香泡沫？

首先，鬱金香不是工業品，不能短期內大量生產。在供給有限，需求大增的時候，價格當然上升。再加上很多人大量囤積而不銷售，導致市場上有價無市。

其次，荷蘭國民富裕，有錢去投資。1674 年，阿姆斯特丹有 259 人財富超過 10 萬荷蘭盾，相當於今天 1 億新臺幣。普通市民月收入折合成今天的幣值，超過 10,000 元新臺幣。1640 年，有個訪問阿姆斯特丹的英國人說，荷蘭人家家都有中國瓷器。

再次，荷蘭人理財意識很高。

最後，荷蘭金融業發達。沒錢可以貸款，窮人也能投資。

荷蘭是資本主義國家，工業、商業、金融業發達，農業是不是落後呢？

荷蘭的國土資源非常惡劣，全國都在海平面以下，嚴重缺少土地。

但是，荷蘭的農業卻遠遠走在世界的尖端。

其他國家如果有 10 個人的話，8 個農民種糧食，2 個人從事其他職業。8 個農民種糧食，10 個人還是吃不飽。明朝之所以滅亡，原因就是吃不飽。

荷蘭如果有 10 個人的話，3 個農民種糧食，7 個人從事其他職業，10 個人還吃不完。

荷蘭人甚至認為，用土地種糧食是一種浪費。因為穀物的價格太低，沒有利潤。荷蘭人的土地主要用來做三件事情：

一、種植經濟作物，如亞麻、菸草、啤酒花；

二、種植染料作物，如茜草、淡黃木犀草和菘藍；

三、養乳牛，產出牛奶、牛肉、奶酪。

荷蘭人高價賣出經濟作物，低價買進波蘭的糧食。他們進口的糧食吃不完，再轉賣一半給法國人、西班牙人，又賺一大筆。

荷蘭農產品達成了市場化和商品化。

今天，荷蘭大量出售花卉和奶製品，世界知名。

其他國家的大多數農民家徒四壁，也就一兩張桌子，幾把椅子，辛苦一年還不一定能吃飽。

荷蘭農民家裡有桃木大櫥櫃，有八邊形餐桌，有窗欄，甚至還有地毯。幾乎家家戶戶都有油畫。一個不算富有的農業工人家裡有 10 張床單、4 條浴巾、6 張臺布，以及 200 荷蘭盾現金，還有政府債券、承兌期票。

法國有農民起義，明朝有農民起義，荷蘭沒有農民起義。

荷蘭有市民抗議麵包價格上漲，有中產階級抗議稅收過高。

萬曆到崇禎年間，七十多年裡，中國對外貿易一直處於出超狀態。大量的白銀源源不斷流入中國。但明政府就不知道，哪怕是拿出小小的一部分白銀，到日本、越南、泰國買糧食，就可以餵飽農民，不讓他們造反。

荷蘭金融發達、資本自由，融資成本極低。荷蘭農民少，勞動力自由，還有大量國外移民補充勞動力。資本加上勞動力，就能不斷地創造財富。

荷蘭圍繞工農商金的服務也很發達。

荷蘭城市化程度高，定期舉辦全國衛生城市評選。

荷蘭建立了覆蓋全歐洲的郵政系統。僅阿姆斯特丹郵局一年的利潤就高達 16.8 萬荷蘭盾。郵局局長成為肥缺，以至於人們要靠行賄才能獲得。當外地的郵件來到阿姆斯特丹碼頭時，很多乞丐圍住郵船，請求拿幾封信去送，好賺點麵包錢。威廉·配第寫道：

　　法國人口是荷蘭的十三倍，肥土面積為後者的八十倍。我可以證明，法國的財力和國力只不過比荷蘭強了三倍。

荷蘭最貧窮人民的住所也比法國好上一倍到兩倍。

一個人口少、領土小的小國，憑藉它的地理位置、貿易和政策的優勢，能夠同比其人口更多、幅員更遼闊的大國在國力和財力上相抗衡。

荷蘭取得如此巨大的成就，是不是荷蘭自然資源豐富，是不是荷蘭一直處於和平發展當中，都不是。

實際上，荷蘭是一個內外交困的國家。

從外部講，荷蘭始終處於戰爭當中，而且它的敵人 —— 西班牙還非常強大。

說句不誇張的話，西班牙完全是被荷蘭拖垮的。

16 世紀，西班牙把美洲的黃金白銀源源不斷運回中國，運了整整一百年。這些財富歸王室和貴族享有，人民不但沒有受益，反而成為通貨膨脹的受害者。

西班牙的治國理念沒變，西班牙的階級結構沒變，西班牙錯失了時代的機遇。

17 世紀的荷蘭等於美國，荷蘭盾等於美元，阿姆斯特丹等於紐約。

當然，紐約的華爾街最早也是荷蘭人建的。

四百年前的荷蘭史，聽起來就像是當代史。

雖然以上內容已經把荷蘭誇成了嬌豔欲滴的「荷花」，但也只是展示了荷蘭的一小部分成就而已。

下一篇我們將繼續「吹噓」荷蘭的奇蹟。

下篇

一個國家的偉大程度和它產生的偉人數量成正比。以這個標準衡量，荷蘭無疑是 17 世紀上半葉最偉大的國家。

繁榮的經濟是荷蘭科學技術、文學藝術蓬勃發展的堅實基礎。

只有 150 萬人口的荷蘭，當時已經有 6 所大學。

荷蘭大學老師待遇豐厚。除了薪水之外還發搬家費、旅遊金。每年購買 6 桶啤酒和 200 升葡萄酒以內可享免稅待遇。

萊頓大學創建於 1575 年，至今仍是世界頂尖大學，共有 16 名老師或校友獲得諾貝爾獎。

萊頓大學成立之初就面向全歐洲應徵知名學者當老師，也面向全歐洲招生。法國學生很多，笛卡兒就是其中之一。

本書單獨介紹的大畫家林布蘭、國際法之父格老秀斯（Hugo Grotius）都是萊頓大學的學生。

荷蘭在全球開展貿易，急需外語人才。萊頓大學教授阿拉伯語、土耳其語、波斯語。

在萊頓大學，光學、氣象學、數學成為獨立科系。畢業後留校任教的司乃耳發現了光的折射定律。1617 年，他估算地球圓周為 38,520 公里，實際約為 40,000 公里。

萊頓大學校友克里斯蒂安·惠更斯（Constantijn Huygens）是首個精確觀察獵戶座星雲的人（該星雲的一部分以他來命名）。伽利略透過望遠鏡發現了「土星耳朵」，後來又發現「耳朵」消失了。從此，「土星耳朵」成為天文學上的一個謎。惠更斯發現土星周邊有一個薄而平的圓環，這就是「土星耳朵」。因太陽照射的角度不同而時隱時現。

惠更斯設計了世界上第一座擺鐘，比此前的鐘錶都準確。

1663 年，惠更斯成為英國皇家學會第一個外籍會員。

1666 年，惠更斯成為法國皇家科學院首屆院士。

荷蘭科學家雷文霍克沒上過大學，他的名氣比惠理斯還大。

1677 年，他透過顯微鏡第一次看清了精子。這絕對算是重大發現。幾千年來人們始終沒弄清楚這團糨糊裡有什麼。1684 年雷文霍克準確地描述了紅血球。1702 年他指出露天的積水中可以找到微小生物。有一次，雷文霍克寫信給海因修斯議長，說自己兩個星期沒有換襪子了。他從自己腳趾縫中取了一點泥放在顯微鏡下觀察，竟然看到有些東西在動。

雷文霍克被稱為「微生物學之父」，也是英國皇家學會會員。萊布尼茲、英國安妮女王、俄國彼得大帝都曾見過他。

荷蘭人李普西發明了望遠鏡，這是伽利略研究天文的基礎。

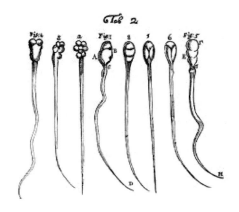

雷文霍克觀察的精子，像十八般兵器

荷蘭人史賓諾沙是舉世矚目的大哲學家，影響了馬克思和愛因斯坦。

赫爾曼‧布爾哈弗（Herman Boerhaave）創立了醫學臨床教育方法。連清朝的官員都寫信給他。

荷蘭的幼兒園和小學很多，三歲就可以入學。雖然學校條件不好，但基本的家具和設備都有。學費分為現金（數量很少）和實物兩部分，實物包括每日一塊泥煤，以及冬季每週一根蠟燭。學習內容有聖經故事、認字、書寫和計算。

17 世紀，在畫家和繪畫作品的數量上，荷蘭遙遙領先於世界。

林布蘭、維梅爾聞名全世界。

荷蘭黃金時代生產了 500 萬張繪畫作品，平均每個家庭 2 張油畫。精明的荷蘭人把繪畫當商品，出口到歐洲各國。

在義大利，繪畫為教宗和王公貴族服務。油畫產量少，不在市場上流通。

在荷蘭，繪畫為市場服務，為商人和市民服務，最終為利潤服務。

消費者多，畫家不夠，畫具不夠，荷蘭人投資美術學院、投資筆墨產業。

在義大利，畫家和客戶簽訂合約，客戶付訂金後，畫家開始創作。

在荷蘭，畫家根據市場需求作畫，然後掛在畫廊裡等待買主。

在義大利，繪畫是手工作坊，是大師工作室，什麼工作都接。你讓大師畫什麼，他就畫什麼。

在荷蘭，繪畫產品分得很細。專門畫魚的畫家們懂得怎樣去描繪銀白色的、溼漉漉的鱗片。專門畫海景的畫家不僅精通畫波浪和雲彩的技法，還能十分精確地描繪船隻和船上的索具。

肖像畫需求最為旺盛。當時沒有照相機，富人都希望為子孫留下一幅精美的肖像畫。荷蘭人的肖像畫已經非常接近照片的效果。

議會、商會、大學、公司等組織需要一張團體畫，掛在辦公樓的門廳或者會議室，相當於集體合影。

義大利油畫的主角以聖母瑪麗亞、耶穌、教宗、貴族為主。

荷蘭油畫的主角有醫生、大學生、商人、學者、店員、女傭，有形形色色的荷蘭人民。他們的穿著、他們的動作、他們的表情、他們家裡的擺放，就是活生生的荷蘭歷史。

你可以理解為荷蘭人拍攝了上百萬張的歷史照片。

油畫中的荷蘭人自信、強壯、健康，連傭人都顯得肥胖，甚至油膩。與此同時，歐洲主要國家和明朝國的百姓正在遭受戰火、飢餓和苦難的折磨。

荷蘭繪畫產業發達，繪畫產量極高，一個惡果就是價錢普遍低。

在義大利，你為王公貴族作畫，受人尊重，一輩子衣食無憂。

在荷蘭，一個木匠一週的薪資就可以買一幅畫。

荷蘭繪畫三傑，世界一流畫家 —— 林布蘭、維梅爾、哈爾斯（Frans Hals）個個窮困潦倒。維梅爾的〈戴珍珠耳環的少女〉現在是世界十大名畫之一，當時只賣了兩個半荷蘭盾。

即便如此，仍有窮人買不起畫。那怎麼辦？

買印刷畫。把一幅畫印刷數十分、上百分，自然價格就更低了。

印刷畫有兩種製版方式。

一是刻在木板上，一是刻在銅版上（不變形、更精確）。這兩種都用刀刻，非常吃力。

荷蘭人使用了更先進的技術 —— 蝕刻法（etching）。

藝術家用蠟覆蓋在銅版表面，然後用針在蠟的表面刺出很多洞，形成一幅畫。畫完之後，把銅版浸入液體酸中，讓酸腐蝕銅版上有洞的地方。過一陣子，把銅版上所有的蠟除掉，銅版就做好了。

蝕刻法傳到中國之後，深受康熙皇帝和乾隆皇帝的喜愛。

荷蘭人民不僅吃得飽，穿得暖，而且家家戶戶都買得起油畫。你可以理解為，荷蘭人民家家有「電視」看。

1640 年，荷蘭醫生開始向病人推薦中國茶葉，說它可以強身健體，還可以治療感冒。有些人用一張紙幣換一片茶葉。隨著進口量的增加，茶葉從每斤 100 荷蘭盾降到 10 荷蘭盾。但是對普通人來說，還是天價。

有人一晚上喝 20 杯茶，配著水果喝。失眠加頻尿。

中國人喝茶的時候，一般配乾果，不配橘子。因為橘子皮香氣太濃，會影響茶水溢出的香味。但荷蘭人哪裡懂得什麼茶道。

這時候，中國瓷器開始擺上荷蘭人的餐桌。

明朝人喝的是清湯，是配菜不是主菜。人們可以端起碗用勺喝，不算失禮。

歐洲的湯是燉湯，是主菜，端起碗喝湯是非常不禮貌的。如果用中國的小湯

勺很容易灑在桌上。荷蘭人向明朝商人訂購了特別設計的大匙。

很多明朝人也喜歡收藏歐洲人訂製的、具有西洋風格的瓷器。

抽菸成為時尚。政府課以重稅，但抽菸的人還不少。

有的女人禁止男人在家吸菸。

為什麼荷蘭第一個擺脫了封建社會的束縛，進入資本主義社會？

政治、經濟、科技背後的東西是什麼？觀念。

配第認為荷蘭富裕的主要原因如下：荷蘭人宗教信仰自由；對資產採用轉讓登記的制度，還制定了專門的商法；規定了較低的關稅稅率，並強調銀行、貸款行業的經營。

配第發現一個有趣的規律：

不論在任何國家，繁榮的商業往往是由異教分子經營。

在印度，大多數人都信奉伊斯蘭教，但是商業卻操控在印度教徒手中。

在土耳其，商業被猶太人和基督徒們操控。

在威尼斯、那不勒斯、熱那亞以及里斯本，商業也幾乎還是掌握在那些猶太人和非天主教的外國商人手中。

歐洲的傳統是羅馬天主教，但是商業控制權掌握在新教徒手中。在英格蘭、蘇格蘭、愛爾蘭、荷蘭、丹麥、瑞典、挪威，非天主教信徒控制著全世界四分之三的商業命脈。在法國的商業中，新教徒也是最有勢力的。

在中國，商人也不為主流社會接納。

傳統宗教是商業的最大束縛和障礙。

當時的荷蘭是宗教信仰最寬容的國家。

西班牙、葡萄牙把猶太人驅逐出境，同時也驅逐了思想家、商人、醫生。

大哲學家史賓諾沙的祖先就是從葡萄牙逃出來的猶太人。

西班牙迫害比利時的新教徒。資本家和技術工人把比利時發達的紡織工業幾乎完完整整地搬到了荷蘭。荷蘭的恩斯赫德（Enschede）產羊毛，哈倫（Holland）產亞麻布，阿姆斯特丹產絲綢。大畫家法蘭斯·哈爾斯就來自比利時。

法國人迫害胡格諾教徒。

德國人迫害路德教徒。

波蘭人迫害蘇塞納斯派教徒。

英國人迫害清教徒。

很多外國人來到荷蘭定居。

英國大哲學家洛克在荷蘭避難五年。

法國大哲學家笛卡兒擔心天主教迫害他，長期定居荷蘭。萊頓大學曾考慮禁止笛卡兒學說，奧蘭治親王親自出面制止了這種愚蠢的行為。

因為宗教信仰自由，荷蘭吸收了大量的外來人才。

荷蘭人寬容宗教信仰，也寬容不同的政治主張。

1650 年，荷蘭國家元首威廉二世剛剛去世，人們就把他的婚外情改編成戲劇，搬上舞臺。沒有人為此受到懲罰。

當時，歐洲各國對於圖書出版採取嚴格的審查制度。很多思想家、作家把自己的書送到阿姆斯特丹出版，然後偷偷運回自己的國家銷售。

伽利略晚年最重要的著作《對話》就是在荷蘭萊頓出版的。

霍布斯晚年的書也是在荷蘭印刷的。

法國思想家伏爾泰說，荷蘭人是世界的經紀人，既銷售實物商品，也銷售精神商品（書籍）。

當時英國有兩大出版中心 —— 倫敦和牛津。

法國也有兩大出版中心 —— 巴黎和里昂。

荷蘭卻有阿姆斯特丹、鹿特丹、萊頓、烏特勒支（Utrecht）、海牙五大出版中心，出版拉丁文、希臘文、荷蘭文、德文、英文、法文、希伯來文書籍。僅阿姆斯特丹一地，就有 400 家出版、印刷和出售書籍的店鋪。

荷蘭一國的印刷量占全歐洲的三分之一。

因為寬容，荷蘭圖書出版和印刷形成產業，帶動了經濟的發展。

荷蘭人有了錢，不像封建貴族那樣奢侈消費。他們把錢投資到子女教育上，

所以荷蘭國民識字率世界第一。一方面有大量閱讀人口，一方面有大量書籍銷售，兩者形成良性循環。

1650 年的年度暢銷書是羅馬皇帝奧理略的《沉思錄》。的確是一本好書。

1646 年的《邦特庫遠東遊記》再版了 50 次。該書講述了邦特庫在印度洋航行六年裡所經歷的驚心動魄的冒險經歷。書中也記述了荷蘭人為了打開中國市場，用武力威脅福建地方官員的史實。《邦特庫遠東遊記》在中國也有譯本，叫《東印度航海記》。

配第專門強調了荷蘭的法律環境。他說：

荷蘭透過登記制度，確定土地和房屋的所有權。這對人們的勞動成果是一種保護。人們透過勞動獲得財產，如果所有權沒有保障，其勞動成果可以隨意地被別人剝奪，被別人欺騙，人們會強忍悲痛，眼睜睜地看著它們被別人奪走而無計可施嗎？這樣的話，沒有人願意再去辛勤勞動了。

換句話說，荷蘭的法律保護商人、富人。

明朝和歐洲封建國家有一個共同點 —— 嚴重歧視商人。

葡萄牙和西班牙的航海家去海外冒險，賺了大錢後紛紛購買貴族身分。

法國的商人賺了錢就買貴族身分，讓自己的孩子學習法律，進入官場。

中國的商人支持子女參加科舉考試做官。

一旦成為貴族或者當了官，就可以明目張膽地欺負、壓榨商人。

在荷蘭，貴族、官員和商人地位平等。至於生活品質，商人還遠遠高過貴族。商人見了貴族不覺得低人一等。相反，貴族希望自己的女兒嫁給商人，過好日子。

經商光明正大、經商光榮，商人不懼怕官員，這些觀念深入人心。商人不必買個身分，不必巴結官員，不必為子女的前途擔心。他們將全部精力放在經營生意上。

在歐洲封建國家，貴族有了錢就舉辦豪華宴會、打獵，揮霍，沒有儲蓄的觀念。

荷蘭商人沒有這些陋習，他們生活節儉，有錢就存銀行或購買金融產品。

荷蘭人存的多，貸的少。銀行現金充裕，只能大幅降低利率吸引顧客，這反而有利於經濟發展。

總結起來，荷蘭是第一個走出封建社會死循環，在各個方面都遙遙領先於世界的國家。寫四百年前的荷蘭，給人的感覺寫的不是古代，反而和近代生活有很多相似之處。

荷蘭是個外向型國家，國民經濟嚴重依靠海洋貿易。當英國軍艦把英吉利海峽一封鎖，荷蘭整個國家就崩潰了。

崛起的英國和荷蘭打了四場戰爭。雖然荷蘭也取得了一定的勝利，但是戰爭期間，荷蘭的貿易停滯，損失比英國要大得多。

荷蘭人口少，還要全球經營，不得不僱用大量外國勞動力。英國崛起之後，向全球擴張，荷蘭人只得退出部分地區。

荷蘭連招募士兵、組建軍隊都困難。威廉·配第寫道：

有一種職業荷蘭人是不屑於從事的，因為這項工作最危險、最艱苦，得到的報酬卻又最少，這就是士兵。

荷蘭從英國和法國僱用士兵，他們自己則從事著安全而清閒，同時獲利豐厚的工作。外國僱傭兵增加了荷蘭的總人口。這些僱傭兵中有很多人在荷蘭安家，成了荷蘭人。他們的子女也成了荷蘭人。這些僱傭兵還可以額外做些兼職工作。

透過招募外國兵士的辦法，荷蘭不費一分一毫就達到了增加人口的目的，同時還保護了國民的安全和富裕生活，真是一舉兩得。

現在，美國和法國等發達國家都是透過給國籍的方式招募外國人從軍。

法國人口是荷蘭的十倍，國土面積是荷蘭的十二倍，擁有一支三十萬人的陸軍。荷蘭人曾經勇敢地擋住了路易十四的大軍，但終究不是拿破崙鐵騎的對手。

黎塞留建立的集權法國可以集中全國資源，比荷蘭要強大得多。但是，法國人民沒有荷蘭人民的自由和富裕。法國強大，法國人民的生活沒有改善，依然是吃不飽、穿不暖，在國家沒有地位和發言權。

今天的荷蘭依然是經濟強國和最自由的國家，繼續創造著自己的世界第一：

第一個同性婚姻合法化的國家。

第一個安樂死合法化的國家。

人均腳踏車第一的國家。

鬱金香第一生產國和出口國。

男性平均身高最高的國家。

去荷蘭旅遊，可以喝海尼根啤酒，可以看大風車、鬱金香和荷蘭足球，可以看紅燈區，可以看林布蘭、維梅爾、梵谷的作品，還可以遊覽萊頓大學、阿姆斯特丹的東印度公司總部、航海博物館、海牙和平宮、台夫特 (Delft) 小鎮、羊角村。

對海洋、商業和藝術感興趣的人，推薦去荷蘭。

第**7**章
雨果・格勞秀斯 —— 國際法之父

他不是帝王，不是教宗，卻為世界各國立法。

Hugo Grotius（1583-1645）

上圖為美國國會大廈中格勞秀斯的頭像，因為他被美國國會評為影響人類進步的法律人物之一

海洋是人類共有的，因為它無邊無際，任何人都無法占為己有。無論從航海方面還是從漁業方面看，它都適合於人類共同使用。

有戰爭的法律，正如有和平的法律一樣。

誠信，是將所有政府聯結在一起的主要力量，也是統一建構更大的國際社會的基石。如果摧毀了這一點，就摧毀了人類。

上帝也不能否定二乘以二等於四。

承認自己不能也是一種智慧。

1583 年 4 月 10 日，格勞秀斯出生於荷蘭的台夫特。台夫特是個小城，風景秀麗，名人輩出，是科學家雷文霍克、大畫家維梅爾的故鄉。

格勞秀斯的父親是有名的律師，曾任萊頓市議員和萊頓大學董事。

格勞秀斯不到 7 歲就開始學習拉丁語及希臘語。8 歲能用拉丁語作詩。

11 歲，格勞秀斯進入萊頓大學學習希臘羅馬史、數學、天文學、哲學、宗教以及法律。在大學期間，他翻譯了荷蘭大數學家西蒙·斯蒂文（Simon Stevin）的《靜力學》和《流體靜力學》，以及古希臘詩人阿拉托斯（Alatoz）撰寫的天文學著作〈物象〉（Phaenomena）。

1597 年，14 歲的格勞秀斯透過了哲學論文答辯，從萊頓大學畢業。

這一年是萬曆二十五年。

對比一下，明朝士人都在讀什麼，學什麼。

15 歲時，格勞秀斯跟隨荷蘭政治家巴爾佛爾德出訪法國，拜見了法國國王亨利四世。亨利四世很喜歡這個年輕人，授予格勞秀斯一枚鑄有自己頭像的金質勳章。格勞秀斯隨後進入奧爾良大學攻讀法律，獲得法學博士學位。

1599 年，格勞秀斯帶著博士文憑和金牌從法國載譽回國。他先在海牙擔任律師，後進入政界，擔任荷蘭元首莫里斯親王的法律顧問、荷蘭省政府財務審計官、鹿特丹市市長、聯省議會議員等職務。

1605 年初，格勞秀斯撰寫了《捕獲法論》（Commentary on the Law of Prize）。

1609 年，他出版了《海洋自由論》（Mare Liberum）。

這兩本書的出版在當時有一個特殊的背景。

1494 年，羅馬教宗批准《托德西利亞斯條約》，將地球上的海洋分給葡萄牙和西班牙兩個國家。葡萄牙分得了印度洋和太平洋，西班牙分得了大西洋。

羅馬教宗是上帝在人間的代表，相當於世界的仲裁者。

歐洲其他君主不承認《托德西利亞斯條約》（Tratado de Tordesillas）具有法律效力。

法國國王法蘭索瓦說，我也是亞當的子孫。如果海洋是上帝的遺產，他必定也會分給我一部分。

英國伊麗莎白女王說，海洋與空氣屬於人類所共有，我的臣民有權在大西洋航行，和西班牙一樣。

法蘭索瓦和伊麗莎白女王都反對教宗的判決，原因卻大不一樣。

法蘭索瓦不看重海上貿易，和西班牙、葡萄牙沒有什麼海上衝突。他只是認為教宗的判決是不公平的。

伊麗莎白女王看到西班牙和葡萄牙透過海上貿易變成富國強國。她本人親自投資海上貿易，從中獲得了大量的真金白銀。女王把發展航海業視為不可或缺的國家策略。為了爭奪海上貿易，英國和西班牙發生多起海上武裝衝突，以及海上戰爭。如 1588 年英西大海戰。

土耳其蘇丹自封為地中海和黑海之主。

中國古代天子缺乏海洋觀念，不認為自己是海洋的主人。古代士人用海內代表中國。海內存知己，天涯若比鄰。海外的事情就不管了。

荷蘭共和國成立後，急需到印度洋做海上貿易，急需到大西洋捕撈鮭魚。

如果印度洋和大西洋從法律上屬於西葡兩國，那麼荷蘭的船隻算不算侵犯西班牙和葡萄牙的主權？

過去，各國打仗，爭奪的是土地。

大航海時代，歐洲各國政府發現海洋能夠帶來巨額財富，海戰能夠保障國家安全，因此紛紛爭奪海洋所有權。

為公平分配海洋資源，為避免各國海上衝突，格勞秀斯提出了一套規範航海行為的法律理論。首先，他明確了海洋的屬性：

海洋不是公用財產，是公有財產，不可占領。

海洋屬於全人類，是自由的，無主權的，向所有人開放。

海洋的魚類不屬於任何國家，不同國家的人都可以捕撈而不必受到追究。

格勞秀斯提出的第二個觀點是，貿易自由。

西班牙壟斷了西印度（美洲）的貿易，禁止英、法等國船隻通航。

葡萄牙壟斷了中國和東南亞的貿易，禁止其他國家前去經商。

1637 年，一艘英國船隻到廣州做生意時，遭到澳門葡萄牙人的百般阻撓。

英國船長嚴厲斥責他們說，廣州屬於中國皇帝，不是你們葡萄牙人的。難道英國人在這裡交易還需要得到葡萄牙國王的批准嗎？真是荒唐透頂。

格勞秀斯認為，歐洲各國都有權到中國做生意，其他國家無權干涉。

航海自由、捕撈自由、貿易自由，格勞秀斯提出了海洋法的基本框架。他的想法是超前的，有助於人類文明的進步。

英國學者塞爾登（John Selden）於 1635 年出版了《海洋封閉論》（*Mare Clausum*），提出了針鋒相對的觀點。

塞爾登認為，英國附近的海洋，屬於英國領土。其他國家的船隻不能前來捕魚。英國附近的海洋，外國民用船隻可以透過，外國軍用船隻禁行。

其實，兩個人的觀點並不矛盾。

格勞秀斯提出的海洋是公海，公海是沒有主權的。為什麼有人到公海上賭博？就是因為公海不屬於某國，不受法律限制。

塞爾登提出的海洋是領海，領海是有主權的。

1982 年，《聯合國海洋公約》（United Nations Convention on the Law of the Sea）充分借鑑了三百多年前兩位學者的觀點。

1651 年，英國為了發展本國航海業和貿易業，頒布了《航海法案》（The Navigation Acts）。其核心思想是：

一、只准英國或英國殖民地的船隻運裝英國殖民地的貨物。

二、殖民地產品（菸草、糖、棉花、靛青、毛皮）只准販運到英國本土或其他英國殖民地。

三、其他國家的商船，不能直接運銷英國殖民地產品。可以先運到英國，再由英國船隻運到殖民地。

《航海法案》禁止荷蘭參與英國的海外貿易，引發了第一次英荷戰爭。

《航海法案》使英國獲得了短期的利益，但長期來看是違反自由貿易精神的。

英國的北美殖民地想從歐洲直接採購商品。英國政府只準他們從英國進口高價貨。他們一怒之下，奮起反抗，成立了美國。

1618 年 7 月，荷蘭發生政變。

荷蘭執政（總統）莫里斯親王將議會領袖奧爾登巴內費爾特逮捕並處死。這裡面既有宗教原因，也有政治原因。具體過程我就不講了，只講結果。格勞秀斯「倒楣地」站在了議會領袖一邊，因此被判終身監禁。當時他只有 36 歲。

格勞秀斯被關押在羅佛斯泰因（Lovestein）城堡。他的妻子瑪利亞要求進入監獄，和丈夫共同生活。

法官批准。夫妻二人住進了「愛」的城堡。

瑪利亞可以自由出入。她經常從外面買書帶進監獄。

1621 年 3 月 22 日，瑪利亞把丈夫藏進一個大書櫃，她自己則穿著丈夫的衣服，躺在床上，背對著牢房的大門。

格勞秀斯鑽進書櫃

瑪利亞的女僕叫獄卒幫忙，一起把沉重的書櫃抬出監獄。

格勞秀斯越獄成功後，裝扮成一名泥瓦匠，於 1621 年 11 月 4 日逃到巴黎。

法國國王路易十三和首相黎塞留熱情地接待了格勞秀斯。

黎塞留一生當中只承認三個人為大學者，其中兩個人是法國人，第三個人就是格勞秀斯。

荷蘭政府把瑪利亞關押了一段時間後，就把她放了。她來到巴黎和丈夫團聚。

格勞秀斯逃到巴黎後，多次向荷蘭政府寫信為自己申辯。他提出，只要給他自由，他願意隨時回到荷蘭，為共和國效力。

荷蘭政府始終沒有批准。

瑪利亞多次返回荷蘭，一方面出版丈夫的書籍，一方面與政府打官司。瑪利亞要回了被荷蘭政府扣押的財產，要回了鹿特丹政府拖欠的薪水。

瑪利亞用這些錢投資理財，回報豐厚。

只有荷蘭共和國，才能培養這樣獨立能幹的女人。

1625 年，格勞秀斯完成了一生之中最重要的作品 ——《戰爭與和平法》(*De jure belli ac pacis*)。在書中，他第一次提出並闡述了國際法的概念。後世稱他為「國際法之父」。

這本書的出版在當時也有一個特殊背景。

16 世紀前，歐洲各國都信天主教，表面上服從教宗。國家之間發生領土爭端和武裝衝突，可以向教宗申請裁決。比如西班牙和葡萄牙的海洋和海外領土衝突，就是教宗亞歷山大六世調解的。

1518 年，歐洲主要國家（包括神聖羅馬帝國、教宗國、英國、法國、西班牙、勃艮第、荷蘭）在倫敦簽署了《倫敦條約》。條約規定，歐洲各國之間應該和平相處、互不侵犯。如果 A 國侵犯 B 國，則所有國家都有權要求 A 國立即停止。否則，所有國家將幫助 B 國反擊 A 國。

這是五百年前原始版的《聯合國憲章》。

但是，這注定是一張無法實施的廢紙。

《戰爭與和平法》出版之前，歐洲三十年戰爭打得正酣，數十個國家參戰。人們辛辛苦苦積攢下來的財富化為飛煙，家家戶戶都有死去的親人。

最終的結果，只是這個國家多取得幾塊土地，那個國家要賠一大筆錢給他國。戰勝國即使得到了賠款，也抵消不了投入，整體上還是賠錢買賣。而且，還面臨著被戰敗國報復的風險。

無論什麼樣的戰爭，失去生命和親人的、損失財產的、倒楣的永遠是老百姓。

格勞秀斯的祖國荷蘭，與西班牙打了八十年。剛剛和西班牙簽署和平協議，又和英國開戰。英荷戰爭打了四次。接著，法國大軍入侵荷蘭。

貴族不怕打仗，他們是天生的軍人。

農民不怕打仗，反正一無所有。

商人最怕打仗，打敗了幾十年的積蓄清零，而且一打仗首先要出大錢。所以荷蘭人最不喜歡戰爭。

格勞秀斯撰寫《戰爭與和平法》就是研究戰爭以及如何消滅戰爭的。

過去的戰爭著作（比如《孫子兵法》），是指導人們如何取得軍事勝利的，甚至鼓勵人們使用恐嚇或者欺詐的手段。

格勞秀斯和他們的研究完全不一樣。

比如有人研究火災。他研究的內容為火災的種類，火災發生的原因，如何預防火災，火災中的措施，災後處理。這是在造福全人類。

格勞秀斯研究的是戰爭的種類，戰爭發生的原因，如何避免戰爭，如何減少戰爭損失。格勞秀斯研究的目的是避戰、止戰。他的研究成果將造福全人類。

格勞秀斯說：

我看到戰爭在整個基督教世界泛濫，野蠻民族對此都應該感到可恥。我看到人們為了微不足道的理由或根本沒有理由就訴諸武力，而一旦拿起武器，神法或人類法就被拋到九霄雲外。

英國政治哲學家霍布斯認為，在自然狀態下，人與人是相互競爭關係。國家與國家之間也是自然競爭關係。和平是暫時的，矛盾是永久的。

格勞秀斯在思考，國家與國家之間，如何做到長期和平相處。

我們經常聽到一句話，國際關係錯綜複雜，國際局勢風雲變幻。

國際問題能用幾句話說清楚嗎？

格勞秀斯將其歸納為三點：

第一，國與國的關係可以用人與人的關係來類比。

第二，在自然狀態下，人與人平等。

第三，大多數人傾向於和平理性相處。

在森林中，獅子遇上了一頭羚羊。羚羊說，你是動物，我也是動物。我們在權利方面是平等的。你不能吃我。

獅子說，什麼權利不權利，什麼動物不動物。在我眼裡，你就是塊肉。

獅子只能和獅子調節相互之間的關係，獅子和羚羊是你死我活的關係，不可調解。

葡萄牙人去非洲販賣黑奴，西班牙人占領了印第安人的土地。

他們辯解說，我侵略的不是國家。

16、17 世紀，俄羅斯吞併喀山汗國，吞併西伯利亞汗國，吞併了整個西伯利亞，在五十年裡國土面積增加了一千萬平方公里。

俄羅斯吞併這些國家和地區，不受任何法律和道德約束。

所以，首先要明確什麼是國家。

1576 年，法國政治思想家布丹 (Jean Bodin) 出版了《國家六書》(*Six livres de la Republique*)。在書中，他提出了一個概念 —— 國家主權。即一個國家擁有唯一的、至上的權力。

當時法國教會有權同教宗直接聯繫，法國貴族有權同外國君主直接聯繫，法國國王在對內對外決策時只有部分權力。

布丹認為，國家大事小事，最終要有一個權力做決定，這個權力就是王權。

格勞秀斯將國家主權的概念從國內擴展到國際。他認為，一個國家之所以在世界上存在，是因為它有國家主權。國家主權不可被剝奪，不可被侵占。當一國完全不受其他國家控制時，它就是主權國家。

舉個例子。荷蘭的領土由荷蘭人控制，荷蘭的內政由荷蘭人掌握。可是，西班牙及其盟友，就是不承認荷蘭是一個獨立的國家。那麼，荷蘭的主權在世界上是不完整的。

一個政府宣稱自己是獨立國家是不行的，必須得到世界上絕大多數國家的承認。

1648 年，歐洲各國簽署《西發里亞條約》。條約明文規定，瑞士是一個主權國家。如果哪個國家侵略瑞士，就會遭到世界各國的譴責和反擊。

從此，瑞士是一個國家了。

世界上各個國家應該坐在一起，確定哪個算是一個國家，哪個不是一個國家，達成共識，世界上到底有多少個國家。

如果沒有國家主權理論，A 國侵略 B 國的時候就會說，B 國不是一個主權獨立的國家，所以我吞併它，不是國際爭端，是中國事務。

明朝有很多藩屬國，它們很多大事都需要明政府批准，不能自己做主。像當時的朝鮮就不是一個完整意義上的主權國家。

國際會議籌備時，需要確定與會國的資格（獨立主權）。

國際會議開始前，需要共識。

如果一群人沒有一個共識，開會時一定會吵翻天。

如果所有國家沒有共識，國際會議必定開不了。

國際會議最重要的共識就是平等。

大國與小國，宗主國與附庸國，天主教國與伊斯蘭教國，到底是什麼力量在調節國際關係？

一是政治法。在這種情況下大國說了算。比如，明朝認為，自己是世界的中心和領導者，周邊的國家是明朝的附庸。明朝制訂規則，數十個國家接受明朝制

訂的規則。

二是宗教法。比如羅馬教宗認為自己是萬王之王，是世界各國的領袖。他宣稱天主教國家有主權，新教國家沒有主權，伊斯蘭教國家沒有主權。

格勞秀斯認為，在拋棄政治、宗教、地位因素後，人與人是平等的。同樣，國家與國家也是平等的。

這一點是最難的。因為當時的社會，無論中國和歐洲，幾乎所有人都相信人與人是不平等的。

男人與女人是不平等的。

中國有三綱五常，歐洲有貴族平民。

學者認為，人與人平等是荒唐的、可笑的。

統治者認為，凡是提倡人與人平等的人，應該殺頭。

在明朝，誰說朝鮮、越南和明朝平等，這是謀反。誰說葡萄牙人和中國人擁有同樣的權利，這是犯罪。

在歐洲，神聖羅馬帝國、法國互不服氣，英國與西班牙因宗教原因相互歧視。歐洲有帝國、王國，還有公國、侯國、共和國、聯邦國，怎麼平等？

在人與人不平等的社會裡，A 殺了 B 要砍頭，B 殺了 A 只要交罰款。

B 如果不願意把自己的部分權利給 A，就不能和 A 好好相處。

國與國不平等的環境下，小國只能受欺負。

國家與國家之間不是平等關係，就不可能建立公平的國際秩序。

國際會議開始了，明確了各國不分大小都是平等關係。投票表決的時候，10 億人口的大國和 100 萬人口的小國，都是一票。

那麼，平等的國與國之間到底是鬥爭為主偶爾和平，還是和平為主偶爾鬥爭。

霍布斯認為，在榮耀感、虛榮心和野心的驅使下，每個人都認為自己比別人優秀、聰明或有能力。每個人都想獲得比別人更多的東西，於是就像動物一樣開始爭搶。為了保護自己，每個人都想先下手，置對方於死地。

　　格勞秀斯不贊同霍布斯的想法。他認為，動物是不能和平相處的，因為動物沒有理智。人可以對利弊作判斷，不為威脅利誘或情感衝動所左右。

　　人總體傾向於和平相處。

　　村莊裡，老老實實的人占多數，惡棍占少數。

　　這是人的本性。

　　世界上，願意和他國好好相處的國家占多數，窮兵黷武的國家占少數。

　　明朝在這一點上就做得不錯。從不主動侵略別人，也反對別人侵略自己。

　　從人的本性推導出來的國際法，這是自然法。

　　從《聖經》來解釋世界各國的關係，這是神法。

　　從明朝朝貢體系來解釋世界各國的關係，這是政治法。

　　格勞秀斯認為自然法高於政治法、高於神法。他說，自然法思想就像 $2 \times 2 = 4$，即使上帝也不能否認。

　　用句中國的話解釋自然法，即「己所不欲，勿施於人」。

　　格勞秀斯的自然法理論引起了教會的強烈抗議。

　　中國人民是愛好和平的民族。

　　歐洲天主教會一貫宣傳和平，提倡「上帝的休戰」。

　　然而，理論和說教從來不能阻止戰爭。

　　兩個人打架，警察可以阻止。

　　兩國開戰，國際上哪有警察。

　　兩個人打架，法官可以判斷誰對誰錯，可以懲罰有過錯的一方。

　　兩國開戰，誰能做出判斷，誰能懲罰交戰國。

　　沒理可講、無法可依。

　　至少，格勞秀斯是第一個開始講理的人，第一個開始立法的人。他的工作是開創性的、是偉大的。

　　在承認國家主權、大小國家一律平等、各國都願意和其他國家和平共處的原則下，就可以相對容易地調和國與國關係、避免國與國衝突、善後國與國戰爭。

國與國之間的矛盾是多種多樣的，比如貿易戰、驅逐大使、沒收對方財產，其中戰爭是最高級的，傷害也是最高級的。

因此，格勞秀斯重點研究了戰爭。他提出：

第一，只有主權國家才能發動戰爭，這是公戰。中國地方軍閥不能對外宣戰。劉備可以代表蜀國對曹操宣戰，但張飛不經劉備批准不能私自向曹軍開戰。這屬於私戰。這條建議限制了很多軍閥的宣戰權。

第二，戰爭有合法和非法。格勞秀斯不反對所有戰爭。如果別人侵略你，你用戰爭手段還擊，這是你的權利，這是正義的。

第三，戰爭要遵守規則。比如，要正式宣戰。如果每個國家都不把偷襲當作犯罪，那麼每個國家隨時都處在危險當中。

二戰時，日本人準備於華盛頓時間 12 月 7 日 13 點 30 分將宣戰書遞交給美國政府，然後於半小時後襲擊美國珍珠港。由於陰差陽錯，宣戰書遞延遲遞交，日本算偷襲。美國政府勃然大怒。

格勞秀斯提出，在戰爭過程中，要保障外交代表的安全。這一點在歐洲達成了共識。但是大清政府還沒有了解。在尼布楚談判時，大清使團部署了大量的軍隊，引起俄方抗議。法國傳教士張誠充當中俄雙方的翻譯。他對俄方代表解釋說：「大清的大臣們沒有與別的國家締約談判的經歷。他們不相信俄國人，只願保障自己免遭任何意外。他們對於國際公法陌生，不懂得特命使節的性質使他的生命成為不可侵犯的，保障他即使面對最強大的仇敵也不致受到侵侮。」

格勞秀斯還提出，在戰爭過程中，不能殺害婦女、兒童等非參戰人員，不能殺害放下武器的戰鬥人員。

打個比喻。過去，兩個人打架沒有規則，打死就算了。格勞秀斯說，打架可以。但打架前雙方要擊雙拳表示開始。打架過程中不能擊打襠部，不能用嘴咬（包括襠部）。當一方已經不能還手了，就停止攻擊。

戰爭，也有文明戰爭和野蠻戰爭。

歸納一下，格勞秀斯表達了三層意圖：

第一，反對私戰、反對非正義戰爭，用全世界的共識威懾少數國家，讓它們

打消發動戰爭的念頭。

第二，兩國非要打，就要按規則打，將戰爭損失降到最低。

第三，打完了，不論誰贏誰輸，用國際規則進行評判。不正義的國家贏了，國際社會一致譴責它。正義的國家輸了，國際社會幫助它。

1899 年，世界各國在海牙開會，制訂了關於戰爭的法規，以及解決國際紛爭的規則。

第一次世界大戰結束後，世界主要國家成立了國際聯盟。

第二次世界大戰結束後，聯合國成立。

這些都是格勞秀斯國際法思想的實踐和展現。

格勞秀斯反對法國參加「三十年戰爭」，遭到黎塞留的冷遇。

1634 年，瑞典女王克里斯蒂娜任命他為瑞典駐巴黎大使。

1645 年，女王召格勞秀斯回到瑞典，沒有給他安排新的工作。

此時，「三十年戰爭」接近尾聲。格勞秀斯突然離開瑞典。他可能想參加西伐利亞和會，向各參戰國推銷自己的國際法理論。

他乘坐的船隻在波羅的海遇到風暴，在波美拉尼亞海岸觸礁，於是不得不棄舟上岸。

1645 年 8 月 28 日，格勞秀斯到達德國的羅斯托克時，染病身亡，享壽 62 歲。

格勞秀斯流亡在外 24 年，始終沒有回到他熱愛的祖國。

他死後三年，荷蘭法院撤銷了對他的錯誤判決，為他平反。

1781 年，人們在台夫特市的新教堂裡為他修建了一座陵墓。格勞秀斯是唯一一位長眠於此的平民，其餘的都是荷蘭王室成員。

所有王室成員都沒有雕像，甚至荷蘭國父都沒有雕像。

人們卻為格勞秀斯樹立起一尊雕像。

1648 年，法國、西班牙、荷蘭、瑞典、奧地利、神聖羅馬帝國及薩克森諸侯等各國共 109 個代表團簽署條約，史稱《西伐利亞（德國地名）和約》。

雖然格勞秀斯沒有參會，但會議結果充分展現了他的國家主權和平等思想。

與會各國達成共識：國家不論大小和宗教信仰，都應視為具有獨立、平等的主權地位。

在出於尊重主權的前提下，西班牙放棄對荷蘭、葡萄牙的統治，承認後者為主權國家。同時，各國承認瑞士為一個主權國家。

各國不得無故違反《西伐利亞和約》，否則將遭到全體締約國的反對。

《西伐利亞合約》寫道，1555 年的《奧古斯堡宗教和約》和 1635 年的《布拉格和約》繼續有效。這一條也反映了各國政府對傳統條約的尊重和遵守。

國際法開始成為調解歐洲各國關係的主要手段。

當時，歐洲各國之間的狀態稱西伐體系。

在此之後數十年的時間裡，歐洲又發生了多次戰爭。但每次戰後談判的時候，都要拿出來《西伐利亞和約》進行對比和調整。

格勞秀斯不是皇帝，不是教宗，甚至不是一個國家的領導人。

但他為皇帝和國王立法，為世界所有國家立法。

實際上，各國政府都不能制定國際規則，因為制定規則的人必定從本國利益出發，也不可能得到其他國家的同意。

格勞秀斯不代表任何國家，因此能夠提出更公正可行的國際法。

《戰爭與和平法》出版時，歐洲從冷兵器時代進入火器時代，戰爭的殺傷力高於過去十倍。過去的戰爭動機主要是爭奪領土，現在則增加了宗教、殖民地、商業等因素，戰場也從陸地打到海洋。

格勞秀斯提出了國家主權、國際合作、人道主義等思想主張，順應了歷史潮流。他站在時代的潮頭，高瞻遠矚，引導人類走進現代文明。

在近代史和現代史上，格勞秀斯的思想一直在發揮作用。

1920 年，協約國向尼德蘭要求引渡德皇威廉時，引用了格勞秀斯的論點。

由於格勞秀斯的貢獻，由於荷蘭的貢獻，聯合國將國際法院放在荷蘭的海牙，這裡還有國際法圖書館。

格勞秀斯四百年前逃出城堡的書櫃

第 **8** 章
康門紐斯 —— 我們老師的老師

秋季開學、按年齡和智商分年級，小學六年、中學六年、每學年結束前考試，這些今天連小學生都知道的事情，就是康門紐斯發明的。

明朝滅亡，引發很多人思考：國家如何強大？如何免於外族入侵？

康門紐斯說，只有教育才能強國。

Comenius（1592-1670）

太陽底下再沒有比教師這個職業更高尚的了。

把一切知識教給一切人。

學校不是為富人開的。男孩和女孩，貴族和平民，富人和窮人，市民和農夫，都應該送到學校學習。

在人身上，唯一能夠持久的東西是從少年時期吸收得來的。一個人假如不從睡在搖籃裡的時候養成清潔的習慣，那最危險不過。

我們都是同一個世界的公民，我們都流著相同的血。因為他們出生在另一個國家，因為他們說不同的語言，因為他們和我們的觀點不一樣就仇恨他們，這是非常愚蠢的。對於這樣的人，我求求你，我求求你們止步吧。我們都是平等的人，讓我們集中在一個目標上，那就是為了全人類的福祉。

學校一般秋季招生。

所有學校基本上同時開學、同時放假。

學生按年齡和學習能力分成年級。

每個班分配單獨的教室。

學年結束組織考試。

小學學制是 6 年，中學學制也是 6 年。

學生要有教科書。

幼兒園、小學生課本要有很多插圖。

以上內容，是今天每個人、甚至每個孩子都知道的常識。

問題是：這是誰規定的？從什麼時候開始的？

我們今天看起來非常簡單、非常方便、非常有效的教育管理方式，都是人類幾百年經驗和思考的總結。

本章為您介紹老師的老師 —— 康門紐斯。

康門紐斯於 1592 年生於捷克的尼夫尼茲。12 歲時，他失去了父母，兩位姐姐不久之後也撒手人寰。康門紐斯不幸淪為孤兒，由姨媽養大。

1608 年，受兄弟會（一個新教組織）資助，康門紐斯成為普列羅夫市拉丁文法學校的一名學生。完成三年學業後，他到德國赫爾伯恩大學學習哲學和神學。

畢業後，康門紐斯回到普列羅夫，成為一所拉丁文法學校的教師。

1618 年，他成為富爾涅克一所學校的校長。

同年，歐洲三十年戰爭爆發。

1621 年，信奉天主教的西班牙軍隊侵占了信奉新教的富爾涅克。康門紐斯的家產、藏書和所有的論文手稿都化為灰燼。康門紐斯的妻子當時正懷孕，躲到了娘家。不幸的是，1622 年初，他的妻子和兩個孩子都死於戰爭帶來的瘟疫。

康門紐斯剛剛 30 歲，就遭遇了國破家亡。

1628 年 2 月，康門紐斯和部分兄弟會成員逃亡波蘭萊茲諾。臨行前，他登上

高原，鳥瞰被踐躪的祖國，放聲痛哭。

明朝滅亡後，明末教育家、五大學者之一朱舜水東渡日本，並葬在那裡。

國家如何強大？如何免於外族入侵？個人如何幸福？如何活得有意義？

有人說治國要遵循《聖經》，有人說理國要聽聖人的話，有人說衛國要建立軍隊、生產大量火砲，有人說強國要學習他國經驗，有人說富國要發展工商業，有人說興國要拓展海外殖民地。

都沒有錯。

不過，都沒有說到根源上。

康門紐斯在他的《大教學論》（*Didactica Magna*）一書中寫道：

整個國家的基礎是什麼？

是青年發展。

青年如何發展？

康門紐斯的答案是：接受教育。

他說：

特別是在今天道德狀況下，年輕人已經沉淪到不能再低的低谷。正如西塞羅所說，每個人都應該勒住他們的韁繩，約束他們。正如腓力·梅蘭希頓（Philipp Melanchthon）所說，將年輕人教育好，其功績比洗劫特洛伊的意義更為重大。

我們能為國家提供最美好、最崇高的服務，就是教導和培養年輕人。

受過教育的人可以相互激勵、互相敦促、消除混亂、擺脫貧困、抵禦卑汙影響，從而迎來社會的安定、民族的獨立以及世界和平。

今天，教育立國已經成為全社會的共識。

日本將《馬關條約》的兩億兩白銀賠款全部用在國民教育上，使其從默默無聞的亞洲小國變成世界大國。

雖然史實並非如此，但這個故事震撼了一代人。

一個國家如果文盲占大多數，這個國家必定既貧窮落後，動盪不安。

一個國家如果有大量受過教育的人才，這個國家很可能既富強又文明。

康門紐斯呼籲各國政府把教育視為第一治國理念，把教育國民視為政府第一責任。

國家不投資培養人才，早晚會變成窮國、弱國。

我們知道，很多封建王國實行愚民政策，不希望百姓有知識、有文化、有判斷力。這不僅違背歷史潮流，甚至危害國家安全。

《商君書》提出：「民不貴學則愚，愚則無外交，無外交則勉農不偷。」

客觀地說，中國在歷史上一直是一個重視教育的國家。但是，重視的是傳統教育，不是近代教育，不是科學教育。

康門紐斯不是一個狹隘的民族主義者。他說教育不是一個國家的事情，是全人類的事情。全世界的教師把智慧的光輝播撒到全人類，使每一個人都徹底掌握科學，從而替全人類謀取福利。這項偉大的事業一個人不夠，一代人也不夠，必須許多人用幾代的時間去奮鬥。

為什麼教育如此重要？

康門紐斯說，文盲不是人，是一種「可教的動物」，在接受教育之後，才能成為一個真正的人。

生活在美洲的一些印第安人，沒有文字。按照中國儒家的標準，他們還不能稱為「人類社會」。

不過，當時的歐洲和明朝也好不到哪裡去。明朝末年，中國成年人的識字率不到百分之十（會寫自己名字和數字不算）。到了清朝末年也沒有明顯地提高。

康門紐斯認為，教育不只是讓你識字，而是讓你認識世界、認識自己。

比如，受過教育的人更容易成功。當你掌握知識和技能後，你才能做很多事。更重要的是，你對自己的評價更高了，你就更有自信，甚至更勇敢了。

舉個不恰當的例子：你是名校博士，當你發現同事都只有大學畢業時，你對自己的判斷就更加有自信，對於不確定的事情更敢發表意見了；反之，當你是大

學畢業而別人都是博士時，你會感到自卑，甚至明知道自己是對的也不敢堅持，會懷疑自己，覺得心裡很壓抑。

再比如，受過教育的人具有更良好的品德。康門紐斯認為理想的學校要教導學生不傷害人、不虛偽、不欺騙，以誠待人、幫助別人。康門紐斯說，沒有德行，文憑算什麼？教育就是德育。

君主可以讓人民吃飽穿暖，像「獸」一樣好好地活著。

將軍能夠擊退敵人，讓人民像「獸」一樣平安地活著。

而老師，卻可以把智慧和靈魂賦予「獸」，把「獸」化成德才兼備的人。

康門紐斯說了一句最著名的話：「太陽底下再沒有比教師更高尚的職業了。」

給一個人良好的教育，就是挽救了一個人的靈魂。

康門紐斯大聲呼籲全體老師勇於擔負起自己的使命：

啊！年輕人的教導者！你們應使你們的神聖職業和那些把孩子付託給你們的父母的信任感，轉變成你們內心的一團火焰，使你們和受到你們影響的人都不止息，直到你們的祖國全被這個熱情的火炬所照亮。

那麼，一頭「獸」如何變成一個「人」的呢？

康門紐斯認為，人接受教育要遵循自然規律。

花在春天開放，所以人在幼年學習。

樹的成長有相對固定的週期，人的學習也要有週期。

每個年齡層學習不同的內容，既不能落後，也不能超前。

康門紐斯提出了「四個六」理論，即一個人從生下來開始，接受四個六年期的教育，到 24 歲後真正成為人才。具體內容如下表：

年齡	時期	表現	學校	教育內容
0-6	幼兒期	長身體	母嬰學校	宗教、德、智、體
6-12	少年期	記憶力、想像力、語言和動手能力	國語學校	讀、寫、算、幾何、測量、自然常識、地理、歷史、唱歌、手工課
12-18	青春期	思維成熟	拉丁學校或文科學校	百科全書知識
18-24	成年期	意志力	大學	醫學、神學、法學、以演講為主，輔以討論和參考書

今天，全世界基本上都採用了康門紐斯的方案。

也許康門紐斯認為，大學的知識根本不夠用（談戀愛、打遊戲至少占了兩年），大學生再讀兩年碩士還差不多。四年大學加兩年碩士，正好六年。

康門紐斯說，小學是普及教育，義務教育，每個人都必須學。

中學教育只適用於那些有志於從事腦力勞動的人們。

高等教育是少數「智者」的權利。

康門紐斯說，學校是造人的工廠，而且是世界上最重要、最複雜的工廠，因為它的產品最複雜、最高級。

生產什麼產品都不如生產人高級。

古代社會，很多有錢人聘請私人老師到家裡授課。明朝很多官宦人家也是請教書先生到私塾上課。《紅樓夢》、《大宅門》裡都有介紹。

康門紐斯反對這種做法。他說，太陽的光亮和溫暖給予萬物，而不是給單一個體。老師應該教很多學生，而不是教一兩個人。

你有沒有發現，康門紐斯的教育思想來源於自然規律，而不是任何既有的宗教、政治思想體系。

　　最早提出到學校上學的是羅馬時期的教育家昆體良（約西元 35-100 年）。他認為家庭教育容易使孩子養成冷淡、自誇和羞怯的習性。學校裡學生多，可以交朋友，也相互學習、相互競爭。從學校裡培養出來的孩子很容易成為雄辯家。

　　當時歐洲各國政府主要將稅收用來打仗，沒有錢興辦學校。

　　國王也不認為他有義務辦學校，為國民提供教育服務。

　　出於宗教慈善目的，歐洲國王一般會捐贈大學，也出錢供平民孩子上學。比如，英國最著名的伊頓公學，就是英國國王亨利六世為解決窮人孩子上學於 1440 年（明朝正統年間）捐贈的。

　　康門紐斯呼籲各國中央政府設立督學（教育部長），地方政府興辦大量學校。辦教育不是為少數人的慈善，而是服務全民的福利。

　　當時的歐洲學校沒有規劃，沒有管理。

　　學生只要交錢就可隨時入學，不同年齡的人混著學習。學生學到一半說走就走。學校就像輛公車，一下有人上，一下有人下。

　　老師沒有什麼授課技巧，也不會正面鼓勵學生，提高學生成績主要靠「嚇」和「打」。

　　康門紐斯批評當時的學校是「兒童驚嚇屋」和「才智抹殺所」。

　　學生學完課程就可以畢業，沒有考試。老師也不知道學生學得怎麼樣，學生也不知道自己學得如何。

　　學校把參差不齊的學生送入社會。學生以後是好是壞和學校無關。

　　老師沒有目標，沒有職業自豪感，沒有成就感。

　　《紅樓夢》裡，賈政對賈寶玉冷笑道：「你要再提『上學』兩個字，連我也羞死了。依我的話，你竟玩你的去是正經。看仔細站髒了我這個地，靠髒了我這個門！」

　　康門紐斯認為，學校應實施標準化管理，要有很多規章制度，要約束老師和學生養成好習慣。

　　比如，學生統一入學，統一放假（原材料同時入廠，成品同時出廠）。比

如，學生按年齡分級分班（原材料分類管理）。比如，學生放假前要考試（成品出廠前要質檢）。

學校管理規範化、流程化，教育方式人性化、多元化。

康門紐斯認為，不要把許多雜亂的詞句塞進學生的腦子裡，而是要啟發他們了解事物的能力，使這種能力流瀉出來，就像從活的泉眼中流出一條小溪，就像葉子、花和果實從樹上長出來。

盡量不要體罰學生，要採取說服、讚揚、獎勵的方式。

康門紐斯提出教育的原則如下：

☐ 直觀性原則（在課堂上多用教學圖像和模型；多動手，多做實驗，多到實地觀看考察）。

☐ 系統性和循序漸進性原則（從易到難，從具體到抽象，不省略，不顛倒）。

☐ 鞏固性原則（練習和複習）。

☐ 主動性和自覺性原則（激發學生的求知欲望，喚起學生的主動性）。

☐ 量力性和因材施教的原則（不能使學生負擔過重，要顧及學生的接受能力）。

康門紐斯對工廠裡的「作業員」 —— 老師，也有嚴格的要求。

他說，學生是否喜歡學習，責任在老師。好老師要講得動聽、清晰，他的聲音就像油一樣浸入學生心裡。

老師要持續學習，隨時補充自己的知識儲備量。另外，老師光有知識也不行，要用心教學生，才能取得好的成果。

那些不學無術的老師，那些消極指導別人的老師是沒有軀體的人影，是無雨之雲、無水之源、無光之燈。

現在，你想在中國當老師，就必須要深入了解康門紐斯的理論。

因為你想獲得「教師證」，就必須通過考試。

而康門紐斯的教育思想是必考題目。

　　除了學校，康門紐斯認為：家庭是兒童的第一所學校，家庭教育是學校教育的初步階段。父母是孩子的第一位老師，母親對孩子的成長影響更大。康門紐斯認為兒童應早早接受教育。他說：

　　人的一生受兒童時期的教導影響。小時候得到好的培養，就能去應付人生的一切意外。小時候沒有接受好的培養，就會錯過人生很多機會。一個成年人能堅持的東西，都是從少年時期吸收得來的。

　　因此，一個人從睡在搖籃裡的時候就要培養清潔的習慣。

　　如何讓孩子願意接受教育？康門紐斯說：「你首先要愛孩子。兒童應當比金銀珠寶還要珍貴，還要可親。兒童是使我們不忘謙遜、和藹、仁慈、協調等美德的鏡子。」

　　父母有不愛孩子的嗎？

　　太多了。《紅樓夢》裡的賈政算一個。

　　康門紐斯的這句話我想現在的家長必定同意：

　　合理安排兒童每天的生活，使之總是忙於有益的事情，避免無事生非或虛度時光。

　　康門紐斯編寫了兒童啟蒙讀物《世界圖繪》（*Orbis Pictus* 或 *Orbis Sensualium Pictus*）。該書於 1658 年在紐倫堡以拉丁文和德文出版，很快出現英文版、法文版、捷克文版，流行世界達兩百年之久。

　　《世界圖繪》的內容有字母、動物、植物、人類，人類各年齡階段、人體組成部分、人的活動、家庭、城市、社會、國家和教會等。

　　《世界圖繪》配有兩百幅插圖，由康門紐斯親自創作。

　　這是世界上第一本插圖版兒童百科全書。

　　德國哲學家、科學家萊布尼茲主張各個學校都應該把《世界圖繪》作為初級教材。

　　德國大詩人歌德說康門紐斯是「兒童繪本的創始人」。

　　說了這麼多，還沒有提康門紐斯的最大貢獻 —— 泛智論（Pansophism）。

什麼是泛智論？就是人人都有權接受教育。

什麼？這難道還要強調？

在康門紐斯生活的年代，不論是歐洲還是明朝，全世界都不約而同地達成一個共識：

女人沒有必要接受教育。

全世界一半的人被排除在學校之外。

讀這本書的女性讀者，生活在今天是幸運的。

除此之外，有人因為出身太低不能接受教育（達文西就是例子），有人因為殘疾不能接受教育，有人因為智商低不能接受教育。歐洲很多學校不接受猶太人。中國唐代曾規定商人不能參加科舉。美國曾經有不少學校不接受黑人。

總之，這個世界有各種各樣的奇葩規定，很多人被拒之校外。

康門紐斯說，所有人，無論他們的地位、他們的文化基礎、他們的性別、他們的信仰，都不能被排斥在教育之外。

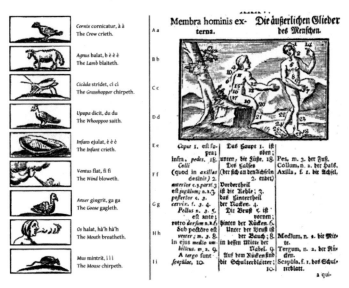

《世界圖繪》，左邊以生動的形象教孩子學字母，右邊介紹人體結構

康門紐斯說了一句非常有名的話：

「把一切知識教給一切人。」

孔子早就說過，「有教無類」、「自行束脩以上，吾未嘗無誨焉」。孔子的意思是說，學生是不應該分類的，只要是給我幾條肉作為學費，我全都接收。

湯瑪斯・摩爾、馬丁路德都提出過普及全民教育。不過，他們提的教育是道德和宗教教育。

康門紐斯倡導的是科學知識教育，鼓勵人們認識真理。

文藝復興和科學革命給歐洲的教育注入了源源不斷的動力。哥白尼、克卜勒、伽利略、笛卡兒、哥倫布、德雷克、達文西、帕斯卡、莎士比亞、塞凡提斯、蒙田、培根、瓦薩里、哈維的成果都進入了學生的課本。

明朝的孩子主要還在學習「四書五經」。

賈政認為：「哪怕再念三十本《詩經》，也都是掩耳偷鈴，哄人而已。什麼《詩經》古文一概不用虛應故事，只是先把『四書』一氣講明背熟是最要緊的。」

康門紐斯提出人人都應該學習，都有權學習，展現了民主、民權思想。

康門紐斯的教育主張得到了歐洲多國政府的認可。

1638 年，應瑞典政府邀請，康門紐斯前往斯德哥爾摩幫助該國製訂發展學校的計畫。

1641 年，應英國議會邀請，康門紐斯前往倫敦。他領導一個委員會推進公共教育制度的改革。因英國內戰爆發，該政策被迫中斷。

麻薩諸塞殖民地總督曾考慮聘請康門紐斯擔任新成立的哈佛大學校長。

1642 年，康門紐斯好友邀請他去瑞典幫助編寫教科書。經過荷蘭的時候，康門紐斯特地拜訪了著名哲學家笛卡兒。

1648 年，歐洲三十年戰爭結束。瑞士、葡萄牙、荷蘭獨立了，捷克卻繼續落在神聖羅馬帝國的鐵爪之中。康門紐斯光復祖國的夢想破滅了。

康門紐斯輾轉幾個國家，最後回到波蘭。

1656 年，因為宗教紛爭，一群狂熱的波蘭天主教徒燒毀了康門紐斯的房屋、手稿和印刷機，還包括他準備了 40 年之久的《捷克語寶庫》。在這種情況下，康門紐斯只得到世界上最包容的地方 —— 阿姆斯特丹去避難。

康門紐斯在荷蘭生活了 15 年，病逝後葬在阿姆斯特丹附近的拉爾登。

這是我把康門紐斯放在荷蘭篇的原因。

康門紐斯悲傷地說，我的一生都不是在祖國生活，而是在流浪中度過的。

捷克人民視他為民族英雄，將他的生日定為教師節。

康門紐斯是一位堅定的愛國主義者，也是一位世界主義者。晚年的他寫了一篇文章，叫〈關於改進人類事務的總建議〉。

在文章中，他提議設立世界元老院，類似於今天的聯合國。

他建議設立國際光明委員會，促進各國文化交流，類似於今天的聯合國教科文組織。

他提議設立世界宗教法庭，凡宗教糾紛透過法律解決，而不是訴之於武力。

康門紐斯說：

我們都是同一個世界的公民，我們都流著相同的血。因為他們出生在另一個國家，因為他們說不同的語言，因為他們和我們的觀點不一樣就討厭他們，這是非常愚蠢的。對於這樣的人，我求求你，我求求你們止步吧。我們都是平等的人，讓我們集中在一個目標上，那就是為了全人類的福祉。

康門紐斯考慮的不只是自己祖國的命運，他希望全人類停止戰爭，各國之間和平相處。

人人有權接受教育，教育興國、教師光榮，父母為孩子第一老師，學年制，班級制，教材、兒童課本繪本化。

能提出其中任何一個觀點都是了不起的，康門紐斯一口氣寫出了十幾個。

由於篇幅原因，本文只介紹了康門紐斯思想森林裡的幾棵大樹。

1631 年，《大教學論》出版，標誌著教育成為一門獨立的學科。

康門紐斯因此被稱為世界教育學之父，教育史上的「哥白尼」。

康門紐斯是我們老師的老師。

誰能想到，康門紐斯生於 1592 年，和皇太極同歲。

誰能想到，康門紐斯的著作主要發表於崇禎年間。

我覺得他是生活在今天的一位優秀校長，穿越回到三百多年前寫了那些書。

我寫了很多名人、偉人，但康門紐斯對我的震撼最大。

因為他影響我是如此之多，而我之前竟然對他一無所知。

康門紐斯去世 14 年後，西元 1684 年，康熙皇帝在曲阜孔廟寫下「萬世師表」四個字。後來，全國各地孔廟大成殿正中都懸掛這四個字。

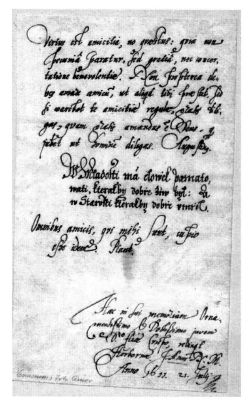

康門紐斯 1611 年的手稿

第 **9** 章
史賓諾沙 ── 萬物皆神

因為他的人品，所有人都願意做他的好朋友。

因為他的論著，所有人都嚇得避之唯恐不及。

Baruch Spinoza（1632-1677）

不要笑，不要哭，不要恨，要理解。

幸福不是德性的報酬，而是德性自身。

貧窮而貪財的人，每每絕不厭於屢述金錢的濫用與富人的罪惡，然結果除了使他們自己苦惱外，並顯示給他人以他們自己胸襟的狹窄：既不能忍受自己的貧窮，又不能容許他人的富有，實在毫無所得。

自卑雖然與驕傲是反義詞，但實際卻與驕傲最為接近。

要達到史賓諾沙的哲學成就是不容易的，要達到史賓諾沙的人格是不可能的（恩格斯）。

美國作家、諾貝爾文學獎得主辛格（Isaac Bashevis Singer）有部作品叫《市場街的史賓諾沙》（*Spinoza of Market Street*）。

故事的主角菲謝爾森博士專業研究史賓諾沙的《倫理學》三十年。他遵循書中的原則，清心寡慾。當小飛蟲飛到燭火中燒死時，菲謝爾森博士嘆氣說道：「跟人類一樣，這些愚蠢的蟲子只顧貪圖眼前的歡樂！」

菲博士五十多歲了還是光棍，渾身是病。有一次徹底病倒起不來了。

他的鄰居多比，一個老女人來照顧他。多比又瘦又黑，賽過黑張飛，嗓門也像張飛。她的鼻梁斷了，上嘴唇上還長著鬍子，和男人一樣。

多比照顧菲博士，天天和他說話。不久之後，兩人結婚了。

新婚之夜。菲博士緊緊抱著「張飛」，用盡全身力氣。那張舊床都快塌了，整棟樓的人都被吵醒了。

老女人多比快樂地大哭起來，用家鄉土話大聲號叫著，像頭陷入瘋狂的母羊。

菲博士睡了。他夢見自己來到了瑞士，自己在山坡上跑啊、爬啊、飛啊。他邊跑邊喊：「啊！神聖的史賓諾沙！寬恕我吧，我變成一個傻瓜了！」

辛格的意思是說：

性給人的快感是多麼美好啊！人們禁慾是不對的！

而史賓諾沙是主張禁慾的。

史賓諾沙的祖輩是猶太人。為了逃避西班牙人的宗教迫害，全家移民到阿姆斯特丹。他的父親是商人，曾出任當地猶太慈善組織主席。

史賓諾沙天性聰慧，喜歡讀書，算是個神童。

猶太拉比（神父）很看好他，稱他是「希伯來（猶太）之光」。

他的父親期望他長大後當猶太學者。

史賓諾沙喜歡讀書。他喜歡的都是禁書：布魯諾的書、笛卡兒的書。

知識越多越反動。

史賓諾沙對猶太教產生了懷疑。他慢慢地有了幾個論點：

□ 靈魂不是不滅的。靈魂就是呼吸，呼吸停止，靈魂就消失。

□ 世界上沒有天使，天使是幻影。

□ 上帝不是主宰，而是有廣延的存在。

　　猶太人是信仰最虔誠的民族，絕對禁止「異端邪說」。

　　在史賓諾沙 15 歲的時候，一名叫年輕人因為質疑猶太人教義，被逼自殺。

　　猶太宗教領袖們相信他們一定能把史賓諾沙的「反動」思想扼殺在搖籃裡。

　　他們的第一招是「嚇」。你要是再敢亂說話，我們就把你關進監獄。

　　史賓諾沙回覆說，我沒有罪，你們憑哪條法律抓我！

　　他們的第二招是「買」。好吧！我們不抓你。這樣，我們每年給你 1,000 荷蘭盾，也不限制你的思想自由，但是你不能傳播。

　　1,000 荷蘭盾折成新臺幣，約 100 萬元。（本書涉及荷蘭歷史將近 100 年，考慮到通貨膨脹因素，荷蘭盾換算成新臺幣的匯率會前後不一致。）

　　史賓諾沙回覆說，信仰是無價的，你們買不起。

　　史賓諾沙成名後，荷蘭政府把他的頭像印在 1,000 荷蘭盾上。

　　什麼叫名人？什麼叫成功？

　　就是把自己的頭像印在錢上。

　　他們的第三招是「滅口」。軟硬不吃，那就只能要你的小命了。

　　幸虧凶手業餘，史賓諾沙躲得快，只受了一點輕傷。

　　猶太組織使出第四招，開除教籍。他們舉行了隆重的儀式，首先把史賓諾沙大罵一頓

　　遵照天使和聖徒們的審判，我們咒逐、孤立、憎恨、咒罵巴魯赫・德・史賓諾沙。白天他被詛咒、夜裡他被詛咒、出門時他被詛咒、回來時他被詛咒、躺下時他被詛咒、起身時他也被詛咒。

　　任何人不得和他說話交往，不得與他同在兩公尺之內。

　　如果爆發瘟疫的話，史賓諾沙倒是最安全的。

猶太神父們把手中的蠟燭丟在地上踩，表示史賓諾沙沒有靈魂了，以後會下地獄。

史賓諾沙最反對的就是這種繁瑣搞笑的儀式。

至於靈魂，我一死靈魂就沒有了，哪有地獄。

史賓諾沙和整個猶太群體鬧翻了，和自己的家庭也鬧翻了。他不能在自己的社區生活了，也不能在阿姆斯特丹生活了。

從現在的畫像來看，史賓諾沙大眼睛、高鼻梁，長得相當英俊。

一個英俊、富有、受人尊敬、有遠大前途的年輕人，為了自己的信念，毅然放棄了一切。

史賓諾沙帶著少少的錢來到萊頓西北的萊茵斯堡住下。

現在這裡已經闢為史賓諾沙紀念館。

史賓諾沙沒有妻子，沒有情人，也沒有孩子。

除了吃飯，他最大的消費就是抽菸。

父親去世後，史賓諾沙的姐姐要霸占所有的遺產。史賓諾沙和姐姐打官司，並贏了官司。他把贏得的財產送給了姐姐。

我可以不要這筆遺產，但不接受被無緣無故地侵占。

史賓諾沙放棄了大筆遺產。他決定找分工作，最終他選擇打磨鏡片。這些鏡片主要用於望遠鏡和顯微鏡。

透過磨鏡片，史賓諾沙還結識了大科學家惠更斯。

史賓諾沙採購大量食品放在家裡。他磨鏡片之餘讀書、思考和寫作。

史賓諾沙出版的第一本書是《笛卡兒哲學原理》（*Principia philosophiae cartesianae*）。他是笛卡兒的信徒，接受了笛卡兒的方法論，但不接受笛卡兒的「二元論」。他認為世界不是分為物質和精神的。物質和精神是一體的，都是實體。

實體是什麼？就是宇宙的最初構成，不依賴他物存在。

世界是一個無限的實體，唯一的實體，永遠的實體。

世間萬物，包括我們每一個人都是實體的一部分。

永恆的、無限的、唯一的實體是什麼？

是宇宙，是自然，是神，是上帝。

自就是本，然就是樣子。自然，就是世界原來的樣子。

我是實體的一部分，我是神的一部分，神融入我心我身。

山川河流、一草一木、一禽一獸，都是神的一部分。

神是萬物，萬物是神。

很多宗教的神都是人形的。寺廟裡的壁畫雕像都以人的形象出現。哪怕三頭六臂，也是以人體為基礎。

而史賓諾沙認為，神必定不是人的形象。達文西、米開朗基羅的壁畫雕像都是錯的。

以人類的眼光來看，貓和狗可愛，蒼蠅、蚊子討厭。但是在造物主眼裡，它們都有神性，並沒有善惡美醜之分。如果人類真地把蒼蠅、蚊子滅絕，說不定會遇上一場不能承受的危機。

這種觀點看似平常，實際上一點也不平常，甚至是危險的、顛覆性的，可以引起腥風血雨的革命。

為什麼？

上帝既然認為貓狗和蒼蠅蚊子的地位是一樣的。那麼，上帝必定認為，皇帝、官員、農民、商人身上都有神性。他們的地位也是一樣的。

崇禎是天子，身上有神性。他的兒子、女兒也有神性。其他人沒有。

如果說徐光啟、徐霞客、李自成、普通農民身上也有神性，這簡直是謀反！

人是有靈魂的。動物有嗎？古代社會認為沒有。

現在我們知道，動物有感情、有智慧、有快樂、有悲傷。哪怕低等的小動物也有意識，比如螞蟻和蜜蜂。

植物有感情、有智慧嗎？說不定有。

石頭有感情、有智慧嗎？我不敢說沒有。

既然動物（植物和石頭另說）有感情，那麼，它們有善惡標準嗎？

人類必定是有的。動物之間有嗎？杜鵑把其他鳥窩裡的蛋推到地上摔碎，把自己的蛋下在其他鳥的鳥窩裡。其他鳥不辨真假，幫助杜鵑孵化鳥蛋。從人類的眼光來看，這是極惡的行為。從上帝的角度來看，這裡沒有是非對錯。

按照史賓諾沙的理論，那些迫害他的猶太人，也是上帝的一部分。他們迫害史賓諾沙，也是迫害他們自己。

英國人可能不信佛教，泰國人可能不信上帝。史賓諾沙的神，沒有佛教的菩提樹，沒有耶穌的十字架。這個神無處不在，卻又抽象飄渺。很多人說，我不進任何寺廟，不相信任何宗教。但我相信人是創造不了這個世界的，我相信有超自然的事情發生。這個很多人包括英國人、泰國人，全世界的人。

愛因斯坦說，我信的就是史賓諾沙所說的上帝。

英國詩人約翰‧多恩（John Donne）寫過一首詩叫〈沒有人是孤島〉（*No Man Is an Island*）。內容如下：

沒有人是孤島，

可以與世隔絕。

所有人都是國家、世界的一片。

一塊礁石沒於大海，

是某個海岸的損失，

是某個國家的損失，

也是整個世界的損失，

也是你和我的損失。

地球上每個人的死亡，

都是你我的哀傷，

所以，

不要問喪鐘為誰而鳴，

它就是為你而鳴。

莊子說過，天地與我並生，而萬物與我為一。

佛說，萬物皆佛。

當時歐洲人對神的理解來自《聖經》，上帝是上帝，萬物是萬物。

他們說史賓諾沙的解釋顛覆了《聖經》，是不信神的表現，是無神論者。

在崇禎統治時期，在整個明朝，可以說絕大多數中國人都是有神論者。

崇禎皇帝本人就信上天。但讀書人相信的又是理。上天和理是什麼關係？沒有人能論述清楚。

嘉靖皇帝修醮，海瑞勸他說：「上天能說話嗎？又怎麼會寫字呢？」

其實，世界上純粹的無神論者很少。有人說自己不信神，你問他信不信「人在做，天在看」，信不信「善有善報，惡有惡報」。

史賓諾沙不是不信神，他否定的是《聖經》中的神。

在笛卡兒之前，哲學是宗教的女奴，沒有發言權。

笛卡兒在世的時候，哲學是宗教的女兒。雖然宗教還掌管著哲學，但哲學可以和宗教頂嘴了。

笛卡兒去世後，史賓諾沙提出，哲學是宗教的閨密，完全平等了。

史賓諾沙出版的第二本書叫《神學政治論》（*Tractatus Theologico-Politicus*）。

該書一開始就提出了一個驚世駭俗的詞 —— 迷信。

封建迷信是人類的精神鴉片，比鴉片的危害要嚴重百倍以上。

為了破除迷信，史賓諾沙用《聖經》當案例。

史賓諾沙沒有把《聖經》當作不可侵犯的宗教經典，而是當作一本普通的書，用形而上學、用邏輯推理來分析它。這一分析，發現了《聖經》中有很多自相矛盾的地方。

《聖經》有四福音，約翰、馬可、馬太、路加分別介紹了耶穌的生平事蹟。如果仔細分析，就會發現四人的表述不一致。

史賓諾沙不是反對《聖經》本身，也不是要推翻《聖經》。他的目的在於告

訴世人，即使《聖經》也可以討論，即使《聖經》也不是百分之百的正確。

這就是理性。

對應到明朝。凡是認為「四書五經」都是對的，就是迷信。

明朝文人可以寫一本書，用定義、推理論證「四書五經」裡很多話是錯誤的，是矛盾的。比如修身、齊家、治國、平天下就是不符合邏輯的。經營家庭和經營國家、經營企業完全是兩件事。很多企業家離過多次婚，但企業還是越經營越好。

官員照搬「四書五經」治國，民眾照搬「四書五經」引導自己的生活，必定有問題。

用理性分析「四書五經」，明朝才能走出迷宮，向前發展。

這也怪孔子。他在《論語》中說了幾十次「仁」「義」，但並沒有一開始就為「仁」「義」下定義，對於他提到的每一次「仁」「義」，你都要自己透過上下文去理解。但是，任何兩人的理解都可能出現誤差。

該書討論的第二個問題是政治。史賓諾沙比較了君主制、貴族制和民主制，最後提出，最好的政體是民主制。只有民主制，才能保障言論自由。

該書的首頁就寫道，倡導思想和言論自由不但可以接受，而且不會對虔誠和和平有妨礙。而一旦禁止言論自由，就會對大眾和平有危險。

在書中，史賓諾沙寫道：

我們幸而生於共和國中，人人思想自由，沒有約束。我們認為自由比任何事物都更為珍貴。人的思考不可能完全由別人安排。想要控制思考的政府，可以說是暴虐的政府。

政府最終的目的，不是用恐怖來統治，也不是強制使人服從。恰好相反，而是使人免於恐懼。這樣，他的生活才可以保障。政治不是將人從有理性的動物，變成畜生和傀儡。而是使人有保障地發展他們的身心，沒有拘束地運用他們的理智。

所以，政治的真正目的是自由。

史賓諾沙提出，思考是一種天賦的權利。

該書最後一章的題目就叫做：「在一個自由的國家，每個人都可以自由思想，自由發表意見。」

本書討論的第三個問題是宗教和政治的關係。

史賓諾沙認為，宗教應該完全退出政治舞臺，甚至一些重大的宗教問題，也應該由政府而不是教會來解決。

教宗聽後勃然大怒。

一介平民竟敢指出《聖經》的錯誤，竟敢質疑《聖經》的權威性，甚至要求教會退出政治舞臺。

羅馬教會發布多道詔令，禁止閱讀或傳播史賓諾沙的作品。可這些禁令卻將史賓諾沙的大名傳遍德國、英國和法國。

膽大包天的馬丁路德也不敢質疑《聖經》的權威性。他只是說，不用教宗解釋《聖經》，每個人可以自己讀《聖經》。

當然，這本書也得罪了各國政府。歐洲主要國家都是君主制國家，而史賓諾沙指出，君主制國家充滿著欺騙和暴政。

總之，史賓諾沙一個人，向全世界發出挑戰。

德國數學家和哲學家萊布尼茲途經荷蘭的時候，在史賓諾沙家裡住過幾天，一同討論哲學。萊布尼茲被史賓諾沙的觀點震驚。他回到德國後，幾乎沒有向外人提過這段往事。

英國哲學家霍布斯讀後大駭，他說自己絕不敢這麼寫。

神學家們叫囂道：「這本書是一個叛逆的猶太人和魔鬼在地獄中杜撰而成。」

史賓諾沙的學生寫信罵他說：「你是世間可悲可憐的小人！你是供蛆蟲享用的屍骸和肥料！」

還有人準備上門揍他。

史賓諾沙只好搬到海牙的伏爾堡。在思想寬容的荷蘭，阿姆斯特丹市長，包括荷蘭省省長都支持史賓諾沙進行哲學研究。

但到了 1674 年，思想寬容的荷蘭也把這本書列為禁書。同時被列入禁書的還有霍布斯的《利維坦》。

這說明一件事，《神學政治論》刺到了當權者的最痛處。

史賓諾沙在主張上特別接近布魯諾，性格上則相反。布魯諾到處向別人挑釁，最後被燒死在羅馬鮮花廣場。

不過，當權者和學者們還是容納了史賓諾沙這種「反叛分子」。

史賓諾沙不參加任何組織，不受任何人指使，他沒有打算採取任何行動。

史賓諾沙易於相處、誠實、友善，在生活中不傷害任何人。

對於來信中的激烈指責和辱罵，他不解釋，不回信，後來乾脆不看陌生人的信。

如果有人當面反對他，他會站起來走開，從不與人當面衝突。正如他說的那句話：「不要笑，不要哭，不要恨，要理解。」

史賓諾沙沒有傷害過任何與他接觸的人，他的書難道會傷害全人類嗎？

史賓諾沙生活非常簡樸。他的房間裡有一張床、兩張桌子，還有兩張更小的桌子，用來磨製鏡片。其他物品包括 150 本書、一張肖像畫、一張棋盤。

史賓諾沙說自己就像一條把尾巴含在嘴裡的蛇。

他的遺產等於葬禮的費用。

史賓諾沙無聊的時候，把蒼蠅丟到蜘蛛網上，觀看一場蟲子大戰。

沒有人看過他愁眉苦臉，或得意忘形。

女房東曾經問這位大哲學家，自己所信仰的宗教能不能拯救她。

「你信的是一個非常好的宗教，」史賓諾沙說，「你不需要更換信仰，也不需要懷疑。」雖然史賓諾沙根本不相信那個宗教，但他不打算在女房東面前去解釋，去否定。

荷蘭大商人弗里斯很尊敬史賓諾沙，多次表示要給他一筆錢，大約 2000 法郎。史賓諾沙拒絕了。

我父親的錢我都不要，我能要你的錢嗎？

弗里斯臨死的時候沒有子女，要把全部遺產都贈給史賓諾沙。

史賓諾沙再次拒收，建議弗里斯把錢給他的兄弟。

這位兄弟立即成了暴發戶。喜出望外的他立即給史賓諾沙 500 法郎，也許不到遺產的十分之一。

史賓諾沙拒絕不了，最後只得勉強收下 300 法郎。

普魯士選帝侯邀請史賓諾沙去德國海德堡大學當教授。他說：您是一位天才。您講哲學、講科學都可以。如果講宗教的話，請事先斟酌，講得委婉一點。

當時大學教授收入很高，選帝侯開出的薪水更高。

磨製鏡片對史賓諾沙並不合適。一是收入低；二是工作環境不好，空氣中充滿了粉塵；三是占用大量時間，不能讀書思考。

史賓諾沙做磨鏡工完全是為了養活自己。

史賓諾沙猶豫了六個星期，最後還是拒絕了。他回信說：

假如我想要擔任教授的話，我只期望親王殿下您供給我的教職。不過，我說服不了自己去擁抱這個光榮的機會。

第一，影響我思考哲學。

第二，我不知道哪些範圍不能講，哪些要講得委婉。

第三，我習慣過隱居孤獨的生活。我覺得寧靜比財富更重要。

1816 年，德國海德堡大學邀請黑格爾擔任哲學教授。邀請書中寫道：「您是本校邀請的第一位哲學家。我們曾邀請過史賓諾沙，可惜沒有成功。」

100 多年後，海德堡大學還在為沒有請到史賓諾沙而感到遺憾。

連歐洲最強大的君主，法國國王路易十四都想借史賓諾沙的光了。他讓人暗示史賓諾沙，只要他在下一本書上寫上「獻給路易十四」這幾個字，就可以得到一筆豐厚的養老金，終生衣食無憂。

這可以說是一字千金。

史賓諾沙卻拒絕了路易十四 —— 歐洲權力最大的人。

史賓諾沙說，我的確需要錢，但我的著作只能獻給真理。

在拒絕路易十四 3 年後，史賓諾沙就去世了，只有 45 歲。

死因有二，一是吸入了過多的粉塵；二是生活貧苦，營養不良導致身體虛弱。

我伸手就能賺大錢，我不要。

我不用伸手別人就給我錢，我不要。

錢夠用就行，多了是負擔。

我憑勞動養活自己，不欠任何人的債務。

我也不攻擊這個世界上的任何人。實際上，我渴求友誼。史賓諾沙說，在我能力之外的所有事物中，我最珍惜的就是和真誠的、熱愛真理的人交朋友。除了他們，我沒有太多可以去愛的。

史賓諾沙的交際圈非常廣。有荷蘭元首德維特，法國國王路易十四，荷蘭科學家惠更斯、萊布尼茲，英國科學家波以耳。法國孔代親王親自派人去請史賓諾沙，只是為了見他一面。前面講了，德國選帝侯也邀請他去大學任教。

然而，歐洲絕大多數人都罵他、恨他。

他得罪了所有的猶太人。

他得罪了所有的天主教徒。

在生前和死後一個世紀以內，史賓諾沙被看成是極惡之人。

作家萊辛（Gotthold Ephraim Lessing）說，人們談到史賓諾沙，就好像他是一條死狗。

史賓諾沙真地被詛咒了。

史賓諾沙去世十多年後，他的巨著《倫理學》出版，全稱是《用幾何學來證明的倫理學》（*Ethica, ordine geometryo Demonstrata*）。

倫理學也稱道德哲學，是哲學的分支之一。

史賓諾沙用定義、公理、定理和證明論述倫理問題。

首先，他明確定義，包括自因、實體、屬性、樣式、自由、永恆。

其次，他明確了公則。比如，「一切事物不是在自身內，就必定是在他物內。」

最後，他開始提出命題，然後證明之。

你攻擊我的定義，我可以修改。你攻擊我的公則，我們可以達成共識。只要定義和公則定了，命題就是可靠的。

在古代，還沒有中國讀書人用這種體裁來論述一門學科，所以很多問題爭論一千年了，也沒有結論。

史賓諾沙認為，知識有三類：第一種是「意見或想像」。第二種是「理性知識」，即由推論得來的知識，如數學知識。第三種是「直觀知識」，這是由神的某一屬性出發，進而得到對事物本質的正確認識。

明朝文人的文章多如牛毛、堆積如山，主要以意見或想像為主，很少有「理性知識」。

有的哲學幫助你認識客觀世界，有的哲學幫助你認識自己。倫理學幫助你認識人生，增加幸福感。史賓諾沙說：「我希望把所有的科學都引向一個方向，即盡可能地為人類的完美努力。」

史賓諾沙認為，財富、榮譽和感官上的快樂都不是幸福。衝動地追求這些東西，反而會得到痛苦（投資破產、用假學歷升遷被查、嫖娼被抓）。

享受別人沒有的東西不是幸福。很多人把幸福建立在比較上面。只要自己比別人強一點點，心理上就會得到滿足。這是錯誤的。我們的行為是自然決定的，別人的行為也是自然決定的。我們嫉妒別人，就是嫉妒自然，就是嫉妒神。我們恨別人，就是恨自然，就是恨神。

我一直做好事，生前別人誇我，死後神保佑我上天堂，這是不是幸福？不是。你把做好事當手段，為了贏得誇獎和神佑，這是一種交換行為。你付出了，但你也索要回報了。

父母為孩子做事的時候，只想對孩子有什麼好處，這就是愛。

恐懼的人不幸福，因為特別怕死。史賓諾沙說：「自由的人絕少想到死，他的智慧，不是死的默念，而是生的沉思。」

幸福一定是自由的。衝動的人處於奴役狀態，理性的人才能獲得自由。

史賓諾沙認為，人要得到理性的幸福，要得到心靈的幸福。

史賓諾沙出身富裕家庭，他的學識被猶太人敬仰。如果不是選擇做學問，他絕對可以過著奢侈的生活，被身邊的人羨慕。然而，他卻租著小房子，無妻無子，寫著被人咒罵的文章。

到底哪一種生活更幸福？

史賓諾沙認為，人生不是預先設定的，所以不能安於現狀。但真的遇上大喜大悲，要相信這是自然的規律，求神拜佛都沒有用。

所以，史賓諾沙對自己選擇的生活並不後悔，也不痛苦。

史賓諾沙的哲學理論後來演變出無神論和唯物論，徹底征服了德國人。

歌德說，我只讀了一遍《倫理學》就完全嘆服了，這正是我心靈渴望已久的哲學。

海涅說，所有現代哲學家，常不自覺地用史賓諾沙磨製的鏡片看世界。

黑格爾說，要研究哲學，必須先做一個史賓諾沙主義者。

史賓諾沙的哲學太深奧了。第一個讀者不能完全讀懂他，最後一個讀者也不能完全理解他，因為他的思想比海洋還寬廣，他的智慧比海洋還深邃。

在《倫理學》最後，史賓諾沙寫道：

一個智者在精神上極少會動搖。他憑藉一種永恆的必然性意識到自己、上帝和萬物的存在。他的生命永遠不會結束，並始終享受著心靈的滿足。也許我所指明的通向這個境界的道路過於艱難，但它終究還是能夠被找到。

17 世紀主要哲學家及其觀點

姓名	定位	主要觀點
培根	經驗主義	強調感覺和經驗，主張透過實驗發現真理和知識。
	唯物主義	科學哲學的創始人。
笛卡兒	理性主義	世界由物質和精神組成，都服從於上帝。
	二元論	
帕斯卡	神學派	精神比物質更重要。
	反對無神論和泛神論	人心有自己的道理，這是理性所不能理解的。
史賓諾沙	理性主義	上帝、自然、物質、精神是同一種事物。
	一元論	除了神以外，不能有任何實體，也不能設想任何實體。
霍布斯	經驗主義	宇宙是由物質的微粒所構成。
	唯物主義	物質永恆存在，既非人所能創造，也非人所能消滅。
	一元論	一切物質都處於運動狀態中。
王夫之	唯物主義	天地間存在著的一切都是具體實物，一般原理存在於具體事物之中，絕不可說具體事物依存於一般原理。
	二元論	

第 **10** 章
明末清初的中荷往事

荷蘭和明朝打打合合、兩敗俱傷,就是不能好好地做生意。

這是為什麼呢?

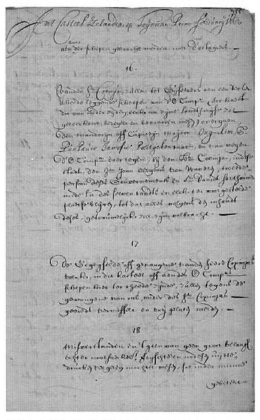

荷蘭人向鄭成功投降的協議書（現藏荷蘭海牙檔案館）

和蘭，又名紅毛番，地近佛郎機。其人深目長鼻，髮眉鬚皆赤，足長尺二寸，頎偉倍常。

——《明史·和蘭傳》

荷蘭長技，唯舟與銃耳。

——《東西洋考》

亞洲貿易必須在武器的保護下進行，武器的費用則來自從貿易中獲得的利潤。貿易與戰爭密不可分，戰爭要以發展貿易為目的。

——荷蘭駐東印度總督

1602 年，荷蘭成立東印度公司。

荷蘭政府賦予東印度公司好望角以東、麥哲倫海峽以西的貿易專權。

好望角以東、麥哲倫海峽以西＝太平洋＋印度洋。

東印度公司除了做生意，其他營業範圍包括：代表荷蘭政府同任何東方國家談判；可以發行自己的貨幣；可以僱傭軍隊；可以宣戰。

東印度公司第一原則：只要賺錢，做什麼都可以。

1619 年，簡·科恩（Jan Pieterszoon Coen）成為東印度公司第四任遠東總督。他在爪哇島擇址建設東印度公司遠東總部，取名巴達維亞。

巴達維亞是荷蘭的古稱。現在巴達維亞改名雅加達，是印度尼西亞的首都。

東印度公司第二原則：不要讓競爭對手賺錢，做什麼都可以。

走自己的路，讓別人無路可走。

荷蘭人採購的時候，要求供貨方只能把貨物賣給自己。

荷蘭人賣東西的時候，要求採購方只能從自己手裡進貨。

1622 年，班達島（Banda）土著違反協定，將肉荳蔻賣給英國人，憤怒的科恩下令屠殺班達島居民近萬人，倖存者送到其他殖民區當奴工。班達島幾乎變成無人島。

為了維護丁香的高價格，荷蘭人不惜砍伐大量丁香樹（丁香12年才結果）。

當時的東南亞地區活躍著三大商業集團。

第一集團是葡萄牙人，經營這片區域超過百年，還占據了澳門。當時中日關係斷絕，但中日貿易需求旺盛。敏銳的葡萄牙人抓住了機遇，賺取了豐厚的利潤。據猜想，葡萄牙人至少把 100 萬公斤的白銀從日本輸入中國。

第二集團是西班牙人。他們於 1565 年殖民菲律賓，在馬尼拉建立了遠東貿易總部，成為明帝國最大的國際貿易夥伴。菲律賓常駐華人超過兩萬。荷蘭人來到東南亞的時候，西班牙國王腓力三世兼任葡萄牙國王，實際上吞併了葡萄牙。西班牙國王認為荷蘭也是自己的領土。

荷蘭人為了民族獨立，反抗西班牙人的統治。當時，荷西兩國處於交戰狀

態。因此，盤踞在澳門的葡萄牙人，駐守菲律賓的西班牙人，在荷蘭人的眼裡都是敵人。

第三集團是英國人。英國東印度公司成立時間比荷蘭東印度公司早，在東南亞設有多處商館。為了對抗西班牙，荷蘭和英國長期結盟。在一次貿易衝突中，科恩抓住 30 名英國商人，全部斬首。在科恩眼裡，只認錢，不認人。

荷蘭東印度公司的經營目標很明確，把葡萄牙人、西班牙人、英國人全部趕出這一區域，壟斷東南亞的所有貿易。

荷蘭人以武力陸續驅逐了摩鹿加群島、麻六甲、錫蘭（斯里蘭卡）的葡萄牙人。荷蘭人和日本人達成獨家協議。葡萄牙人則喪失了經營了近百年的中日貿易。

西班牙人在馬尼拉駐有龐大的軍隊，荷蘭人騷擾數次，無果。

在荷蘭人凌厲的攻勢下，英國東印度公司陸續關閉日本、阿俞陀耶（泰國）、北大年（泰國）和萬丹（印尼）等地的商館，集中力量經營印度。

東印度公司的目標是利潤最大化。

科恩為此精心設計了一條貫通印度洋和南海區域的商業價值鏈。

第一步，把印尼群島的香料、檀香、燕窩賣到中國；

第二步，購買中國的絲綢和瓷器，賣到日本，換回白銀；

第三步，用白銀採購印度的棉花；

第四步，將全部有價值的亞洲商品銷往歐洲和中東。

整個東南亞、東北亞，或者不誇張地說，在整個亞洲，明朝是無可爭辯的最大經濟體和商品出口國。

誰壟斷了中國貿易，誰就壟斷了世界貿易，誰就是世界第一貿易國。

其他環節都還好，就是第二步最難實現。

1601 年，一支荷蘭船隊來澳門採購，被葡萄牙人用火砲擊退，17 名荷蘭人陣亡。荷蘭人於是駕兩艘艦船直闖廣州。

稅監李鳳好吃好喝地招待荷蘭人，但不允許他們做生意，因為荷蘭不在明朝

的朝貢國名單裡。荷蘭人只得失望地離去。

荷蘭人希望在明朝找一個像澳門那樣的落腳點，定居經商。這個落腳點壯大後將取代澳門。不僅如此，這個落腳點將包攬中國商品，讓馬尼拉的西班牙人無貨可買。

1604 年 6 月，荷蘭人韋麻郎率領一支艦隊登陸澎湖島。

澎湖的地理位置太重要了，太好了。一來，這裡距離中國大陸非常近。二來，這裡是明朝商船通往巴達維亞（印尼）、泰國、菲律賓、日本的咽喉要地。

韋麻郎命人伐木建房，準備長期占領。

澎湖是明朝的領土，平時駐有軍隊。當時正值汛期，軍隊都撤回大陸了。因此沒人阻止韋麻郎。

當地居民將荷蘭人的情況迅速向福建政府報告。

福建官員立即派詹獻忠等人前去，要求荷蘭人離開。

詹獻忠貪圖荷蘭人的錢財，反而帶了很多貨物去販賣。不少漁民聞訊，也駕船去澎湖與荷蘭人做生意。

荷蘭人手裡有著大把的銀子，誰不去誰傻。

這裡面還有一個背景。

過去，福建商人把貨物運到馬尼拉。1603 年，福建官員到菲律賓考察礦業，引起了西班牙人的不滿。西班牙殖民者屠殺了菲律賓兩萬華人，導致福建和菲律賓貿易徹底中斷。福建商人急需開發新客戶，荷蘭人正好填補了這一空缺。

稅監高寀向荷蘭人索取高額賄賂，並承諾把荷蘭人的通商請願書送到萬曆皇帝的桌上。韋麻郎一口答應。

福建巡撫徐學聚派都司沈有容去澎湖驅趕荷蘭人。

1604 年 11 月 18 日，韋麻郎對沈有容說：「我不走。高寀已經答應我了。我要等中國皇帝的答覆。」

沈有容說：「堂堂中國，豈乏金錢巨萬萬；爾為鼠輩所誑，錢既不返、市又不成，悔之何及！」

一名氣急敗壞的荷蘭人拔出戰刀，威脅沈有容說：「你們兵船來了，難道要與我們開戰嗎？不如打上一場如何？」

沈有容面不改色。他厲聲喝道：「你們說是來做生意的，我們才示以寬容。現在卻說開戰。告訴你們，中國甚慣殺賊！」

沈有容再三督促。韋麻郎只得率領船隊離開澎湖。

臨行之際，韋麻郎找了一位畫師為沈有容畫像，並送給沈有容銅銃、銃彈以及一些土產，以示敬意。沈有容只收下銅銃及銃彈。

沈有容未動一刀一槍，僅憑一張嘴就勸退了荷蘭人，實是明朝外交史上的一次勝利。

高太監還真的把通商請願書送到萬曆皇帝的桌上。結果，被駁回。

澎湖百姓樹了一塊碑，上寫「沈有容諭退紅毛番韋麻郎等」。該碑現存澎湖縣馬公市澎湖天后宮。

明朝官員和葡萄牙人打了幾十年交道，他們發現新來的荷蘭人和葡萄牙人長得不太一樣。同為白人，葡萄牙人屬於拉丁人種，荷蘭人屬於日耳曼人種，皮膚更白、鼻梁更高、眼窩更深。

沈有容諭退紅毛番韋麻郎碑

《皇明世法錄》描述道:「(荷蘭人)長身闊膀,面如嗥血,髮如赭楨,其眼如貓,鴨其足,而性嗜酒,好殺敢戰。」

荷蘭人一頭紅髮特別搶眼。明朝文人於是稱荷蘭人為紅毛番、紅毛夷、紅毛鬼,稱荷蘭大砲為紅夷大砲。

明朝知識分子深受尊卑觀念影響,骨子裡缺乏平等和尊重的意識,對葡萄牙人(他們的綽號是白番鬼)、荷蘭人既無知又傲慢。

孫權、劉唐、沙僧也是紅頭髮。

到了 1622 年,荷蘭人還徘徊在中國市場之外,沒有銷售額,沒有業績。他們的耐心耗盡了。巴達維亞總督寫道:「中國的例子使我們意識到,我們只能訴諸威嚴和武力,而非仁慈來獲取貿易通商。」

荷蘭人準備發動一場戰爭,不是打中國人,而是打葡萄牙人,打西班牙人。他們的計劃如下:

第一步,占領澳門,將葡萄牙人趕出中國,趕出東南亞。

第二步,如不成功,再次在澎湖設立據點,向中國政府或福建政府請求通商。如果中國人拒絕,就用武力逼迫他們同意。

第三步,攔截航行於廈門和馬尼拉之間的中國商船。西班牙人屠殺了兩萬華人,這是國仇家恨。但是,福建官員不管,福建商人繼續到馬尼拉做生意,就像事情沒有發生過一樣。

第四步,劫持中國人到印尼做勞工。

占領澳門有沒有可能?

有可能。

明朝政府允許葡萄牙人在澳門做生意、傳教,但不允許他們擁有武裝力量,不允許他們修建軍事設施。葡萄牙遠東總部設在印度果亞,那裡有士兵和軍艦,但很少來澳門。

科恩總督任命賴士森為海軍司令,率領 800 人進攻澳門。

1622 年 6 月 22 日,荷蘭艦隊透過望遠鏡看到了澳門的聖保羅大教堂。

當時澳門的葡萄牙守兵不到 50 人，加上臨時招募的民兵也不到 200 人。

6 月 24 日，荷蘭人開始進攻。他們故意發射潮溼的火藥，產生大量煙霧，用以掩護登陸。這是人類最早使用的煙霧彈戰術。

賴士森親自指揮，被流彈射中腹部，只得退回船上。他委派漢斯上尉指揮。漢斯上尉率領 800 名士兵在劏狗環（今水塘）成功登陸，越過壕溝後向城市進發。

葡萄牙人雖然射死數十名荷蘭士兵，由於寡不敵眾，邊戰邊退。

荷蘭軍隊大步前行，勢不可當。

耶穌會神學院位於小山頂上，有四門大砲。耶穌會士羅雅谷和湯若望指揮砲手們向荷蘭人開砲。一發砲彈不偏不倚，正好擊中荷蘭人的火藥桶，炸死很多人。

荷蘭人頓時大亂，嚇得調頭就跑，漢斯上尉也在戰鬥中喪生。

此役，荷軍陣亡 130 人，受傷 126 人，被俘 40 人。

從數字上看，這是一場相當激烈的大戰。

相比之下，葡軍只死亡了 6 人，以及一些黑人奴隸（沒計人數）。

葡萄牙人把一些荷蘭人的頭顱作為戰利品送給廣東官員。

我們幫助你們守住了中國的領土。

廣東官員送稻米等物品給葡萄牙人，作為嘉獎。

這是歷史上第一次，兩支歐洲軍隊在中國領土上打仗。

葡萄牙人在戰勝荷蘭人的地點修建公園，取名得勝花園。花園裡樹立了戰爭紀念碑，現在公園和紀念碑都在。

荷蘭人不甘心失敗。他們分別於 1627 年、1661 年、1688 年三次入侵澳門，全部失敗。

荷蘭人哀嘆道：「除了巴達維亞及錫蘭，我們願意以東方所有的屬地與葡萄牙人交換澳門。」

澳門得勝花園及紀念碑

賴士森攻打澳門，傷亡慘重，沒辦法向巴達維亞總部交代，於是執行第二方案：占據澎湖，向福建政府請求通商。

荷蘭人來到澎湖風櫃尾，全軍修築堡壘。由於缺乏磚石，最終建了一個豆腐渣城。

8月7日，賴士森派遣3艘船隻護送商人梅爾德特前往漳州。一是請求當地政府通商。二是要求明政府終止與葡萄牙、西班牙的貿易。三是採購生活用品。

9月29日，浯嶼守備王夢熊來到澎湖，向荷蘭人傳達了福建巡撫商周祚的反

饋。大意是說，我們當地人願意與你們做生意，但朝廷不允許。請你們立即離開澎湖。

賴士森有戰艦、有軍隊。他告訴王夢熊，我們不走。

王夢熊不能勸說荷蘭人離開，只好自己離開。

書面請求福建政府通商遭到拒絕，那就用武力強迫福建政府答應。

10 月 18 日，賴士森派遣 8 艘戰船前往漳州燒殺劫掠。

荷蘭人邦特庫參加這場可恥的侵略。他在《東印度航海記》一書中寫道：

我們用火槍射倒一些人，用刀砍他們的頭。我們燒他們的船隻和村莊。我們搶來很多的豬、羊、雞，還有家具和各種各樣的東西。中國人那種可怕的哭聲和喊聲，就像世界末日來臨。

福建政府奮起反擊，抓住 16 名荷蘭人。

福建政府不肯屈服。賴士森十分頭疼。使用暴力手段只能引起中國人的反感，以後更別想做生意了。

福建政府也頭痛。再打下去，早晚會引起皇帝及中央政府的責怪。

中荷雙方只得談判。

荷蘭人的目的達到了。

1623 年 2 月 11 日，賴士森與福建巡撫商周祚達成如下意向：

第一，荷蘭人離開澎湖。

第二，明朝商人在中國領土之外另覓場地與荷蘭人進行交易。

第三，明朝派遣兩艘船隻到巴達維亞與荷蘭總督訂立條約。

第四，中國商人暫時中斷與馬尼拉（西班牙人）的貿易。

賴士森不傻。在協議沒有落實之前，他絕不會離開澎湖。

不久之後，商周祚調往南京。

新任福建巡撫南居益是鷹派，他要求荷蘭人立即離開澎湖。

數百名福建商人上書南居益，在信中勸他說，自從荷蘭人來了之後，中國前往馬尼拉的商路就中斷了，經濟損失慘重。不如答應荷蘭人的通商請求。只要能

賺錢，和誰做生意不都一樣？

由於正常商路中斷，走私活動猖獗，已經消失的大小海盜捲土重來。

南居益讀完信後，也在思考如何對付「門口的野蠻人」。

不久之後，荷蘭人高文律率領 5 艘戰船來到澎湖增援。

1623 年 11 月，南居益邀請高文律到廈門鼓浪嶼簽訂貿易協議。談判桌上賓主雙方舉杯暢飲。高文律喝得爛醉。半夜，明朝水師突然發起攻擊，將高文律等人俘虜，並擊斃 8 名荷蘭人。

天啟皇帝在北京隆重地舉辦了「祭告郊廟，御門受俘」儀式。

倒楣的高文律被斬於西市，傳首九邊（把俘虜的腦袋送到九個邊關展覽）。

1624 年 2 月，福建副總兵俞咨皋（抗倭名將俞大猷之子）率領 150 艘戰船，5,000 名士兵，渡海前往澎湖，進攻荷軍。

荷蘭人依靠工事與戰艦頑抗，澎湖久攻不下。

到了 7 月底，明軍經過兩次增援，兵力超過萬人。

賴士森抵擋不住。荷蘭東印度公司派宋克前來接替。

宋克到達澎湖時，發現手下僅有 850 名士兵，還有 111 人未成年。

宋克只得與明軍談判。他以十分後悔的語氣寫道：

我們在中國沿海的行為使中國人更加反對我們，視我們與謀殺犯、暴君和海盜無異。我們對待中國人確實是凶狠和殘酷的，而且依我看來，憑這些行為是絕不可能達到與中國通商的目的。

談判結果如下：

第一，荷蘭人拆毀堡壘，退出澎湖島。

第二，荷蘭人不得侵犯中國沿海。

第三，福建政府同意另擇地方與荷蘭人做生意。

中荷之間沒有簽訂書面協定。這讓荷蘭人很不習慣。

福建官員說，有來往信件與口頭承諾就足夠了。

1624 年 8 月 26 日，荷蘭人夾著尾巴離開占領了兩年的澎湖。

這次撤退是荷蘭東印度公司成立 22 年以來遭遇的最大失敗。

邦特庫認為，這是一場徒勞無功和名譽掃地的戰爭。

明朝表面上取得了勝利，實際上什麼也沒有得到，還耗費了幾十萬兩白銀，是經濟上的失敗者。

宋克率領荷蘭人從澎湖退出。他們當然不甘心放棄中國市場，於是來到臺灣南部，建立了商業據點。

在與福建政府打交道的過程中，荷蘭人僱用了一個中國人當翻譯。

這個年輕人叫一官，真實的名字叫鄭芝龍。鄭芝龍原來在常駐日本的中國大海商李旦手下工作。李旦死後，他接管了前者的貿易網路和船隊。

如果說中國是東亞第一貿易大國，那麼日本就是東亞第二貿易大國，而鄭芝龍是中日貿易的最大經營者。鄭芝龍向歐洲人購買大型戰艦和西洋大砲，逐漸成為中國最大的武裝海商兼海盜。

1628 年，鄭芝龍投靠福建政府，成為一名軍官，但這絲毫沒有影響他做海上貿易。

荷蘭人討好鄭芝龍，幫助他消滅了李魁奇、鍾斌等其他海盜。雙方結成貿易夥伴。

新任福建巡撫鄒維璉反對海上貿易，不允許荷蘭人到福建。每年只頒發 6 張前往臺灣經商的船證。荷蘭人在臺灣有錢也買不到貨物，持續虧損。

的確有多名福建官員口頭答應幫助荷蘭人做生意。不過，地方官員一再變動，每名官員的主張也不一樣。

荷蘭人失去耐心，決定以武力逼迫福建政府開放貿易。

1633 年 10 月 22 日，中荷雙方爆發了料羅灣大戰。

戰爭結果：荷蘭人敗走。荷蘭人的盟友，大海盜劉香的船隻幾乎全軍覆沒。

戰後，鄭芝龍獲任福州都督，掌控了更大的權力。他既是高級軍官，又經營著東亞最大的一支船隊，而且控制了從日本到中國南海的制海權。人們稱鄭芝龍為「閩海王」。

這本來是荷蘭人的目標。

荷蘭人發現和鄭芝龍打交道更難。

以前，給福建官員一點賄賂，就能賺錢。

現在，鄭芝龍自己要賺大錢，只留一些雞肋業務給荷蘭人。

荷蘭人占領臺灣，陷入困頓及財政破產邊緣的崇禎政府根本無力收回。

反應激烈的卻是日本人。原來日本人在臺灣做生意多年，突然冒出來一群荷蘭人，要他們繳稅。長崎商人濱田彌兵衛找了幾百人和荷蘭人打了一仗，並劫持了荷蘭總督。荷蘭人被迫向日本人道歉、屈服。不過，在臺灣的荷蘭人最終還是把日本人趕出了臺灣市場。

荷蘭人占領臺灣南部，截斷了福建 —— 馬尼拉的航線。西班牙人於是占領臺灣北部。荷蘭人用武力將西班牙人趕走。

總之，為了從明朝買到商品，葡萄牙、西班牙、英國、荷蘭之間已經發生了多次武裝衝突。

荷蘭人是鄭芝龍的手下敗將，只能忍氣吞聲接受鄭芝龍的壓迫，「賺些散碎銀兩」。

歷史轉機來了。

清軍占領明朝北方大部，大軍直逼福建。

鄭芝龍投降大清，後來被清政府處死。

數年前，崇禎皇帝降旨讓鄭芝龍率領海軍北上抗清。對於沒有利潤的事情，鄭芝龍百般拒絕。他把投降大清也當生意做，結果不僅折了本，還賠了命。

鄭芝龍的兒子鄭成功接管他的武裝艦隊，繼續與清軍鬥爭，無奈大勢已去，局面越來越惡劣。

1661 年，鄭成功決定奪回臺灣，趕走荷蘭人。

當時，駐守在臺南的荷蘭總督叫揆一。荷蘭人在臺灣有 7 艘大船與 12 艘舢舨，總兵力約 1,000 人，後來加上援軍約 2000 人。

1661 年 4 月 30 日，鄭成功率領 20,000 士兵抵達臺南的鹿耳門。

鄭成功寫給揆一一封勸降信。在信中大義凜然地說道：

> 然臺灣者，中國之土地也，久為貴國所踞。今余既來索，則地當歸我。

整個戰爭過程耗時 9 個月，中間過程我就不詳細介紹了。

1662 年 2 月，荷蘭人投降走人。雙方的協議很有趣。部分內容如下：

1. 雙方都要忘掉戰爭造成的仇恨。

2. 鄭軍提供荷軍前往巴達維亞途中所需的給養和武器。

3. 荷軍高級將領可以帶走自己的財物，但需經過鄭軍檢驗。28 名議員，每人可以帶走 200 個兩盾半銀幣。另外 20 個特殊人物（已婚人士、中階軍士、其他重要人士），他們一共可以帶走 1,000 個兩盾半銀幣。

4. 按照荷蘭人的習俗，軍人在登船時要子彈上膛，點燃火繩，高舉軍旗，敲起戰鼓，鄭軍應對此習俗予以尊重。

5. 鄭軍要把之前奪走的 4 艘小船和附屬設備還給荷軍。

從協議上看，鄭成功對待敗軍是非常寬大的。

這倒不是說鄭成功個人品德高尚，而是他的思考已經步入近代文明。

在封建社會，雙方是你死我活的關係。

在近代社會，雙方是競合共存的關係。鄭成功想好好經營臺灣，以後還得和荷蘭人合作、做生意，甚至成為盟軍。後來，鄭家軍經常從荷蘭人手中採購零件，維護船隻。

1662 年 2 月 17 日，揆一登船離開。荷蘭人在臺灣 38 年的統治宣告結束。

2006 年 6 月，揆一第 14 世孫邁克·揆一攜家人到臺灣延平郡王祠祭拜鄭成功。

荷軍之所以失敗，主要原因如下：

一是實力上的差距。鄭軍人數超過兩萬，荷軍人數不到兩千。

二是鄭軍長期圍攻，荷蘭人缺水缺糧。

三是臺灣水淺道窄，荷軍大船活動不便，反而被鄭軍的小舟圍攻。

四是鄭成功是背水一戰。如果他不拿下臺灣，就會被清軍趕盡殺絕，或者逃到日本。而臺灣只是荷蘭東印度公司的一個分公司，而且還是虧損的分公司。

　　明朝末年，農民起義、滿人入關，哪裡還有什麼正常的貿易？

　　1660 年至 1661 年，東印度公司在臺灣虧損了 12.7 萬荷蘭盾，日本分公司則盈利 72 萬荷蘭盾。

　　臺灣對荷蘭人來說已經是雞肋。因此，東印度總部並沒有全力救助。

　　事實上，鄭成功死後，荷蘭人又偷偷回到臺灣北部，建立了一個據點。過了一段時間，光花錢沒業務，於是又偷偷地走了。整個過程又虧了 8 萬荷蘭盾。

　　收復臺灣後，鄭成功立即派義大利修道士李科羅前往馬尼拉送信給西班牙總督。在信中，鄭成功要求西班牙人服從他，向他進貢，否則鄭軍下一步將征服菲律賓。

　　菲律賓總督為了防止當地華人做鄭成功的內應，大量屠殺當地華人。

　　鄭成功得到消息後大怒，立即籌備南征馬尼拉。

　　令人惋惜的是，數月後，鄭成功就去世了，享年 39 歲。

　　1656 年，在荷蘭人與鄭成功還是合作夥伴的時候，他們就派一支代表團到了北京，將通商的請求書遞交到大清皇帝的桌上。

　　順治皇帝徵詢德國傳教士湯若望的意見。作為天主教士，湯若望對新教國家荷蘭沒有好感。在他的建議下，順治皇帝回覆荷蘭人說：

　　（荷蘭到中國）道里悠長，風波險惡。若貢期頻數，猥煩多人，朕皆不忍。著八年來朝一次，員役不過百人，止令二十人進京。

　　面對這個結果，荷蘭人哭笑不得。

　　陛下，我們不嫌遠，不嫌煩，您還是別可憐我們了。

　　別說八年一次，一年八次我們都不嫌多，能常駐北京更好。

　　荷蘭先後七次派代表團訪問清政府（其中兩次未成行）。他們寫給清朝皇帝的信被清朝官員篡改得面目全非，事後什麼也沒得到。

　　敵人的敵人就是朋友。

失掉臺灣之後，荷蘭人決定與大清結盟。他們的意圖是幫助大清消滅鄭家軍，大清則授予荷蘭獨家經商權。

1663 年 7 月，荷蘭人博爾特率領 17 艘戰艦抵達福建。當得知清軍正欲出兵廈門時，主動提出參戰。11 月中旬，在荷蘭艦隊的援助下，清軍順利攻下廈門、金門。目睹戰爭過程的清軍對荷蘭火砲的威力震驚不已。

順治皇帝聞訊大喜，賞賜荷蘭人很多銀兩和絲綢，卻沒有給予通商權。

荷蘭人悻悻離去。

1683 年 6 月，鄭成功的孫子鄭克塽投降大清。

從 1604 年韋麻郎侵占澎湖到 1668 年荷蘭人從臺灣北部撤出，六十多年來中荷武裝衝突不斷。據粗略統計，至少造成五百名荷蘭人死亡，以及數百萬兩白銀的經濟損失。

荷蘭人真的不想打仗。他們想賺大錢，而打仗是花大錢的。

明史寫道：「（荷蘭）遇中國貨物當意者，不惜厚資，故華人樂與為市。」

明朝政府寧肯自己花大錢與荷蘭人打仗，也不願坐下來和荷蘭人簽署一個好的貿易協議。

荷蘭人始終不明白，在這個世界上，為什麼有人竟然有錢不賺？

荷蘭和明朝的交往過程是漫長而複雜的，完全可以寫一本厚厚的書。本章只選擇了百分之一。

從 1644 年到 1840 年，這兩百年裡世界翻天覆地：啟蒙運動、科學革命、工業革命、美國獨立、法國大革命、俄羅斯帝國崛起。

然而，當更加先進的大英帝國來到大清時，他們發現大清官員的頭腦還停留在兩百年前，和明朝官員的頭腦沒有什麼區別：對商業非常牴觸，對世界一無所知，對外國充滿傲慢。

荷蘭人撤離臺灣大約 100 年後，華人和荷蘭人在東南亞又發生了一次激烈的武裝衝突。

1776 年，大量華人寓居海外。他們在印尼的加里曼丹島建立了蘭芳共和國，

擁戴羅芳伯為國家元首。

這是亞洲第一個共和國，當時美國還沒有獨立。

蘭芳共和國土地面積 31 萬平方公里，比英國還大。

蘭芳共和國官員或長袍馬褂，或西服革履。士兵穿的是大清綠營兵的服飾。

剛剛建國，羅芳伯就派人去北京覲見乾隆皇帝，請求稱藩，相當於建立外交關係，或者說把這片領土獻給大清。

這要是在歐洲，朝廷至少給羅芳伯封個侯爵。

清政府認為，你們是一幫不服管教的海盜，怎麼敢稱國家。你們回來，我就抓。你們不回來，我也懶得管你們。

始終沒有得到大清的認可，羅芳伯鬱鬱而終。

荷蘭人一開始忌憚大清國，不敢動身邊的蘭芳共和國。就這樣，共和國生存了一百多年。

到了 1886 年，大清沒落。荷蘭人猛攻蘭芳國。

蘭芳人民一方面全力抵抗，另一方面火速派人請求大清派兵支援。

清朝根本無力支持。

是年，這個海外華人國家滅亡。

歷史總是讓人覺得有點可惜。

明末清初，銷往歐洲的中國瓷器大部分都是荷蘭東印度公司運銷。上圖為《靜物與茶具》。

第 10 章　明末清初的中荷往事

第三部分

青銅時代的英國

第 **11** 章 國王之死

國王是不是想做什麼就做什麼？是不是所有人都必須無條件服從國王？一個國家能不能沒有國王？

1644 年 4 月 25 日，農民軍領袖李自成攻入北京。崇禎帝吊死煤山。

如果崇禎膽小，不敢自殺，被李自成活捉，其下場如何？

有很大的機率會被李自成處死。

明朝人民造反，逼死了他們的皇帝。

1649 年，英國人造反，處死了他們的國王查理一世。

這兩者之間有何異同？

查理一世的三聯畫 (1600-1649)

我不必向你們解釋，我只對上帝負責。

　　　　　　　　　　—— 查理一世在解散議會時的演講

你們不能審判我。因為你們按照國王的意志行事。你們的座右銘就是，國王不會犯錯。

　　　　　　　　　　—— 查理一世在法庭上的辯護辭

所有的王國都將消滅專制，成為共和國。

　　　　　　　　　　—— 英國布萊克上將 (1651 年)

1625 年，25 歲的查理一世登上了英國王位。

年輕英俊的查理國王有點口吃，所以不愛說話，一臉嚴肅，但能夠溝通。

查理國王的妻子是法國國王路易十三的妹妹瑪麗亞。國王正值壯年，卻不好女色，也不鋪張浪費。

查理國王遺傳了先王的兩個特點：強烈信奉君權神授，驢脾氣。

登上王位之前，查理國王去過馬德里，被西班牙國王菲力普四世收藏的大量的藝術品震驚了。回國之後，國王不惜重金購買名作，包括達文西的《救世主》。

查理國王寵愛無能的白金漢公爵。這個自負的草包率領軍隊和法國人作戰，兩戰兩敗，花光了國庫裡的錢。他慫恿國王第三次向法國開戰。

為了籌集軍費，查理國王不得不向富有的臣民借款。說借是好聽，其實根本不打算還。而對於不肯借錢的商人，則關進監獄拷打。

顯然，這點錢是遠遠不夠的。

在明朝，只要皇帝一張嘴，太監們就帶著爪牙去全國各地收稅去了。

在英國，查理國王收稅要和議會商量，因為全國最有錢的人都在議會裡。

英國議會成立於 1265 年，比明朝建國還早一百年。

到了 1644 年，英國議會已經有三百多年的歷史了。

英國議會分上下兩個議院。

上議院議員大多數是貴族和主教，由國王任免，聽國王指揮。

下議院議員由全國各地選舉產生，總人數超過 500 人。有兩種人容易在選舉中勝出：有錢的大商人，高學歷、有辯才的律師和教授。

上議院議員可以理解為「地主階級」。

下議院議員可以理解為「資產階級」。他們的財富總和是上議院議員的三倍。

議會的主要職責是三件事：戰爭、法律和稅收。

國王有權召集議員開會，有權解散議會。照理說，國王應該每年召開一次議會。但是，沒有一個國王願意召開議會。

下議員平時在全國各地經商，不參與政治。議會一開，五六百人聚在一起，經常批評國家政策，甚至批評國王本人。

全國各地代表到首都開會，參政議政，這種政治制度就是代議制。

明清時期，皇帝和官員都宣稱服務百姓，但沒有人想到把一部分外地的百姓召到首都，聽聽他們的意見。就這一點，我覺得古人的智慧不夠。

明末思想家黃宗羲在他的《明夷待訪錄》中寫道，最早的皇帝是造福人民的，現在的皇帝是禍害人民的。最早的官員是服從人民的公僕，現在的官員是君主的奴僕。

查理國王在 1625 年和 1626 年的兩次議會上，要求下議員們批准戰爭撥款。下議員們都拒絕了。到了 1628 年，查理國王直接對下議員們說：

我必須得到錢。以滿足國家的需求。你們要憑著自己的良心反應。如果你們做過錯誤的決定，我將利用上帝授給我的權力去糾正蠢行。你們不要把我的話當成恐嚇，而應該視為規勸。身為國王，我不喜歡恐嚇地位比我低的人。

聆聽查理國王演講的下議員當中，有一位叫奧利弗·克倫威爾的小鄉紳。

下議院議員有錢。但是，他們覺得把巨額資金用於對法戰爭，相當於把錢丟進河裡被水沖走。

查理國王發出威脅，抗旨不遵的後果是非常嚴重的。

但是，下議院議員也不想一句話不說，交了錢氣鼓鼓地離開。他們向查理國王提交了一分《權利請願書》，主要內容如下：

國王在未經議會法案批准之前不得向商人索取金錢。

凡無合法理由不得監禁任何自由民。

我們這次給你錢是有條件的。你以後不能勒索商人，更不能因為人家不借錢就把人家關起來。

查理國王勃然大怒。但是，錢的面子大於國王的面子。歐洲有句名言，在金子面前，國王也要摘下帽子。查理國王在《權利請願書》簽了名。

1629 年的議會同樣成為下議員們針對內政的批判會。他們集中攻擊國王對天主教過於寬容，並就此提出一個針對性的宗教法案。

查理國王內心裡的確偏袒天主教。他收買了下議院議長，命他想辦法阻止法案通過。

下議院議長宣布會期推遲，暫不表決。

下議員們很憤怒，兩個身強力壯的議員，霍利斯和瓦倫上前將下議院議長按在椅子上，並提議馬上表決。

被國王收買的個別下議員立即跑到國王那裡告密。

查理國王命侍衛攜帶黑色權杖到下議院議事廳宣布休會。

下議員們把議事廳的門從裡面鎖上，禁止國王的黑杖侍衛入內。

霍利斯議員高聲朗讀法案內容，下議員們以鼓掌歡呼的方式予以通過。

然後，議事廳大門打開了，議員們也不管黑杖侍衛的臉色，興高采烈地回家了。

暴跳如雷的查理國王下令解散本屆議會。

解散的意思是指，所有下議員們失去了他們的身分。

議會再次召開的時候，所有下議員重新選舉。

自此，英國進入專制時代。

1633 年，查理推出一項法令，要求蘇格蘭人進行大幅度宗教改革。

蘇格蘭人非常憤怒，斷然拒絕。蘇格蘭的神父們說，我在臺上演講的時候，身邊得有兩個人拿著槍，否則聽眾們會上臺殺了我。

查理國王決定用武力強迫蘇格蘭人接受自己的命令。

蘇格蘭人用武力打敗了查理國王的軍隊。

查理國王不甘心失敗，硬著頭皮召集議會，要下議員們出錢。

新當選的下議員們不僅拒絕為失敗的戰爭買單，還反對查理國王的政策。

查理國王忍無可忍，再次解散議會。

由於此屆議會時間較短，史稱「短期議會」。

1635 年 8 月，查理一世對全國徵收「船稅」，每人 20 先令。

一位叫約翰·漢普頓的鄉紳依據四百年前的一部英國《大憲章》，反對繳納船稅。漢普頓非常富有，船稅相當於向百萬富翁要 20 英鎊。

漢普頓說，違法的稅，我一分錢也不交。

漢普頓以抗稅罪被告上法庭。他的辯護律師說：「國王的特權在任何時候都應該受到法律的限制，這才能保障英國人的生命和財產安全。」

法官投票，以 7：5 判處漢普頓有罪。

漢普頓進了監獄，財產被沒收。

查理國王贏得了官司。漢普頓贏得了人心。

在案件宣判之前，很多人低頭交稅。

在此之後，很多人反而不交稅了。

漢普頓之後，有無數漢普頓。

漢普頓不久被釋放。畢竟，政府沒收他的財產金額遠遠高於稅金。

很多英國人忍受不了查理國王的高壓統治，紛紛移民北美麻薩諸塞州殖民地。查理國王眼看移民的人太多，於是禁止英國人移民北美。

漢普頓和他的一位親戚也準備離開英國，離開討厭的查理。他們處理好國內的財產，買好了船票，馬上要登船了，卻被國王的法令攔住了。

查理國王不知道，漢普頓的親戚叫奧利弗·克倫威爾。

崇禎皇帝解聘了李自成，李自成要了他的命。

查理國王攔住了克倫威爾，克倫威爾要了他的命。

這些難道都是天意？

查理國王第二次派兵討伐蘇格蘭。這次敗得更慘，國王被迫向蘇格蘭人賠款。

英國的體制就是這麼搞笑，就是這麼不可理解。查理國王是英格蘭國王，也

是蘇格蘭國王。他在倫敦期間，蘇格蘭由貴族們執政。這些貴族信奉喀爾文教，反對英國的新教，更反對查理國王內心裡的天主教。

蘇格蘭可以說是貴族共和國，查理國王只是這個國家的名義元首。

從蘇格蘭戰敗回來，查理國王更缺錢了。

1640 年，查理國王再次召集議會。此屆議會存續了十幾年，史稱「長期議會」。

因為 11 年沒開會，因為漢普頓事件，下議員們對查理國王的抱怨更嚴重了。他們猛烈抨擊失敗的國策，要求查理國王的寵臣史特拉福和坎特伯里大主教為失政負責。

面對洶洶輿論壓力，查理國王被迫於 1641 年 5 月簽下史特拉福的死刑判決書。坎特伯里大主教「光榮入獄」，國務大臣到歐洲「單程旅遊」（不敢回來）。

應該說，查理國王做出了一定的讓步。

1641 年 11 月，議會通過《大諫章》（Grand Remonstrance）。《大諫章》歷數了查理國王的錯誤，提出了若干法則。

在處理國政的時候，英國人的習慣是充分討論，最後為同類事項立法定規矩。

在處理國政的時候，明清皇帝習慣於小範圍徵求意見，一事一議。

已經做出讓步的查理國王拒絕《大諫章》，拒絕妥協。他要求下議院開除皮姆、漢普頓等五個反對派領袖。

下議院拒絕執行。

查理國王進退兩難。下議員都有人身保護令，只有掌握充分的證據才能抓人。

瑪麗亞王后譏笑國王是膽小鬼。想想前文提到的黎塞留。法國王室權力巨大，一張嘴就可以讓對方見不到明天的太陽。在老婆的刺激之下，查理國王決定動粗。

1642 年 1 月 4 日，他帶著四百名全副武裝的士兵來到下議院。

這是英國國王歷史上第一次走進下議院的會議大廳。

英國國王只去上議院會議大廳，下議院議員到上議院去覲見國王。

面對怒氣衝衝的國王和刺眼的刀槍，下議員們驚訝不已。

下議院議長威廉·倫索爾（William Lenthall）在國王面前下跪、行禮。

查理國王一屁股坐在議長席上。五百名議員啊，查理國王不能得罪所有人。所以，他先對全體下議員說了一番慰問感謝的話。國王最後說，他只把皮姆、漢普頓、霍利斯、黑茲爾里格和史特羅德這五名議員帶走，因為他們是罪犯。

查理國王不知道，他身邊有很多人同情下議員。國王剛出宮門，就有人向皮姆告密。皮姆帶著其他四名議員立即逃走了。倫敦市民把他們藏了起來。

倫索爾議長對查理國王說，我服務於下議院，不能幫助國王去抓議員。

有人告訴國王，這五個人已經跑了。

「這五隻小鳥還很機敏嘛。」說完，查理國王站起來，怒氣沖沖向門外走去。他剛走出大門，就聽見背後的下議員們齊聲抗議：「特權！特權！」

由於此次不愉快的衝突，此後再也沒有英國國王進入下議院議事廳，一直到今天。

倫敦市民聽到國王的作為後，氣得爆炸了。他們跑到王宮外面，徹夜大喊大叫。

驚恐的查理國王帶著家屬和朝臣離開倫敦，逃到漢普頓宮。

幾天後，五名議員在兩千名市民的簇擁下，得意揚揚地回到下議院。

倫敦市民反對國王是一項古老的傳統。他們曾強迫國王簽下保障他們權利的法律，他們曾把國王趕出倫敦，他們曾關閉大門不讓國王進入首都。他們曾出錢出砲與國王作戰。他們是英國國王最不敢惹的地頭蛇。

查理國王和下議院、倫敦市民已經徹底翻臉。要想回到倫敦，查理國王必須使用暴力手段。

1642 年 8 月 22 日，查理國王在諾丁漢宣布英國議會犯下叛國罪。

英國內戰正式爆發。

很多保王黨人並不贊成國王的做法，他們傾向於用談判的方式解決問題。比如，修改《大諫章》，使雙方都能接受。

瓦內爵士說，我覺得國王是錯的，我希望國王讓步。但是，如果他不讓步，我就得跟著他作戰，這是一種榮譽和感激。我們家族世代為王室服務，我不能背叛國王。

這就是封建地主階級的忠君觀念。

後來，瓦內爵士在戰鬥中緊握王旗，拋屍疆場。

查理國王控制的地區為英國西部和北部。這裡人口稀少、經濟落後、財源不足。保王軍僅 2,000 人。

議會派控制的地區為包括倫敦在內的東南部地區。這裡人口稠密、經濟發達、財源充足。議會派擁有海軍艦隊，可以截斷國王與海外的聯繫。議會軍約 6,000 人，並深得人民的支持。

然而在戰場上，議會軍卻節節敗退。

沮喪的議會軍指揮官曼徹斯特伯爵說：

我們打敗國王 99 次，他仍然是國王。我們即使殺死他，他的子孫也是國王。但是，哪怕國王只打敗我們一次，我們就會被絞死。我們的子孫也將變成奴隸。

頗具諷刺意味的是，在明朝，農民軍打敗皇帝一次，殺死皇帝后，可以自己合法地當皇帝。特別強調君為臣綱的古代中國，官員和百姓反而並不真心忠於皇帝。

下議院的確不敢也不願意與國王徹底決裂。他們的意圖是透過一場大的勝利迫使國王妥協，接受《大諫章》。沒有一個下議員想自己當國王。

在明朝，農民軍領袖起義的目的就是推翻皇帝，自己當皇帝。

下議員克倫威爾畢業於劍橋大學，兩次當選下議院議員。他孩子多（9 個），經濟負擔重，曾打算移民北美，卻被查理國王的禁令攔住了。

克倫威爾自掏腰包，召集了一支軍隊。他本人沒有接受過任何軍事訓練，然而在戰場上卻屢戰屢勝。

吃了敗仗的查理國王跑到了自己的老家蘇格蘭。

1646 年，英國議會向蘇格蘭議會提議：我們給你們一筆錢，你們把查理交給我們。

蘇格蘭議會心想，跟著查理國王打仗還要花錢，不如把他換成一筆錢。

於是，英國人花錢從蘇格蘭人手中買回了自己的國王。

查理國王問押送自己的哈里森上校：「你會殺害我嗎？」

「不會的，陛下。」上校回答，「在英國，大小人物都受法律的保護。」

英國歷史上發生過多次內戰。

1215 年，一群英國貴族打敗了英國國王約翰。這些手握重兵的貴族們沒有廢黜國王，自己黃袍加身。他們逼著約翰簽署了《大憲章》。

1264 年，另一群英國貴族打敗了約翰的兒子亨利三世。這些手握重兵的貴族們沒有廢黜國王，自己黃袍加身。他們逼著亨利三世成立了議會。

英國貴族要的不是國王的命，要的不是國王手中的權力，他們要的是更公平的法律。

到了今天，英國國王還存在，英國議會還存在。

1648 年 12 月 23 日，下議院決定審判查理國王。

有的人提議廢黜國王，立查理國王的兒子為新國王。

歐洲的傳統是，父親犯法，哪怕是死罪，兒子可以繼承父親的爵位，可以繼續當官，在國王身邊效力。在明朝，父親犯了大罪，兒子死，兄弟死，男性親屬死，女兒當奴隸的事情經常發生。

歷史上，英國議會廢黜過愛德華二世、理查二世。

大多數人主張公開審判，畢竟英格蘭是法治國家。

審判國王？誰有資格去審判國王？

崇禎下了好幾道罪己詔。明朝哪個衙門能審判崇禎皇帝犯了什麼罪？該如何

處罰？

　　下議院認為，人民是一切公正權力的源泉，下議員是人民選舉出來的代表。他們擁有國家最高權力，有權制訂法案，有權審判任何人。為此，下議院專門成立了一個臨時法庭，由布雷德‧肖議員擔任審判團主席。

　　1649 年 1 月 20 日。查理國王被帶到了西敏寺大廳。這棟建築物始建於 1097 年左右。今天你去英國國會大廈參觀，第一個進去的就是這座大廳。這座大廳還審判過威廉‧華萊士（William Wallace） —— 電影《勇敢的心》的主角。

　　布雷德‧肖坐在大紅座椅上。69 名法官分左右兩排就座。士兵站在旁邊維持法庭紀律。一部分倫敦市民進來旁聽。

　　查理國王在士兵的引領下，來到法庭。

　　布德雷大聲說道：「查理‧斯圖亞特，英國國王，由於你的原因，導致國內戰火不斷，死傷無數。因此，議會決定審判你。下面，由檢察長庫克宣讀你的罪狀。」

　　庫克是一位傑出的、心地善良的律師。他認為，如果律師有權選擇案件的話，那麼所有律師都為富人服務。窮人受到再大的冤屈，律師也不願意替他們出頭。所以，一個律師事務所的所有律師要按順序輪流接案子，不得拒絕，就像計程車排班一樣。這樣，窮人一定能找到律師，甚至是全國知名大律師。

　　庫克宣讀起訴書。其內容大意是：查理國王發動戰爭，造成國民傷亡和經濟損失。他是叛國者，是殺人犯。

　　在庫克朗讀起訴書的時候，查理國王命令庫克停止。

　　庫克不聽。

　　國王兩次用手杖擊打庫克的肩膀。

　　庫克繼續朗讀。

　　查理國王站起來，第三次用力擊打庫克。手杖的銀尖頭斷了，掉在地板上。

　　國王示意庫克把銀尖頭撿起來，這是聖旨。

　　庫克不為所動，繼續朗讀。

查理國王只得慢慢彎下腰，自己去撿。

一個歷史性的時刻誕生了。

國王彎腰了，在法庭上彎腰了，在法律面前彎腰了。

他不再是國王了，他是被告。

庫克朗讀完畢後坐下。

布德雷‧肖問查理國王，你還有何話說？

查理國王說，你們代表誰來審判我？

布雷德‧肖說，法庭以全國人民的名義審判你。你的祖先要向議會負責，你也一樣。

查理國王說，我的哪個祖先說過國王向議會負責。

布雷德‧肖說，現在是我問你，不是你問我。

查理國王說，你的理由不充分啊。

布雷德‧肖有些憤怒了。他說，任何人無權反對本法庭的權威。

查理國王說，空口無憑，你要拿出審判權的書面證據。

布雷德‧肖只得命人把查理國王帶下去。

查理國王對圍觀的群眾說，任何人都有在法庭上說話的自由，而國王卻不行。英格蘭國王要蒙難了。

群眾大聲喊道：「上帝拯救國王！給國王自由！」

1月27日，審判再次進行。

布雷德‧肖對查理國王說，法官們對你的判決有了結論。

查理國王預感到自己將面臨死刑。他突然有些傷感，覺得自己不可能改變審判結果，又有些無奈。

查理國王悲愴地說道，各位法官，國家的和平及人民的自由比審判我一個人，比犧牲我的生命更重要。因此，我提議不要在法庭上，而是另選一個地點進行談判。我會給國家以和平。

法官們安靜了，士兵們不動了，群眾不說話了，每個人無不動容。

為了盡快結束僵局，布雷德‧肖讓書記宣讀判決書。內容很簡單，判處查理國王死刑，執行日期是 1 月 30 日。

1 月 29 日，查理國王叫來自己 12 歲的女兒和 8 歲的兒子。

查理國王對女兒說：「伊麗莎白，你要好好讀書。以後見媽媽，告訴她，我自從和她結婚以來，就一直愛著她。」他接著對兒子說：「寶貝，他們要殺死你父親了。但是，他們如果立你為國王的話，你不要答應，因為你還有兩個哥哥。」

小公主懂事地哭了。

小王子似懂非懂地哭了。他說：「爸爸，他們殺了我，我也不當國王。」

查理和兩個孩子吻別。兩個孩子一出門，查理眼淚就下來了。他禁不住跑出去追上孩子，把他們抱起來，親吻他們。

最終，查理國王讓孩子們走了。

查理國王是一個好丈夫，一個好父親。

他不貪戀美色，他不揮霍浪費。只要他向議會稍稍妥協，他可以不死，他可以安安穩穩地做一輩子國王。但是，查理國王維護的不是他自己，而是一個國王的權利和尊嚴，並願意為此去死。

1649 年 1 月 30 日，一個歷史性的日子。我 1 月底在倫敦待過，不是一般的冷。

查理國王特意多穿上一件襯衫，避免在刑場因寒冷而發抖，讓人誤以為自己害怕死亡。

查理國王站在斷頭臺上，看著下面烏壓壓的人群說道：

「我希望你們能夠寬恕將朕送到這裡的人，因為他們的聲音並不屬於他們自己。寬恕是君王的特權，現在我將它留給你們。我死後，希望你們能夠繼續享受作為一個英國國民所能享受到的自由。

我從一座會腐朽的王位走向另一座不朽的王位，那裡沒有凡俗的打擾。」

說完，查理緩緩地俯下身子。

「請你務必乾淨俐落。」查理國王下達了人生最後一道聖旨。

利斧滑過，國王的頭顱落地。

我覺得崇禎皇帝也死得非常體面，無論他生前多麼無能。但是，他一定是懷著極其後悔、慚愧、悲憤的心情去世的。

查理國王不一樣。他覺得自己為維護上帝賦予的權利而死，自己是一位殉道者。等待自己的將是上帝的獎賞。

安德魯・馬維爾（Andrew Marvell）為查理一世寫下詩句：

他行事不像常人，絲毫不失威嚴，

在那重大的時刻，

他用那敏銳的目光，

打量斧頭的邊緣。

他不用言語褻瀆神明，

也不徒勞為自己的公義爭辯，

而是低下他那漂亮的頭顱，

如同在床上安眠。

不過，當時大多數國民不能理解，甚至反對砍下國王的頭。

有文人記載：「當國王的死訊在整個王國流傳時，很多懷孕的婦女流產了。有些人憂鬱地昏厥過去，有些人猝死過去，更多的人病倒了。」

一群羊處死了每天管束他們的牧羊犬。

殺死查理國王是否合法？

不合法。特別法庭缺乏足夠的證據，且未執行正規程序。

是否正義？

是的。查理國王壓榨臣民的財富，導致多個反抗者死於監獄。查理國王引起兩次內戰，導致大量平民死亡。這的確是罪行。

英國革命，是一個生產力先進、理念先進的階級與落後的封建地主階級的戰爭。

　　英國革命，爭的不是上位，爭的是《權利請願書》，爭的是《大諫章》，爭的是權利和自由，爭的是法大還是王大。

　　英國內戰的目標不是你死我活，而是你和我應該如何共同好好活著。

　　馬克思稱英國革命為「資產階級革命」，稱這是世界近代史的開端，稱資產階級開始走上世界的舞臺。

　　明滅清起，是落後的農民階級推翻地主階級，是落後的民族征服文明的民族。無論是李自成，還是努爾哈赤，都不是推進中國發展的進步力量，甚至在某種程度上阻礙了中國走向文明。

審判查理國王

英國議會至今仍在沿用的傳統儀式

一、議會開幕前，皇家警衛首先巡查議會大樓的地窖，以防有人策動陰謀。1605 年，一幫天主教極端分子在議會地窖裡放炸藥，試圖炸死英國國王詹姆斯一世（查理國王的父親），該陰謀被及時發現並制止。此後，巡查地窖成為議會開幕前的規定動作。

二、英國國王和議會互不信任。下議院先派一名代表去王宮當人質，國王才離開王宮，去議會大樓。

三、國王進入議會大樓，坐在上議院議事廳的王座上，然後派黑杖禮儀官去下議院會議大廳，通知下議員前來面君。

黑杖禮儀官馬上要到下議院的時候，下議院關閉議事廳的大門。

黑杖禮儀官用黑杖大力敲打大門三次。

大門上打開一個幾寸見方的小門，小門上還有鐵柵欄，鐵柵欄後露出一雙警惕的眼睛，眼睛掃視一下黑杖禮儀官的背後，確定黑杖禮儀官沒有帶武裝士兵後，打開大門。

黑杖禮儀官走進議事廳，在地上的一道白線前停下，然後向下議院議長鞠躬，傳達聖旨。

四、黑杖禮儀官領路，下議院議長帶頭，其他下議員跟著議長前往上議院議事廳。在路上，為了表現出國王與下議員們之間融洽的關係，所有人不能一臉嚴肅，要有說有笑。

上議院議事廳沒有多餘的座位，下議員們只能站著聽國王演講。

五、新的下議院議長產生後，有幾個人用力把「看起來非常不情願」的新議長拉到議長座位上。歷史上，下議院議長多次觸怒國王，有生命危險。所以，沒有人願意當下議院議長。現在，議長的權力比國王要大得多。

六、為了感謝倫敦人民保護五名被查理國王威脅的議員，在英國議會開幕式上，倫敦市議員每次都坐在下議員政府大臣的座位上。

第 12 章　護國公

他是推進歷史的偉人，死後卻被開棺鞭屍。

克倫威爾查看查理一世的遺體，這標誌著舊時代的結束和新時代的開始。
（法國畫家 Hippolyte-Paul Delaroche 繪於 1831 年）

我向神宣誓，我寧願住在海邊，照顧一群羊，也不願意擔任政府首腦。

自然取得的東西，比透過強硬手段取得的東西至少要好一倍，它是我們的真正收穫，也是我們子孫的財富。你們用武力實現的事情在我的眼裡一文不值。

英國議會砍掉了查理一世的頭，也透過立法剝奪了查理一世所有後代的繼承權。

國王沒有了，英國變成了共和國。

貴族沒有了，上議院也不需要了。

下議院成了最高權力機構。

荷蘭是世界上第一個資產階級共和國，英國是第二個。

蘇格蘭人一時還接受不了共和制，還不能理解沒有國王的國家。他們承認查理一世之子查理親王為蘇格蘭國王。

當初，也是與一群蘇格蘭人把查理一世賣給英國人的。

真不知道他們是怎麼想的！

查理親王向蘇格蘭人承諾，把我扶上英格蘭王位，我把英國新教變成蘇格蘭長老教。

蘇格蘭人欣然同意。

1651 年 9 月 3 日，克倫威爾在伍斯特幾乎全殲蘇軍。

一百多年後的 1786 年，兩位未來的美國總統約翰·亞當斯和湯瑪斯·傑佛遜參觀了伍斯特戰場。他們認為，那裡是英國人保衛自由的聖地。

克倫威爾蕩平蘇格蘭全境。他派大將蒙克鎮守愛丁堡，統治蘇格蘭。

查理親王不得不四處躲避英國的追兵。他把頭髮剪短，把臉和手染成棕色，穿上普通衣服，看起來像風吹日曬的人民。

有一次過關的時候，一名負責檢查的士兵對查理親王說：「我好像在哪裡見過你，年輕人？」

查理親王機智地回答道：「這很有可能。你等一下，我找個人說句話，回來就和你喝一杯。」然後，他就跑了。

又有一次，查理親王不得不爬上一棵老橡樹，趕走了幾隻鳥，在上面蹲了一夜。幸虧當時是 9 月，樹葉還沒有開始掉落。如果是冬天的話，英軍很容易發現樹上有一隻奇怪的「大鳥」。

後來，查理親王成為英國國王。人們相信這棵樹有靈氣，保佑了他。於是，英國出現了很多老橡樹酒吧。

七年前，崇禎皇帝吊死在一棵老槐樹上。叫老槐樹酒吧似乎不太吉利。

查理親王逃亡的目的地是法國。他的母親是法國公主，目前在法國避難。

查理親王幾經波折，終於穿過了議會軍的防線，來到英國南部的海濱小鎮布賴頓，準備從這裡乘船前往法國。當地酒店店主、船長，以及很多平民都認出他來。不過，每個人都支持他。

查理親王終於渡海來到法國。

人們視他六週的逃亡歷程為英勇、浪漫之旅。民眾對他的欽佩與日俱增。

崇禎帝的四子朱慈照，擺脫了李自成，逃過了清軍，平靜地生活了40多年，娶一妻一妾，育有六子三女。75歲的時候被清軍俘虜，滿門抄斬。

1653年4月20日，克倫威爾帶著30名火槍手來到議會，宣布下議院解散，下議院議事廳關閉。晚上，有人在議會的大門上貼了四個字：「本屋出售」。

這屆議會存活了13年，的確是長期議會。

國王沒有了，上下議院也沒有了，共和國也沒有了。

幾名律師和紳士向克倫威爾提交了《請願與忠諫書》，請他加冕為王，共和國恢復為王國。

克倫威爾回覆說，國王的寶座在他心中很輕，如同「他帽子上的一根羽毛」。

實際上，克倫威爾內心裡很希望成為國王。

但是，軍隊將領全部反對君主制，士兵們更是如此。

克倫威爾於是放棄了稱帝的想法。

這和袁世凱當年的情況是一樣的。文官們都希望袁世凱當皇帝，武將們都反對。不能不說，北洋軍閥還是很清醒。他們沒準備黃袍，他們不想讓袁世凱當趙匡胤，他們不想重演「杯酒釋兵權」。在明清兩朝，軍人都是選邊站的。

袁世凱放棄了成為華盛頓的可能。如果他多讀讀英國史，哪怕做個克倫威爾

也行。他的愚昧讓他不得好死，被萬人唾罵。

克倫威爾的正式稱呼是「英格蘭、蘇格蘭和愛爾蘭護國公」。

他把英國劃分為 12 個區。每個區由一名將軍管理。

英國成為軍事獨裁國家。

克倫威爾心目中的英國是這個樣子的：「西方世界所畏懼的強國，有頑強的自由民、正直的地方官、博學的牧師、蒸蒸日上的大學和無敵的艦隊。」

克倫威爾曾經是兩屆議員，完全取消議會似乎也說不過去。

他想建立一個議會，一個支持他，而不是找麻煩的議會。

解決辦法就是：議員必須是指定的，而不是選舉的。

很快，一個新的議會就誕生了。其中，有一名議員叫貝爾伯恩（Barebone），英文的意思是皮包骨，所以，這屆議會叫皮包骨議會。

皮包骨議會裡沒有律師，沒人製造麻煩。他們提出取消衡平法院，他們提出用教會法取代英國普通法。

克倫威爾的腦袋都氣到冒煙了。

他說，過去的議會是好鬥的流氓，現在的議會是順從的白痴。

指定的議員就是不如選舉出來的議員素質高。

克倫威爾解散了皮包骨議會。

1654 年，經過選舉後，議員們又開始反對克倫威爾政府的很多主張。

1656 年，議員們再次批評政府。

1658 年，議員們繼續批評政府。

這就是有著三百多年歷史的議會的本性。

無論哪一屆議員，都要糾正統治者的錯誤，無論他是國王，還是護國公。

當年，湯瑪斯・摩爾議員反對過國王。法蘭西斯・培根反對過國王。

克倫威爾再次解散議會。他在告別演講時說：

「究竟誰對誰錯，就讓上帝在你們和我個人之間作出公斷吧。」

反對派議員齊聲回答：「但願如此！」

保王黨隨時準備組織大軍反撲。共和派嫌棄克倫威爾專政,激進分子意圖刺殺他。不僅議員們對克倫威爾不滿,就連克倫威爾的兒女,也怨恨父親。

痛苦的克倫威爾說:

「我向神宣誓,我寧願住在海邊,照顧一群羊,也不願意擔任政府首腦。」

作為資產階級共和國政府,發展經濟是基本國策。

經商致富成為政府與國民的共識。

英國哲學家霍布斯說,勞動也是一種商品。如果本人自願的話,賣身為奴也無可厚非。但賣價不能太貴,否則是不公平的。

約瑟夫·李說,凡是政府規定失敗的地方,市場自由就可以成功。

他們表達的是同一個意思:國家應該發展市場經濟。

克倫威爾政府鼓勵英國商人去美洲尋找商業機會。

西班牙大使告訴克倫威爾,美洲是西班牙的殖民地,禁止外國人去做生意。如果西班牙人抓住了英國的新教徒,就把他們關進宗教裁判所。

克倫威爾說,英國的船隻想去哪裡就去哪裡,不受任何阻礙。

西班牙大使威脅說,美洲的金銀和西班牙的宗教法庭是西班牙國王的兩隻眼睛,誰也不能動。

克倫威爾反擊說,信不信我讓西班牙國王變成瞎子。

1655 年,英國人占領中美洲的牙買加。

1670 年,英西簽署《馬德里條約》,西班牙正式將牙買加割讓給英國。

牙買加當了三百年英國殖民地,直到 1962 年才獨立。

克倫威爾政府支持法國國王路易十四,獲得了敦克爾克。

比西班牙更強的是荷蘭。

荷蘭商人壟斷了俄國和波羅的海各國的貿易。

荷蘭船隻航行在北美殖民地、地中海、西非沿岸地區。

荷蘭漁夫在英國附近的海域捕撈魚蝦,把其中一部分賣給英國人。

荷蘭東印度公司把英國人趕出東南亞。

英國和荷蘭，世界上僅有的兩個資本主義共和國，必須決出誰是第一。

英國政府頒布《航海條例》。條例規定，英國進口的貨物，只能由英國船隻或輸出國船隻運載，不能由中間國運輸。

該條例明顯是針對荷蘭的，禁止荷蘭船隻參與英國的對外貿易。

荷蘭人強烈反對英國的《航海條例》。他們瞧不起英國人，他們說荷蘭船是金船，英國船是鐵船。

1652 年，第一次英荷戰爭爆發。雙方互有勝負。

不過，英國經濟主要依靠中國，影響不大。

而荷蘭是外貿經濟，船隻不能通航後，國民經濟受到重創。

英國損失的是鐵船，荷蘭損失的是金船。

英國還是半封建半資本主義國家，很多人視榮譽超過金錢。

荷蘭是完整的資本主義國家，承受不起經濟損失。

1654 年 4 月 15 日，英荷兩國簽訂了《西敏寺和約》。

荷蘭被迫承認英國在東印度群島擁有與自己同等的貿易權，同意支付 27 萬英鎊的賠款。

戰爭一平息，荷蘭迅速恢復了經濟成長。

英國在戰爭中鍛鍊海軍，並且發展出一套海軍操作規範，成為世界標準，至今仍在世界各國使用。

克倫威爾是一個清教徒。他建立的是一個清教政府。

清教徒的觀念是：多賺錢、少花錢、不喝酒、不沉溺女色、不娛樂、不化妝。每個人就像生產線上的作業員一樣勤奮，就像修道院裡的僧侶一樣簡樸。

這種觀念聽起來沒錯。

對少數人來說，這是一種純潔高尚的生活。

對多數人來說，這是一種生不如死的生活。

克倫威爾政府頒布的法令有：

- 禁止賭博；

- 通姦要以死罪論處；

- 關閉酒館；

- 不能發誓；

- 不能穿華麗的衣服；

- 禁止鬥熊和鬥雞，禁止賽馬和摔跤；

- 星期天除了去教堂外，不能串門子；

- 盡量不過節，特別是聖誕節。這一天，英國士兵有權闖入你家，毀掉你的裝飾品，拿走你的大魚大肉。

最過分的是，清教徒政府反對娛樂，禁止戲劇。他們關閉了莎士比亞的環球劇院。從此，英國戲劇走向衰亡，而法國戲劇迅速崛起。

過去，英國封建士紳還造福地方人民。現在，各地小軍閥壓榨百姓、令人髮指。

過去，窮人的日子是不好過，但喝點小酒，完個紙牌，調戲村姑，看個小戲的自由還是有的。現在卻什麼也不能做，哪裡也不能去，天天待在家裡想著怎麼做好人。

過這種日子，活著還有什麼意義？

誠然，一個國家有一大批勤奮節儉、品德高尚的人是好事。

但是，如果要求人人都這麼做，就會出現大批偽君子，並導致經濟蕭條。

1658 年 9 月 3 日，克倫威爾因瘧疾逝世，享年 59 歲。

他最疼愛的女兒死在他的前面，加重了他的病情。

克倫威爾生前沒有讓人宣傳自己、美化自己，他希望展示自己真實的一面。他對給自己畫肖像的萊利說：

萊利先生，我相信你有生花妙筆，但要忠實地為我繪像，要繪出所有的粗魯、粉刺、贅疣及一切。要是不像我，我是不會付錢的。

贊同克倫威爾的人認為，護國公真心追求民主，忍住欲望沒有稱王就是鐵證。他的確採取了軍事獨裁的方式，但那是非常時期的非常手段。

邱吉爾認為克倫威爾的專政不同於現代的獨裁。克倫威爾沒有鎮壓英國反對派，允許他們存在，也沒有把政治犯處死。英國人的人身自由受法庭保護，英國人的財產受法律保護。

反對克倫威爾的人認為護國公是個偽君子。他沒有稱王，但他的權力比國王還大。

克倫威爾無疑是一個偉大的歷史人物。他出身布衣，卻能推翻數百年的英國王權。他無師自通，對內對外都戰無不勝。

不過，他受限於自己的眼界，不能設計出超越時代的國家架構，不能引領英國邁過歷史的鴻溝。

歷史的大潮湧起，最優秀的政治家也難以駕馭。

正如克倫威爾所說，沒有一件事情一發明就臻於至善。

如果沒有克倫威爾，議會軍就不會取得勝利，查理國王會繼續執政，國王的權力會更大。

我是沒有推進國家的進步，但我阻止了國家的退步，並且為國家發展方向提供了豐富的素材，以待天才出現。

這個天才就是約翰·洛克，時年 26 歲。

克倫威爾是一個有強烈信仰的人。他認為自己領導國家是在遵循上帝的旨意。他沒有追逐虛幻的榮光，沒有沉溺於權力的濫觴，沒有不斷滿足自己的私慾。他有責任感和使命感。

為什麼英國今天還保留著國王？

因為克倫威爾取消國王的實驗並不成功。

英國要解決的是問題，不是國王。

很多沒有國王的國家，他們的總統比國王可惡一百倍。

克倫威爾臨死前，指定他的長子理查為繼承人。

太子繼承王位，難道護國公也要透過兒子一代一代傳下去嗎？這和國王又有什麼區別呢？如果說有區別的話，那麼護國公比國王更獨裁。

克倫威爾死後，留下一個爛攤子。表面上，英國戰勝了荷蘭，實際上卻欠下150萬英鎊的債務。政府不斷加稅，全落在人民頭上。對於拒絕交稅的人，政府同樣把他們關進監獄，和查理國王的做法一樣。

理查年輕，沒有想法，沒有經驗，成為各地軍閥的傀儡，被逼退位。為了安全，理查退居到法國，1680年回到英國，1712年去世，享壽86歲。避開政治的漩渦，過平淡的人生，誰說這不是一種人生智慧呢？

駐守在蘇格蘭的蒙克將軍率領一支軍隊來到倫敦。這時候，倫敦人民熱烈地支持議員們組成新的一屆議會。

蒙克和部分英國議會議員一商量，決定邀請查理國王的長子查理親王回國加冕為王。

共和國重新恢復為英格蘭王國。

收到邀請，正在流亡中的查理親王欣喜若狂。他向英國人民大肆承諾，比如特赦戰犯、保障信仰自由、發放拖欠軍餉、承認現有的土地所有權等。

1660年5月25日，查理在英國的多佛港登陸，前往倫敦。

一路上，英國男女老幼載歌載舞、夾道歡迎。很多人眼眶裡噙滿了淚水。查理親王盡所能地接見了所有人，連吃飯的時候都有很多人圍觀。

有幾百人一直跟著查理親王到倫敦。

倫敦12萬市民湧上街頭，同樣興高采烈。

查理親王加冕為王，史稱查理二世。新國王的確寬恕了一些人，但也追究了很多人的責任，尤其是克倫威爾。

士兵們把克倫威爾的屍體從西敏寺大教堂挖出來，吊在街頭示眾。隨後，他們把克倫威爾的頭顱切下來，綁在柱子上展覽。

克倫威爾的頭顱幾經輾轉，目前葬在他的母校劍橋大學。

英國恢復了國王，恢復了議會，下議員還是選舉產生。

一切就像二十多年前一樣。

但是，重病是有後遺症的，重傷是有傷疤的。

歷史回不到過去了。

查理二世國王再也不能像他父親那樣為所欲為了。

下議員們也調整了與國王相處的策略。

經歷過這一切後，每一個英國人都重新認識了自己的國家和自己的政府。

獨立派對信仰自由的要求，平等派對民主的要求，彌爾頓提出的出版自由，霍布斯提出的契約論，李爾本（John Lilburne）提出的依法治國，商人提出的自由市場經濟，士兵們提出的共和主義，《五月花號公約》在北美殖民地的實踐，這些都是英國，也是全人類最珍貴的遺產。

這些思想在北美生根發芽，催生了制度更先進的美國。

人們為什麼討厭克倫威爾。

因為人們討厭獨裁，討厭政府用無數規矩剝奪人民的自由。

亨利‧馬丁寫道：「不管我們的祖先怎麼樣，或者從前他們做了什麼，或者遭受了什麼苦難，或者被迫接受了什麼，我們已經是現時代的人了，應該享有絕對自由，不要過度，不要騷擾，也不要強權。」

喬治‧福克斯（George Fox）說：「要把英格蘭帶入花園，成為自由國家，人民享有自由。」

即使被推上斷頭臺，馬上要被砍頭的查理國王，都祈禱英國人民享有自由。

自由、自由、自由，這是英國政府的承諾，這是英國人民的信念，哪怕以死抗爭。

那麼，明朝皇帝對人民的承諾是什麼？明朝人民維護的信念又是什麼？

一個好的領導人，不是用自己的意志去改造人民，而是充分尊重民族傳統和人民自由。

相比克倫威爾，查理二世是個吃喝玩樂的君主，根本不去干涉英國人民的娛樂和生活方式。

英國國王和議會的關係緩和了，但沒有實質性改變，沒有解決兩者之間的根本衝突。

直到28年之後，英國又實行了一場革命，一場真正的革命，把英國變成憲政國家。

1215年英國有了憲法的雛形，1265年英國有了議會的雛形，1649年進行了共和國的試驗，1688年實現了君主立憲，隨後出現了責任內閣，出現了政黨，提出了三權分立。

法國在黎塞留的領導下，走的是另外一條道路。強大的王權決定一切，可以快速決策、快速實施，可以集中國家全部力量應對外部挑戰，優點是明顯的。但是，這背後是全國各階層權利和利益的犧牲。一旦到了臨界點，就會出現毀滅性的爆炸，傷害所有人。

而英國不同階級一直把矛盾暴露在表面，公開衝突、相互妥協。妥協不了就動用武力，武力結束之後再衝突和妥協。最終，照顧到國家方方面面的利益，形成一種國家合力。

法國王權專制顯得強大，伸出拳頭可以短期內打贏一場戰爭。但敵人一旦強大到不可抵抗的時候，法國內部就會崩盤。

英國分權制衡。外國人看英國的決策都很慢，似乎也沒那麼強硬。但是面對困難的時候，英國人就會團結為一，打敗任何強敵。

一個國家要強大、要先進，至少要有一個強大、先進的政府。

英國政治在理論和實踐上都遙遙領先於世界，是其他國家學習的榜樣。

和英國的政治相比，明清的政治太初級、太簡單、太落後。

也許準確的說法是，中國古人最擅長玩陰謀。

明清的政治主要就是政治本身。

英國的政治是法律、是宗教、是外交、是經濟、是自由、是權利、是文化傳統。因為篇幅的原因，我寫的是簡單版的英國革命，實際情況還要複雜十倍以上。

政治不是皇帝、妃子、太監和臣子在宮廷內外爭鬥。

明清不缺優秀的政治家。

國家不缺高超的駕駛，缺的是那些能夠分析當前路況，能夠提出新方向的乘客。

英國革命時期的思想火花

一、平等派領導人李爾本（1614-1657）主要觀點有：

國家的最高權力應屬於人民；

人人都享有天賦的權利；

成年男子應有普選權；

在經濟上取消壟斷專賣權；

實行宗教寬容、言論自由。

二、政論家、詩人彌爾頓（1608-1674）主要觀點有：

自由、財產、生命是人的自然權利，不可侵犯。

政府開明地聽取人民的怨訴，並作深入地考慮和迅速地改革，這樣便達到了賢哲們所希求的人權自由的最大限度。人們有權推翻侵犯人們自由的暴君。

抨擊英國對書籍出版的審查制度，要求言論、出版自由。

決定什麼應該出版和什麼禁止出版的權力，不應放在少數檢查圖書的檢查者手中，而應該由作者或者出版者本人決定。

三、掘地派領導人溫斯坦利（Gerrard Winstanley，約 1609-1652）主要觀點有：

土地公有。耕者有其田。

第 **13** 章　風中奇緣

萬曆四十二年，一名印第安少女嫁給了北美殖民地的英國人，演繹了一段
《風中奇緣》。

萬曆四十八年，《五月花號公約》奠定了美國的國家基礎。

天啟四年，荷蘭人開始建設曼哈頓。

崇禎九年，哈佛大學成立。

17 世紀的哈佛大學

以前，整個世界都是美洲的樣子。

—— 約翰·洛克

我們的人口比以往任何時候都要多，多到人們幾乎沒辦法比鄰而居。多餘的人偷竊、做賊、做出各種淫蕩下流之舉，讓英國所有的監獄每天都煩惱不堪。最好的辦法就是移民北美。

—— 哈克盧特

我們要離開上帝拋棄的國家，去一個全新的地方。在那裡，我們將建成一座山巔之城。所有人的眼睛都在注視我們。因此，如果我們所行之事違背了上帝的差遣，使他收回了賜予我們的幫助，我們就會成為整個世界的傳說與笑柄。

—— 約翰·溫斯羅普

1492 年，哥倫布發現美洲。

到了崇禎年間，西班牙人已經占據了墨西哥、中美洲及南美一半地區。今天美國的加利福尼亞、佛羅里達也在西班牙人的勢力範圍之內。

崇禎年間，葡萄牙人殖民巴西超過一百年。葡萄牙國土面積 9 萬平方公里左右，巴西國土面積最高時超過 900 萬平方公里。

崇禎年間，法國開始發展加拿大殖民地。

英國人探索北美的活動也不晚。

伊麗莎白女王時代，雷利爵士（Sir Walter Raleigh）大力發展北美殖民項目。伊麗莎白女王終身未婚，對外稱處女。因此，雷利將北美殖民地命名為維吉尼亞（英語處女的意思）。

萬曆十五年，1587 年，雷利把一百多英國人送到北美。幾年後再去看他們的時候，活不見人，死不見屍，所有人都神祕消失了。

1603 年，伊麗莎王女王去世，詹姆斯一世繼位。殖民北美計畫重新啟動。

英國地理學家哈克盧特說，我們的人口比以往任何時候都要多，多到人們幾乎沒法比鄰而居。多餘的人偷竊、做賊、做出各種淫蕩下流之舉，讓英國所有的監獄每天都煩惱不堪。最好的辦法就是移民北美。

萬曆年間，有官員上奏說：京師住宅既逼仄無餘地，市上又多糞穢，五方之人，繁囂雜處，又多蠅蚋，每至炎暑，幾不聊生，稍霖雨，即有浸灌之患，故瘧痢瘟疫，相仍不絕。

明朝官員沒有向外殖民的想法。

英國有的官員主張學習西班牙，大力向美洲殖民。

有的官員說，很難說服印第安人信奉基督教。

有的官員說，大量人口外遷會削弱英國本土的實力。

有的官員說，北美殖民地做大了，早晚會脫離英國。

這位老兄還真有遠見（美國獨立）。

四百年前從歐洲移民到美洲，基本上等於找死。沒有電，沒有路，沒有醫

院，沒有超市，有惡意土著，有大量野獸。出了事沒有大使館救援，也沒有航班回來，連發個簡訊訴苦都沒有。

不是開玩笑，其死亡率遠遠高於一場最激烈的戰爭。

經詹姆斯國王批准，英國成立了維吉尼亞移民公司和樸茨茅斯移民公司。移民公司撰寫宣傳品，散發小冊子，告訴英國人民美洲遍地黃金。

要是有這好事，他們自己怎麼不去，還四處擴散告訴別人。

但凡能在英國有口飯吃的人，都不願意去美洲，只有走投無路的窮人希望去美洲碰碰運氣。已經生活在社會的最底層，還能差到哪裡去？

很多窮人連移民費都付不起，於是簽訂賣身合約，到了美洲為公司義務工作七年。

1603 年，西班牙人在馬尼拉屠殺了兩萬華人。1639 年，西班牙人又屠殺了兩萬華人。1662 年，西班牙人又屠殺了兩萬華人。明清政府基本上不聞不問。

在沒有移民公司的情況下，超過十萬華人移居東南亞。

1607 年 4 月，維吉尼亞移民公司第一批 144 名客戶到達北美乞沙比克灣。

這其中，有木匠 4 人、牧師 1 人、勞工 12 人、醫生 1 人、鐵匠 1 人、水手 1人、理髮師 1 人、泥水匠 2 人、石匠 1 人、裁縫 1 人、商販 1 人。

好像沒看到農民。

沒人想在北美種糧食、種菜定居。他們想的是在北美採礦或做貿易，發了財就回英國，不想待在這鬼地方。

5 月 12 日，新移民駛入一條大河，發現一座小島。他們選擇小島作為定居點。小島四面環水，可以防止印第安人或野獸的襲擊。

定居點需要一個名字。

眾人用國王的名字將其命名為詹姆斯鎮（James town）。

有人說，這是美國開始的地方。

距離今天 400 多年了。

經過海上顛簸，很多人病倒了。到了陌生的地方，又水土不服。

每天都有人死亡。有時候一個晚上就死三四個。

這裡沒有教堂（墓地）和大理石（墓碑），死人像狗一樣被埋掉。

他們來的時間點也不好，錯過了播種的季節。當然，他們當中沒有農民，也不會種植。沒有糧食，只能打獵、吃野果。冬天來了，野獸和野果都沒了。

有人偷偷吃死人肉。

到了聖誕節，新移民只剩下 40 人。

詹姆斯定居點位於印第安波瓦坦部族（Powhatan）範圍內。該部落人口約 2 萬。

波瓦坦人對英國新移民很友好，送給他們玉米和山藥。

兩種不同文明的人生活在一起，必定產生矛盾。

矛盾之一是土地。印第安人是美洲的主人。不過，他們沒有土地私有觀念。他們認為所有土地都屬於上天，不屬於任何人。

英國殖民者則認為，每塊土地都應該有一個主人。如果找不到主人，那麼它就屬於國王。

不少歐洲殖民者向印第安人購買土地，或者用小禮物去換。

矛盾之二是宗教。印第安人有自己的原始宗教，但不勸說歐洲殖民者接受。歐洲殖民者則希望印第安人改信基督教。

雙方又鬥爭，又合作。

早在一百年前，湯瑪斯·摩爾在他著名的《烏托邦》裡寫道：

烏托邦如果人口過多，就將過多的人移到其他地方居住，與當地人聯合，形成共同的生活方式及風俗。但是，如果當地人不遵守烏托邦法律，烏托邦人就會從為自己圈定的土地上將他們逐出。

如果某個民族放任自己的土地荒廢，不去利用，又不讓其他民族開發這些土地謀生，那麼向他們發起戰爭就是完全正當的。

1608 年 9 月 10 日，約翰·史密斯上尉正式成為詹姆斯鎮鎮長。

他是一個傳奇人物。

第 13 章　風中奇緣

17 歲時，史密斯成為一名僱傭軍戰士，先後為荷蘭和法國作戰。後來，他受僱於特蘭西瓦尼亞大公（Transsilvania），到羅馬尼亞與土耳其人戰鬥。

有一次，土耳其軍官提出以單挑的方式決出勝負。

在決鬥中，史密斯連斬三名土耳其軍官。

特蘭西瓦尼亞大公授予他上尉軍銜。

在一次小規模突襲中，史密斯和他的希臘情婦被俘虜。借助情婦的關係，史密斯越獄成功。他單槍匹馬地逃到烏克蘭，又輾轉來到波蘭，最後回到特蘭西瓦尼亞大公身邊。

大公為他的經歷折服，給了他一大筆錢。

史密斯拿著錢在歐洲遊歷，後來又跨過地中海去北非的摩洛哥歷險。史密斯返回英國後，又乘船來到北美。

維吉尼亞公司又送來幾批移民到詹姆斯鎮，總數超過 500 人。到了 1609 年冬天，只剩下 60 人。

這裡簡直就是人間地獄。

有一天，史密斯拿著玻璃彈珠向印第安人換食物。不料對方突然翻臉，把他抓回村落，綁在木樁上準備當祭品。印第安人圍著史密斯邊歌邊舞，下一步是所有人拿起棍棒，把史密斯打成肉醬。

史密斯全身癱軟，只能向上帝禱告。

波瓦坦酋長抬頭看了看月亮，向眾人點頭示意。

史密斯閉上眼睛，只求速死。

就在亂棒即將落下的危急時刻，突然一個小小的身影從人群中竄出來，趴在史密斯身上。

印第安人只得暫停攻擊。

波酋長定睛一看，這個奮不顧身的保護者，不是別人，正是自己 11 歲的女兒——寶嘉康蒂。

說個不恰當的比喻：將一個校園惡霸分配到一個乖乖班。這個班的班花必定

會愛上這個惡霸，因為他太與眾不同了。

總之，寶嘉康蒂愛上了史密斯。

波酋長手下留情，放了史密斯，讓他住在自己的村落裡。

波酋長有 100 多個孩子。「寶嘉康蒂」是「小淘氣」、「調皮鬼」的意思，她的真名已經沒人知道了。

史密斯邀請寶嘉康蒂到英國殖民點作客。

寶嘉康蒂對英國人的生活方式感到好奇，經常來參觀。

1608 年，史密斯意外受傷，不得不返回英國治病。為了不讓寶嘉康蒂掛念，他讓別人轉告她，說自己在水裡淹死了。

1613 年，英國殖民者軟禁了寶嘉康蒂，不讓她回到部落。在這段時間，寶嘉康蒂學會了英語，接受了白人的生活方式。1614 年，寶嘉康蒂受洗加入基督教，取名瑞貝卡。

寶嘉康蒂與約翰·羅爾夫（John Rolfe）相戀，準備結婚。

波酋長欣然同意，並派弟弟和兒子參加婚禮。

婚禮於 1614 年 4 月 5 日舉辦。

一年後，寶嘉康蒂生下一個男嬰，取名湯瑪斯·羅爾夫。

由於這樁婚姻，英國殖民者和波瓦坦部落保持了 8 年的和平。

1616 年，羅爾夫夫婦攜子回到倫敦，轟動了整個英國。

詹姆斯國王和王后親自接見他們，單獨談話。

詹姆斯國王賜封寶嘉康蒂為殖民地公主。

在一次歡迎舞會上，寶嘉康蒂驚訝地發現了一個人 —— 史密斯。

據說寶嘉康蒂真正愛的是史密斯大叔。

1617 年 3 月，羅爾夫夫婦準備啟程返美。不想寶嘉康蒂突然病倒，幾天後就撒手人寰。病因可能是肺炎。她葬於英國葛文森的一座教堂。

當時的人們稱她為「風中公主」。

寶嘉康蒂的獨子湯瑪斯返回北美。很多美國名人都是寶嘉康蒂的後代。

2020 年，美國民主黨總統參選人華倫是女性，自稱有美洲土著血統。川普替她取了一個外號 ——「寶嘉康蒂」。

1631，史密斯逝世，終年 50 歲。生前他撰寫了大量的遊記和回憶錄。其中提到了他和寶嘉康蒂的感情，迪士尼將其改編成動畫《風中奇緣》。

史密斯當法國士兵，成為羅馬尼亞軍官，與土耳其人作戰，和希臘女人共生死，去非洲探險，到美洲和印第安少女談戀愛。

他的傳奇人生，連好萊塢都拍不出來。

英國殖民者捕魚、種葡萄、釀酒，都沒有什麼收益，在餓死的邊緣掙扎。

直到他們找到了一種救命的東西，一種比黃金還珍貴的東西。

菸草。

1614 年，美洲殖民地菸草的產量是 4 箱。

1618 年，美洲殖民地菸草的產量是 5 萬磅。

1626 年，這個數字暴增到 320 萬磅。

菸草產業大發展，美洲殖民地的移民數量大增。不過，大都是男性。

1618 年，波酋長去世，他的弟弟繼位。這位新酋長對白人恨之入骨。

1622 年 3 月 22 日，他對英國殖民據點發動突襲，殺死 347 人，不少是婦女和兒童。

印第安人各部落之間一直處於相互爭戰狀態。他們沒有法律體系，也不知道什麼是人道主義精神，殺起人來從不手軟。

這場戰爭直接導致維吉尼亞移民公司破產。英國王室接管了維吉尼亞殖民地。

1642 年 9 月 8 日，17 歲的格蘭傑被控性侵了一頭母馬，一頭母牛，兩隻山羊，還有牧羊犬，兩隻小牛和一隻火雞。

被強姦的動物在格蘭傑面前宰殺，丟進坑裡埋掉。

格蘭傑被絞死。

為此，維吉尼亞移民公司向北美殖民地送去了 90 個「年輕、純潔而又討人

喜歡的少女」。這些女人也是窮人，連過路費都交不起。沒關係，願意去就行。

1619 年，嗅到商機的荷蘭商人把一批非洲黑奴賣到英國殖民地。但殖民者發現買來的黑奴不好用，把他們全放了。

1624 年。魏忠賢掌權的那一年。

北美殖民地共病死 2,538 人，忍受不了回英國的有 1,332 人。

簡單地說，從英國來四個人，死兩個人，回去一個人，留下一個人。

萬曆四十八年。萬曆皇帝去世，天啟皇帝登基。

這一年，以清教徒為主的 104 名新移民乘坐「五月花」號輪船，滿懷期待地奔向他們的夢想之地 —— 維吉尼亞殖民地。

不知道是天氣還是船長的原因，他們沒有到達維吉尼亞殖民地，而是來到北方的麻薩諸塞。

這裡不是殖民地領土，不受英國國王管轄。這裡沒有地方官員，也沒有法官。

這幫人成了無政府、無組織、無紀律的游民。

他們該怎麼辦？

這一百來人當中，41 人起草了一分協議。協議部分內容如下：

為我們在上帝監督下和互相監督下，鄭重地組織，以便更好地維持秩序，我們將不斷制定公平合理的法律、法令、法案、憲法和設立各種官職，以滿足和適應殖民地的基本利益。我們保證絕對遵守法紀，服從長官。

這段文字，第一次從民眾的角度闡述了國家權力的來源：國家是民眾以契約的形式組建的。國家的公權力來自於民眾所讓渡的部分權利的組合。

不是國家制定一個法律，要人民遵守。

而是人民主動要求制定法律保護自己。

人們尊重期盼法律，而不是恐懼法律。

英國之所以偉大，不在於他們的國王，他們的法官，而在於法治思想已經深入每個人的心中。

《五月花號公約》成為美國立國的傳奇和神話。

訂完協議之後，眾人選舉約翰‧胡佛（John Edgar Hoover）為首任總督，任期一年。

「五月花」號移民來的時間更差。當時正值寒冬，婦女兒童一直在船上。第二年春天全部人才上岸居住。

移民將登陸的地點用英國的普利茅斯命名。今天，這裡已經變成了一個國家公園。移民登岸時所踏的第一塊大礁石至今還在，被冠名「普利茅斯石」。

「五月花」號船民的遭遇與詹姆斯鎮最初的移民基本一樣：勞作辛苦、疫病流行、缺衣少食。很快，移民死了一半。

印第安人把種玉米、捕魚的技術傳授給他們，幫助他們度過了最初的飢餓。

1621 年的收穫季，移民們擺開盛宴，感謝印第安人的幫助。這就是感恩節的起源。1863 年，林肯總統把感恩節定為法定假日，時間是每年十一月的第四個星期四。

「五月花」號到達北美的十年後，1630 年，查理國王在英國實施專制統治。

英國人約翰‧溫斯羅普（John Winthrop）率領一千多名清教徒乘坐 17 條船到達麻薩諸塞。這是最大規模的一次移民。

以前的移民身分複雜，目的不一。

這次移民不是為了逃命，不是為了發財，而是為了理想，為了建立山巔之城。

所謂山巔之城，是耶穌對耶路撒冷的稱謂。

我們知道耶路撒冷是基督徒（包括天主教和新教）心目中嚮往的聖地。

約翰‧溫斯羅普對新移民說：

上帝把耶路撒冷給了以色列，現在他把美洲給了我們。如果我們在事業中欺矇上帝，那就請他收回對我們的庇佑，我們也將成為世人的笑柄。所以，我們要努力創建山巔之城，讓全世界都矚目我們！

由於大批清教徒移民的加入，麻薩諸塞殖民地很快以波士頓為中心發展起來。

西元 1644 年，崇禎十七年。英國在北美洲建有維吉尼亞、麻薩諸塞、羅德島、新罕布夏、馬里蘭、康乃狄克六塊殖民地。

1636 年，崇禎九年。山陽縣（今江蘇淮安）武舉陳啟新跑到京城向崇禎皇帝進言。他說天下有三病，第一病就是科舉之病。朝廷的官員讀書的時候談孝弟如同堯舜，說仁義比肩孔孟。等到當了官，既貪又暴，把書都讀到狗肚子裡了。

同年，麻薩諸塞殖民政府決定籌建一所大學。由於不少官員畢業於劍橋大學，他們就把這所學校命名為劍橋學院。

1638 年，新學校開學了。第一屆學生共有 9 名。老師呢，只有 1 名。

此時，有人突然提出，願意捐給學校 779 英鎊和 400 冊圖書。

這相當於學校兩年的經費。

原來，殖民地有一位 30 歲的牧師重病身亡。可憐的年輕人剛結婚兩年，沒有子女。臨死前，他提出把自己遺產的一半捐贈給劍橋學院。

劍橋學院院長非常感動，為了感謝這位牧師，學院決定改用牧師的名字，哈佛學院（後改為哈佛大學）。

今天，哈佛大學裡有一尊哈佛先生的塑像。塑像底座上刻著三行文字：約翰‧哈佛（John Harvard），創始人，1638 年。

三行文字就有三個錯誤。

第一，哈佛是一個貢獻者，而不是創始人。

第二，該學院成立於 1636 年，而不是 1638 年。

第三，雕像的原型是哈佛大學的學生，並非哈佛本人。

哈佛塑像的左腳被人摸得晶亮，美國考試臨時抱「佛」腳的人也不少。

哈佛大學成立 140 年後，美國才成立。

美洲有五所大學比哈佛大學成立的時間還早，至今還在營運。這五所大學是：

墨西哥皇家大學（1551 年）、祕魯的聖馬科斯國立大學（1551 年）、哥倫比亞的聖湯瑪斯阿奎那大學（1580 年）、阿根廷的科爾多瓦國立大學（1613 年）、

玻利維亞的聖法蘭西斯澤維爾大學（1624 年）。

另外，菲律賓的聖湯瑪斯大學（1611 年）是亞洲最早的大學，成立時間也早於哈佛大學。

1626 年 5 月 24 日，荷蘭人從印第安土著手中購買了一片叫曼哈頓的土地，價值 60 荷蘭盾。他們在這裡建立了新阿姆斯特丹。

1664 年，第二次英荷戰爭爆發。英國人攻下新阿姆斯特丹。

英國國王查理二世將新阿姆斯特丹賜給他的弟弟約克公爵。

約克公爵將新阿姆斯特丹改名為新約克（New York），即紐約。

1657 年，英國人約翰·華盛頓乘船來到北美定居。

他就是美國首屆總統喬治·華盛頓的曾祖。

北美殖民有詹姆斯鎮的奮鬥作風，有「五月花」號的契約精神，有清教徒們追求山巔之城的理想，有哈佛大學的教育理念。

美國的基因已經基本成型。

喬治·華盛頓的基因也有了。

第 **14** 章
湯瑪斯・霍布斯 —— 怪獸利維坦

他自稱是膽小鬼，卻親自動手拆掉帝王的寶座，扯下教宗的遮羞布，批判英國議會的專權。

Thomas Hobbes（1588-1679）

我認為人類有一個基本的傾向，就是不息地、永遠地追求權力，至死方休。我們求富有、求知識，都不過是得到權力的方法，榮譽就是權力的證明，而我們之所以追求權力，是因我們恐懼不安。

哲學的目的在於為人生謀福利。

任何人的意願行為，都是為了對自己有好處。

如果有人一直向你宣揚道德，那意味著兩種情況。第一，他是騙子，在用道德掩飾某種利益；第二，他是傻子，把別人關於道德的宣傳當真了。

霍布斯於 1588 年 4 月 5 日生於英國的莫斯伯里。這一天，霍布斯的母親聽到一個消息，強大西班牙無敵艦隊已經殺入英國境內。

這位可憐的孕婦嚇得當天就早產了。

受母親遺傳，霍布斯長大後成了一個膽小鬼。

他說，母親那天同時生下兩個孩子，一個是他，一個是恐懼。

霍布斯的名言是，恐懼是根本動機。

霍布斯的父親是一名教區牧師，性情衝動。有一次，因為吵架吵不過對方，他動手把人家打成重傷，然後丟下老婆孩子，離家出走，終生未歸。

霍布斯父親為他留下一個好爭的性格。

霍布斯在叔叔的撫養下長大，於 1603 年左右進入牛津大學就讀，1608 年畢業。當年文科畢業答辯題目如下：

1. 全世界只用一種語言好，還是多民族語言好？
2. 是否真有人以為自己是笨蛋？
3. 傲慢是否源於無知？
4. 地球是不是一個天然磁體？
5. 一個女人學習道德哲學是否合適？

這些話題必定不會列入明朝的科舉考試。

大學畢業後，霍布斯擔任德文伯爵卡文迪西之子威廉的家庭教師，教授拉丁文、希臘文、數學和歷史。1610 年，霍布斯陪伴年輕的威廉遊歷歐洲大陸，聽說了伽利略和克卜勒的事蹟。隨後，霍布斯將修昔底德所著的《伯羅奔尼撒戰爭史》翻譯成英文。

伯羅奔尼撒戰爭是雅典和斯巴達之間的戰爭。雅典是一個民主的、繁榮的城市國家。斯巴達是一個保守的、專制的國家。然而，斯巴達卻戰勝了雅典。

霍布斯得出一個結論：民主政府無法打贏長期戰爭。

回國後，霍布斯為大名鼎鼎的培根當祕書，雖然時間不長，卻受益匪淺。

霍布斯結識了世界著名醫學家、「血液循環論」的發現者威廉·哈維。兩人

私交甚好。霍布斯認為哈維和哥白尼、克卜勒、梅森一樣偉大。

後來，霍布斯也僱傭了一個大名鼎鼎的祕書 —— 威廉・配第。

1628 年 6 月，霍布斯的贊助人卡文迪西死於瘟疫，公爵夫人解聘了他。不久之後，霍布斯受聘成為克利夫頓爵士之子的家庭教師。

1631 年，卡文迪西家族再次僱請他，這次教導的對像是原來學生威廉的兒子。1636 年，霍布斯帶著威廉的兒子再遊歐洲，在義大利拜會了伽利略本人。

威廉的兒子的後代誕生了一位偉大的物理學家和化學家 —— 亨利・卡文迪西（Henry Cavendish）。

從 1637 年起，霍布斯開始自稱為哲學家和學者。

要是中國有貴族的話，我也去當家庭教師。別的不說，遊歐洲我在行。

1640 年 11 月，英國國王查理一世與議會間衝突加劇，火藥桶馬上要爆炸。

霍布斯寫了一篇叫〈法律要素〉（The Elements of Law）的文章，支持國王，反對議會。他把文章交給幾個朋友閱讀，沒想到其中一個人把這篇文章出版了。

膽小鬼霍布斯怕英國議會報復他，於是逃往巴黎，11 年不敢返回英國。

霍布斯獲得一項榮譽：第一個逃離英國內戰的人。

歐洲中世紀有一句名言形容膽小的人：最後一個到達戰場，第一個離開戰場。

在巴黎，霍布斯加入了馬林・梅森的科學沙龍。

霍布斯讀了笛卡兒的文章。他贊同笛卡兒的機械論哲學，即世界由物質組成，物質受外力影響運動，不同物質組成機械，不同機械組成更複雜的機械。

霍布斯反對笛卡兒將宇宙分成物質和靈魂。他認為靈魂也是物質。

霍布斯是典型的唯物主義者。

笛卡兒收到了霍布斯的反饋意見。他說，這位作者十分睿智、博學，可惜的是，他的觀點都是錯的。

笛卡兒與中間人梅森神父說，我不想與霍布斯聯繫。為了減少矛盾，我們最好各行其道。

1644 年，笛卡兒去巴黎。霍布斯拒絕去拜訪他。

在梅森神父的撮合下，1648 年，兩人見面了。當面大吵，不歡而散。

與父親不同，霍布斯沒有把笛卡兒打成重傷。

在英國，議會軍連戰連勝，保王黨紛紛流亡歐洲。

霍布斯大學畢業後一直為貴族服務，認識其中不少人。當時霍布斯年近六旬，卻和一個 20 歲的年輕人 —— 威廉·配第成為好朋友。他們一起閱讀比利時解剖學家瓦薩里的作品。配第史稱「政治經濟學之父」。

1647 年，霍布斯成為英國查理太子和白金漢公爵的數學教師。

據說霍布斯講課十分枯燥，在白金漢上課的時候還偷偷手淫。

說實話，講課能達到這樣的效果，也不是一般老師。

1649 年，查理國王被議會處死，克倫威爾執政，但英國內戰並沒有結束。

面對複雜、動盪的英國局勢，「膽小鬼加吵架王」霍布斯決定寫一本書，分析英國內戰的原因，並提出對策。

1651 年中旬，霍布斯完成了他的名著，書名叫《利維坦》（Leviathan）。書的封面非常醒目，一個戴著王冠的巨人，一手持劍、一手持杖，巨人的身體則由無數的人民所構成。

利維坦是什麼東西？

這是《聖經》中的一個故事。當時，人們向請求上帝說：「上帝啊，我們太弱小了，請你創造一個英雄吧，讓他保護我們。」

上帝說：「英雄在保護你們的同時，也會欺壓你們，吃你們。」

上帝為人類造了一個英雄叫利維坦。

霍布斯認為，政府就是利維坦。政府既能保護人民，也能欺壓人民。

這世界既有明君雄主，也有昏君暴君。

伊索寓言裡也有一個類似的故事：

青蛙們因沒有國王，大為不快。於是，牠們決定派代表去拜見宙斯，請求給牠們一個國王。宙斯看到牠們如此蠢笨，就將一塊木頭丟到池塘裡。青蛙最初聽到木頭落水的聲音嚇了一大跳，立刻潛到池塘的底下。後來當木

頭浮在水面一動不動時，又游出水面，終於發現木頭沒什麼了不起的，大家爬上木塊，坐在牠的上面，一開始的害怕都忘得一乾二淨。但牠們覺得有這樣一個國王很沒面子，又去求見宙斯，請求更換一個國王，說第一個國王太遲鈍了。宙斯感到十分生氣，就派一條水蛇到牠們那裡去。結果青蛙都被水蛇抓去吃了。這個故事說明，迷信統治者，不相信自己的力量，只能受制於人，招致災難。

這本書一出版就引起了巨大的轟動，惡評如潮。

首先，這本書得罪了霍布斯的保王黨朋友。查理一世死了，保王黨們一直盼望著查理太子殺回英國，登基為王。

他們認為國王是上帝在人間的代理人，是造福臣民的慈父。

霍布斯卻汙蔑國王是利維坦，是張牙舞爪的怪獸。

作為查理太子的老師，竟然辱罵太子的父親、太子本人是怪獸。

這是大逆不道！這是叛國！

不少憤怒的保王黨人揚言要殺掉他。

《利維坦》說國王不是上帝指定的，是人民選擇的。這種觀點否定了上帝的能力和《聖經》的神性。

憤怒的法國神父準備用木棒毆打霍布斯（因為他們不能殺人，不能致人流血），說霍布斯是豬八戒照鏡子，裡外不是人。面對威脅，他說：「任何不帶偏見的人讀了我的書後都會心悅誠服。否則，讀者就是一個不可理喻的人。」

這些人說，我們寧肯不可理喻，也要把你打到不能自理。

為了活命，霍布斯只好向英國議會派求助。

議會派政府當然歡迎霍布斯「背叛」保王黨，允許他回國。

《利維坦》一書中寫道：

能夠保護人民的政府，就是合法政府。

王黨政府不能保護我，議會政府能夠保護我，我就承認後者是合法政府。

這句話如果用明朝舉例子。明朝人民被外族燒殺，被農民起義軍掠奪，又遭受災荒和瘟疫。崇禎政府不僅不能夠保護人民，還要掠奪百姓的財產用來繳稅。因此，崇禎政府應該結束。崇禎皇帝倒是下了罪己詔，但這些詔書有什麼用？沒有法庭審判皇帝或處罰他。

霍布斯回到英國。他一開始隱居在鄉下。不過，他發現周邊沒有博學的人交流，十分痛苦，於是回到倫敦。

此時，他已是一位 63 歲的老人了。

霍布斯萬萬沒有想到。1660 年，議會派倒臺，查理太子回到英國加冕為王，史稱查理二世。流亡法國的保王黨紛紛回到倫敦。

霍布斯尷尬了。

有一天，查理二世在街頭遇見了霍布斯，十分高興，立即請他入宮，招待他，還笑稱他是「熊」。

查理二世命人替霍布斯畫了一幅肖像，掛在自己臥室。

查理二世撥給霍布斯養老金，每年 100 英鎊。

此時，霍布斯已經是一位 72 歲的老人了。

這就是查理二世受人民喜歡的原因。

一個沒有勢力的老文人，過去做過一些超過的事，現在事情過去，就算了。

1666 年，英國議會通過了一項制裁無神論者和不敬神者的法案。而霍布斯的《利維坦》顯然是無神論和褻瀆上帝的「典型作品」。

恰在這一年的 9 月，倫敦發生了一場大火，燒掉了六分之一城市，導致 1 萬倫敦市民流落街頭，無家可歸。大火造成的經濟損失需要 800 年才能彌補。

英國臣民一致認為，這場帶來滅頂之災的大火，是霍布斯造成的。

因為他宣揚無神論，所以上帝要懲罰倫敦。

霍布斯成為英國的公敵，面對這種奇葩的指控有口難辯。

膽小鬼霍布斯嚇得不敢出門，每天都燒掉一些對自己不利的文稿。

查理二世再次出面保護霍布斯。

最後，法庭判決如下：

一、不管批評霍布斯的文章多麼嚴厲苛刻，哪怕極端荒謬，他都不能為自己書面辯解。

二、霍布斯不得發表任何有關人類行為的著作，寫科學養豬可以。

霍布斯只得把自己最新的著作送到荷蘭出版，還有一些在他死後才得以發表。

委屈的霍布斯把怒火發洩到新成立的英國皇家學會。

霍布斯當過培根的祕書，卻不贊同培根提出的實驗方法。霍布斯反對笛卡兒的二元論，卻支持笛卡兒的理性主義。因此，他對英國皇家學會的科學實驗、科學儀器嗤之以鼻，並批評過多位科學家，包括「化學之父」波以耳。

懷特也 80 歲了，不會禮讓霍布斯。兩人經常吵得面紅耳赤。別人說他們像兩個年輕的大學生。

有主見的老年人不能惹啊。

霍布斯不受英國人歡迎，卻在國外贏得了很高的聲望。前往英國訪問和旅遊的外國政要和學者都去拜訪他。萊布尼茲還寫給他兩封信。

霍布斯認為老年人溼氣大、熱量虧，所以要鍛鍊。每天上午，霍布斯出門走路，走到出汗。每天下午，他都要抽 12 支雪茄，邊抽菸，邊思考，邊寫作。

1679 年，霍布斯病逝，享耆壽 91 歲。他的長壽祕訣是：

晚上，關上門，上床後大聲唱歌。他認為這對肺部有好處。

對鄰居沒有好處。

霍布斯提出的社會契約理論激怒了保王黨。他倡導的君主專制得罪了議會。他主張教會要完全服從於君主惹惱了教宗。他的無神論思想否定了不可冒犯上帝。

霍布斯承認自己是個膽小鬼。但他在明知道後果很嚴重的情況下依然發表那些為他帶來生命威脅的文章，說明他比誰都膽大。

不過，霍布斯承認，史賓諾沙的文章比他的文章更驚人。

假如你穿越到崇禎年代，你必定會利用自己的聰明才智通過科舉考試，成為官員、更高級的官員。你會認真閱讀四書五經、《資治通鑑》，然後努力做兩件事情：

一、提出好的建議，幫助崇禎皇帝治理國家；

二、提出好的建議，幫助崇禎變成一位明君。

如果是這樣，你永遠不可能成為一個真正的政治理論家。

如果霍布斯穿越到明朝，他會問，為什麼是崇禎當皇帝。

有人告訴他，是他祖宗朱元璋傳給他的。

霍布斯接著問，朱元璋又是什麼原因當上皇帝。

有人告訴他，他之前是個和尚，透過軍事手段要求人民承認他是皇帝。

霍布斯接著問，中國最早的君主是誰？他是透過什麼方式（選舉、自封、強迫別人接受）成為君主的？君主的職責是什麼？

大部分人談論政治，是在頭腦中接受了一整套理論體系後，在固定的思想框架內說，時間一長，都成了陳詞濫調。

霍布斯決定拋棄現在的政治思想，跳出現在的政治體系，重新設計自己的政治框架。

有一次，霍布斯和朋友在大街上漫步，一個病弱的老乞丐向霍布斯乞討。

霍布斯給了老乞丐六便士。

朋友就問霍布斯：「如果不是上帝讓你愛人，你還會這麼做嗎？」

霍布斯回答說：「我看到老人的慘樣感到十分難過，這不是上帝讓我難過，而是人性讓我難過。因此，我幫助他是人性讓我這麼做的，而不是上帝讓我這麼做的。」

研究政治也是一樣，不能研究子民（宗教用語），不能研究臣民（政治用語），而是研究沒有宗教前，沒有政治前的人民，自然的人民。

霍布斯在政治理論上的第一個重大貢獻是，把政治回溯到沒有政府的自然狀

態，然後再從那裡出發。

猴子不會建立一個國家。所以，先有人，再有家，再有國家。

法國思想家布丹認為，國家起源於家庭，國家是家庭聯合體。

霍布斯甚至走得更遠。他先研究物，再由物及人，由人及國。他認為世界是由物質構成，人也是一種複雜的物質。

宗教認為，神按照自己的意志創造世界。

霍布斯認為，創世之初是沒有意志。物質產生之後，意志才附著在物質上。

沒有國家、沒有政府的時候，也沒有法律，沒有道德，沒有善惡。

在明朝，善是統治者定義的。忠臣孝子是善，寡婦不嫁是善，孔融讓梨是善。

霍布斯說，錯。能滿足個人欲望的，就是善。

我喜歡吃梨，多吃梨，這就是善。

我把大梨讓給別人，自己沒吃夠，欲望沒有滿足，是惡。

沒有約束，每個人憑著自己的意志、欲望和意向做事。

這是霍布斯在政治理論上的第二個重大貢獻，是自由主義。

在沒有國家和政府的時候，自然人是自由的。

顯然，在崇禎年間，在 17 世紀的歐洲，無論中國人還是歐洲人，都受到相當多的約束，都非常不自由。

人類社會一開始的狀態是自由的。

霍布斯在政治理論上的第三個重大貢獻，是平等。

明朝講究三綱五常，歐洲有王公貴族。

在沒有國家的時候，也沒有君主，沒有官員，沒有高低貴賤之分。

英國詩人德萊頓根據霍布斯的描述寫道：

沒人比我更有傲氣，

沒人能賜我以死亡，

即使你是萬民拜服的君主，

因為，我也是王，

我就像遠古時期的自由人，

那裡沒有所謂的道德、法律，

我高貴地在野蠻叢林中漫遊。

你是王，我也是王，我們是平等的。

沒有道德和法律，我和你都是自由的。

那麼，自然人的生活是理想狀態嗎？人類社會要不要回到過去？

答案是否定的。

霍布斯認為，自然人面臨的最大危險是欲望。

自然人有虛榮心和野心，都想比別人過得好，都想比別人占有更多的資源。

資源永遠是不夠的。

所以，人與人之間是赤裸裸的競爭關係，天天都處於戰爭狀態。

強者消滅弱者，弱者也可以消滅強者。

無論是強者還是弱者，每個人都生活中恐懼當中。

《三體》一書有一個觀點：

宇宙是一座黑暗森林，每個文明都是帶槍的獵人，像幽靈般潛行於林間，竭力不發出聲音。林中到處都有與他一樣潛行的獵人。如果他發現了別的獵人，只能立即開槍消滅之。別人也會隨時消滅他。

霍布斯認為人性有兩個特點：

第一，人有欲望，追求超過別人的利益，導致戰爭。

第二，人有恐懼，害怕隨時出現的死亡，追求和平。

為了遏制欲望，消除恐懼，自然人必須理性地找到解決辦法。

霍布斯給出的辦法是，成立政府。

在自然狀態下，人人手中有槍，人人都處於危險當中。

為了所有人的安全，我們把槍交到一個人或一個組織手中。

這個組織就叫做政府。有了政府，這個社會就變了國家。

別人沒槍不能打我，我沒槍不能打別人，大家安全了。

但是，我失去了槍。

如果所有人簽署《不使用槍協議》，這樣不用成立政府，把槍留在自己手中，不是更好嗎？

霍布斯的答案是否定的。當張三違反協議，用槍打傷我的時候，誰能幫助我懲罰張三？沒有人。協議只是一紙空文。

政府就不一樣了。它有警察、法庭、監獄，能嚴厲處罰張三。

但是，張三卻傷害不了政府。你想半夜去勒死睡覺的政府？

我把槍交給政府，政府保障我的個人安全。

每個自然人都和政府簽署協議，有保障的協議。

這就是霍布斯在政治理論上的第四個重大貢獻：社會契約論。

英國大法官布雷德・肖在審判查理國王時說：

在國王和他的人民之間存在一個契約協定，國王的即位宣誓就意味著契約開始履行。這就好比是一條紐帶，一頭是君主對臣民應盡的保護義務，一頭是國民對君主應盡的服從義務。一旦紐帶被切斷，那麼只能說：別了，君主統治！

這也是一種社會契約論的表達。

孫悟空對猴子們說：人而無信，不知其可。你們才說有本事進得來，出得去，不傷身體者，就拜他為王。我如今進來又出去，出去又進來，何不拜我為王？」眾猴聽後，即拱伏無違。花果山政府就是依照契約產生的。

簽署契約的目的是為了消除恐懼。簽署契約的結果是成立了政府。

所以政府是為了消除恐懼而存在的。

現代政府不僅能保障你在國內的安全，當你在國外遇上危險的時候，政府也會透過所在地的大使館不惜代價保護你。

社會契約可以解釋一個有趣的現象 —— 婚姻制度。

在原始社會，男女是隨意同居的。為什麼？

生存環境惡劣，人均壽命極短，一定要有足夠的後代才能維持種群的數量。

所有男人和所有女人都有權過性生活，才能孕育最多的孩子。

男人有三個老婆，他的精子不會浪費。女人有三個老公，可以獲得更多的保護。

這不是很好嗎？為什麼選擇一夫一妻呢？

加拿大滑鐵盧大學教授麥倫巴哈（Ashley Rose Mehlenbacher）認為，原因來自性病。

如果所有男人和所有女人都過性生活，只要有一個人有性病，所有男人、所有女人和所有孩子都面臨死亡的威脅。

所以，為了所有人的安全，整個部落都遵守一條約定，即一夫一妻制。

即為了安全，放棄自由，遵守契約。

社會契約論的前提一旦成立，霍布斯在政治理論上的第五個重大貢獻就誕生了，即君權民授。

歐洲君主和人民完全相信君權神授。查理一世就是最典型的代表。他寧肯犧牲生命都不肯放棄自己的信念：君主只為神負責。

明朝的皇帝同樣如此。他們的權力來自上天，他們自稱是天子。

霍布斯說，你們不是上帝、不是上天指定的，是人民選擇你並授權你管理國家的。

明朝老百姓為了自身安全，放棄了自己稱帝的權利，讓給了朱元璋。朱元璋當皇帝不是上天安排的，是老百姓同意的。

嗯，就是這麼回事。實際上，你根本不是天子。

如果明朝哪個讀書人敢提出這樣的理論，本人凌遲，並誅九族。

一旦政府、國家成立，自然民也就變成了臣民。

既然朱元璋承諾保護你，你也要履行自己的承諾。第一，你放棄自己當皇帝

的權力，你不能造反。第二，如果別人造反，你也要和朱元璋站在一起反對他。

有了政府，平民沒有能力傷害我了。政府的傷害更嚴重。

但是，政府傷害我，皇帝傷害我，我怎麼辦？

霍布斯說，沒辦法。你只能忍受。

自然狀態時，人與人之間隨時相互傷害。成立政府後，傷害案例降低了百分之九十以上。不管怎麼說，你整體上要比自然狀態安全很多。

如果你不忍受政府傷害你，起而反抗，你將受到更大的傷害。只要政府不要你的命，你都應該忍受。

要命不行，因為你的生命是上帝賦予的。

政府違約，政府傷害人，傷害的是極少數人的利益。

人民違約，發動內戰，傷害的是大多數人的利益。

所以，霍布斯認為，人民不要違約，不要推翻舊政府，建立新政府。

利維坦是既能保護人，又能傷害人的怪獸。政府就是利維坦。

洛克接受了霍布斯的社會契約論，卻強烈反對他的利維坦理論。他說，人連被臭鼬追咬都害怕，怎麼會接受獅子的統治？

舉個例子。一個大羊群裡有一萬隻羊。公羊天天打鬥，每天都有幾百隻羊受傷，但沒有死亡。為了解決這個問題，羊群請了一隻獅子天天巡視羊群，哪隻羊打架，獅子就可以上前吃了牠。所有羊都不再受傷了，但羊群每天要送一隻羊給獅子當食物。

這個辦法好嗎？

客觀地說，有利有弊。

羅素說，希特勒、墨索里尼、東條英機接受了霍布斯的理論。他們保護人民有限，壓榨人民有餘。霍布斯的設想變成了現實。

不過，霍布斯的理論在他生前就出現了反證。

1620 年，「五月花」號船從英國到北美大陸後，進入了無政府狀態。這些人沒有自相殘殺，也沒有選舉一個國王。他們簽署了《五月花號公約》，形成一個

以法律和規則營運的社會。

明朝的知識分子可以忽略，但歐洲的政治學者必須回答下面的選擇題。

你最贊成哪種政治制度？

A. 共和制　B. 民主制　C. 君主制　D. 僭主制

史賓諾沙在《神學政治論》一書中堅決反對君主制。他說君主制「充滿了奴役、野蠻和荒涼」，貴族政體由少數寡頭壟斷，永遠壓制國內的優秀者。因此，他的答案是 B。

霍布斯覺得自己的言論已經是大逆不道了。他讀了史賓諾沙的書，覺得自己的書簡直就是中規中矩、溫和理性。史賓諾沙把思想和言論自由看得最重要，所以他選擇可以保障自己安全的民主制。

霍布斯的答案是 C。

他覺得英國議會和國王發生爭執，導致內戰。歐洲教宗干涉英國內政，引發外戰。因此，國家最好把集力都集中在一個人，即君主的手裡。

我們前面講過，黎塞留接手時的法國，貴族和新教徒都不服務國王的命令。國王的權力是有限的，甚至是無效的。更危險的是，貴族和新教徒可以不透過國王，直接同教宗或者外國政府聯繫。

因此，法國政治學家布丹提出了國家主權概念。他說，國家主權是一個國家最高的、絕對的、不可分割的權力。如果國家沒有主權，就會分崩離析，陷入無休止的爭論當中，並引發戰爭。所以，國王必須有權管國家所有人的所有事。

布丹支持君主制。

霍布斯和布丹的觀點基本一致。他認為，國內應該沒有任何勢力同君主抗衡。無論君主說什麼，只要不是殺你的命令，你都應該無條件執行。

這不就是明朝的皇帝嗎？

英國人哈林頓（John Harington）在《大洋國》（*The Commonwealth of Oceana*）寫道，如果全國地主的數量少於 300 人，就適合君主制。如果少於 5,000 人，就適合貴族制。如果多於 5,000 人，就需要共和制。這類似於一個管理幅度問題。

封建社會的地主既有財富又有知識，請允許我用精英替代一下。

如果國家的精英不多就施行君主制，皇帝可以掌控。如果國家精英數量較多，就由若干精英共同執政或輪流執政。如果國家的精英已經非常多了，那就透過選舉產生國家元首。

所以，哈林頓的答案是視情況而定。

霍布斯的最大貢獻就是提出政治是一門科學。他說：

幾何學教人們畫完美的圓形，政治教人們構建完美的國家。

人手畫的圓形是不圓的，所以人們建立的國家也有缺陷。

有規則就能畫成完美的圓形，有規則政治才能正常地運行。

多練習就能打好網球。

政治不同，沒有規則，時間再長也運行不好。

霍布斯研究政治的順序是哲學—人—社會—政治。

而大部分政治理論家是就政治談政的，賢良的皇帝是說麼說的，所以陛下您應該如何如何。這只能提出政策，不能形成理論。

霍布斯提出的不是普通的政治理論，而是政治哲學。

《利維坦》的寫作形式是定義－推理－結論，因此是科學的，不是泛泛而談。

歷史劇變時刻，才會有新的政治思想。霍布斯的思想來源於兩個方面。一是英國內戰的現實；二是伽利略、笛卡兒的科學推理方法。

在政治思想史上，很多人提出的觀點，在更早的歷史上都有人提到過。明朝官員的政治理念，在唐宋能找到類似的觀點。海瑞在痛斥國家的衰敗亂象時，他的解藥就是要求嘉靖皇帝仿效堯、舜、禹、漢文帝、唐太宗、宋仁宗。

馬基維利的政治主張，在古羅馬也有出現。

但是，在霍布斯之前，沒有人提到過類似的觀點。

在霍布斯之後，很多人強烈反對霍布斯的理論，但卻離不開霍布斯創造的自然狀態、社會契約等詞語。洛克和盧梭都深受他的影響，然後是黑格爾、邊沁、

穆勒、托克維爾、馬克思。

《君王論》是歐洲中世紀最後一部經典政治著作,《利維坦》是近代西方第一部闡述國家學說的著作。

霍布斯是劃時代的人物,被稱為「現代政治學之父」。

霍布斯在《利維坦》一書的結尾裡寫道:「我的書印刷發行是有益於社會的。如果在大學裡能被講授就更好了。」

霍布斯生前,牛津大學校長克拉倫登伯爵(Edward Hyde, 1st Earl of Clarendon),親自撰文批駁《利維坦》。

霍布斯死後,牛津大學將校友霍布斯的書堆在博德利圖書館(Bodleian Library)的長方形院子裡,當眾焚燒。

今天,全世界大學的相關科系都在講《利維坦》這本書。

牛津大學以霍布斯為傲。

《利維坦》插圖

上圖:政府(君主)頭戴王冠,一手拿著權杖(政權),一手拿著長劍(武器),身段由千千萬萬的人民組成。

下圖:威脅政權的因素。左邊的城堡、火砲代表著貴族。右邊是教堂、教宗的法冠、教會會議,代表著教會。

16、17 世紀主要政治著作列表

政治思想家	國家	著作名稱	發表時間	主要內容
馬基維利	義大利	《君王論》	1532	君王統治的藝術，君主要務實，要有獅子的勇敢加狐狸的狡猾。
湯瑪斯‧摩爾	英國	《烏托邦》	1516	公有制；社會主義；宗教自由；共同勞動。
布丹	法國	《國家六書》	1576	國家主權觀念；擁護君主制。
格勞秀斯	荷蘭	《海洋自由論戰爭與和平法》	1609、1625	公海自由、貿易自由；國際法
約漢‧彌爾頓	英國	《論出版自由》	1644	出版自由是人與生俱來的權利；限制言論自由即是妨礙真理本身，唯有保障言論自由，才能使真理戰勝謬誤。
湯瑪斯‧霍布斯	英國	《利維坦》	1651	自由主義、權利、社會契約論。擁護君主制。政治的目的是安全。宗教組織隸屬於政府組織。
黃宗羲	中國	《明夷待訪錄》	1662	君主的職責是為民服務；設立丞相；官員是為民不是為君服務的；發揮學校參政議政的功用。
史賓諾沙	荷蘭	《神權政治論》	1670	政教分離；民主制。政治的目的是自由。宗教組織隸屬於政治組織。
威廉‧配第	英國	《稅賦論》、《政治算術》	1662、1672	勞動加土地創造價值；國民收入核算。

政治思想家	國家	著作名稱	發表時間	主要內容
洛克	英國	《政府論》	1690	君主立憲、自由、社會契約論；政府的目的是保護私有財產。

第 15 章

威廉・哈維 ── 近代生理學創始人

幾千年來，人們認為吃下的飯變成血，流到全身後用完。

William Harvey（1578-1657）

　　無論如何，都應當以實驗為依據，而不應當以書籍為依據；都應當以自然為老師，而不應當以哲學為老師。

　　動物的心臟是動物生命的基礎，是動物體內的國王，是動物體內小宇宙的太陽。人體所有的力量都來源於心臟。

　　絕大多數人將成為我的敵人，因為屈服於傳統是人類一個根深蒂固的本性，對古典理論的推崇影響著所有的人。既然大勢如此，我只能堅持自己的信仰，即對真理的熱愛，對成熟思想的公正評判。

—— 哈維

哈維由於發現了血液循環而把生理學確立為科學。

—— 恩格斯

哈維是第一流的人物。他之於生理學，如同伽利略之於物理學。

—— 哈拉爾德・霍夫丁士

歐洲古人對於心臟和血液的認知大部分是錯誤的。比如以下觀點：

❑ 食物在肝臟中變成血。

❑ 血液流到全身耗盡。再吃飯，再造血。

❑ 人的血液分兩種，動脈血和靜脈血。

❑ 血液在血管內雙向流動。義大利人安德烈亞‧切薩爾皮諾（Andrea Cesal-pino）認為，白天，血液從心臟流向全身；晚上，血液又流回心臟。

我從前寫過法國文學家拉伯雷（François Rabelais）。他也是醫學博士。他寫道：「特殊情況下，肝臟不願供血給別的器官。」從這句話可以看出，當時的人們普遍認為肝臟是供血器官。

明朝嘉靖皇帝認為，處女的經血有助於長壽。

文藝復興後，人們逐漸開始了解心臟和血液。

第一個為此有所貢獻的是比利時人瓦薩里。他出版了著名的《人體結構論》（*De humani corporis fabrica*），是近代解剖學的創始人。

瓦薩里的屍體供應商是法官。瓦薩里下訂單，法官就讓手下提供死刑犯名單。然後他就在其中一個名字上畫圈。

當然，法官也沒有足夠的庫存，所以瓦薩里就去偷。

瓦薩里的發現是，血液不能在兩個心室之間流通。

第二個貢獻者叫米格爾‧塞爾維特（Miguel Servet），是瓦薩里在巴黎大學的同學。

塞爾維特發現血液在心和肺之間是循環流動的。

瓦薩里受到宗教裁判所的迫害，被判處死刑。在西班牙國王的干預下，改判他去聖城朝聖，卻不幸死於半途。

塞爾維特被天主教的宗教裁判所逮捕。他越獄成功，跑到新教國家瑞士，結果被瑞士政府用小火慢慢烤焦而死。

在古代，看病容易，但提出一種新理論真的很危險。

真正解開血液循環之謎的人是本章的主角 —— 哈維。

威廉・哈維於 1578 年出生於英國肯特郡。他的父親是一位富裕的地主，當過鎮長。哈維有六個弟弟和兩個妹妹。

哈維在坎特伯里國王學校接受初、中等教育。這所學校號稱是世界上營運時間最長的學校，至今有 1420 多年的歷史。由於是私立學校，保全不讓我進學校參觀。

15 歲時，哈維進入劍橋大學岡維爾與凱斯學院（Gonville and Caius）學習醫學。今天，劍橋大學還有一條路以哈維命名。

1602 年，哈維前往義大利帕多瓦大學，在著名解剖學家法布里克斯（Girolamo Fabricius）指導下學習解剖。帕多瓦大學是歐洲醫學教育的中心。一百年前，哥白尼也在這所學校學習醫學。哈維在帕多瓦大學的時候，伽利略是這所學校的數學教授。他們應該見過面。

有一次，法布里克斯正在指導哈維做實驗的時候，有急事不得不離開。哈維不想走，他想自己動手，於是開始操作。

沒多久，法布里克斯回來了。他看到哈維後，沒有責怪他，反而鼓勵他繼續進行。

然而，哈維的經驗不足，實驗失敗了，必須從頭開始。

哈維愧疚地向老師道歉。

法布里克斯問，你知道哪裡錯了嗎？

哈維搖搖頭。

法布里克斯耐心地指出了哈維的錯誤。

哈維說，老師，你剛才就知道我錯了，為什麼不早說呢？

法布里克斯說，犯錯是一種難得的經歷。今天成功了，你可能不覺得什麼。今天失敗了，你可能會永遠銘記今天的教訓。

什麼叫好老師？就是法布里克斯這樣的，鼓勵、寬容、不先下定論。

法布里克斯觀察到靜脈血管中有瓣膜，這無疑是一個非常重要的發現，但他

不知道瓣膜的作用是什麼。

十年後，當哈維真正了解瓣膜後，他將獲得出巨大的成就。

1602 年 4 月 25 日，24 歲的哈維獲得醫學博士學位。學校對他的評價如下：「他在考試中表現得非常出色，他嫻熟的技巧、記憶力和學習能力遠遠超過了考官對他的期望。」

回到英國後，哈維又獲得劍橋大學醫學博士學位。

1603 年，哈維開始在倫敦行醫。不久之後，他與伊麗莎白女王的御醫的女兒結婚。

1607 年，哈維成為皇家內科醫學院院士。

1609 年，哈維成為聖巴多羅買醫院（St. Bartholomew's Hospital）的醫師，開始獨立行診。

聖巴多羅買醫院創立於 1123 年，至今仍在營業，將近九百年了。

哈維認為醫生要為窮人做好事，所謂做好事就是對窮人不收錢。

1615 年 8 月，哈維被選為皇家醫學院倫姆雷講座的主講人。學生們說哈維大夫身矮體胖，眼小有神。

倫姆雷講座至今仍在舉辦。

哈維的名氣越來越大，連著名的法蘭西斯・培根都來請他看病。哈維瞧不起培根當官的樣子。他和《利維坦》的作者 —— 霍布斯倒是好朋友。

1618 年，哈維成為王室御醫，先後為詹姆斯一世和查理一世兩位國王服務。兩位國王有時也諮詢哈維有關政治的意見。

1618 年，英國出版的一本《藥典》裡，把膽汁、動物爪、毛皮、唾液、汗、蠍子、蛇皮、蜘蛛網列入藥材。

1616 年 4 月，哈維在一次講學中，第一次提出了關於血液循環的理論。他講學的手稿是用拉丁文寫的，至今仍收藏在大英博物館。

1628 年，哈維出版《心血運動論》（*Exercitatio Anatomica de Motu Cordis et Sanguinis in Animalibus*）。這本書標誌著近代生理學的誕生。誕生於崇禎元年。

生理學這個詞，是法國醫生費內爾（Philippe Pinel）於 1530 年左右提出的。

《心血運動論》的第一句話就是：

動物的心臟是動物生命的基礎，是動物體內的國王，是動物體內小宇宙的太陽。人體所有的力量都來源於心臟。

中醫也認為心臟是非常重要的，主導人的精神。《黃帝內經》說：

心者，五臟六腑之大主也，精神之所舍也。

所以漢語有信心、決心、小心、噁心、缺心眼。王陽明還有個心學。

哈維是怎樣解開血液循環之謎的呢？

哈維見過伽利略。他知道伽利略的成功方法 —— 做實驗。

哈維首先對豬、狗、蛇、青蛙、螃蟹等 40 多種動物進行活體心臟解剖、結紮、灌注等實驗。

有時候，哈維會把一顆動物的心臟放在手掌中，感受它慢慢地停止跳動。

用肉眼觀察動物心臟可不是一件容易的事情。

哈維找到了竅門：大河蝦通體透明，可以直接觀察到心臟，再加上放大鏡就更清楚了。

另外，不同動物的心跳速度不一樣。小老鼠每分鐘的心跳次數超過 500，大象還不到 50。要是拿老鼠做實驗，眼睛不眨都數不清。

哈維發現，冷血動物心跳較慢，容易觀察。比如蛇。當他夾住通向心臟的靜脈時，蛇的心臟變得又小又白。當他夾住通向心臟的動脈時，蛇的心臟變得又大又黑。

這表明，血液通過靜脈流入心臟，再由心臟通過動脈流出。

接著，哈維用人做實驗。

古希臘名醫蓋倫因為找不到足夠的屍體，就頻繁用猴子做實驗做結論。上千年來，很多醫生都分不清蓋倫的結論是人的還是猴子的。

哈維注意到了這個問題，所以他一定要在人身上做實驗。當然他不能直接在

心臟上操作。哈維用人的手臂做實驗，也得出相同的結論。

前面講過，哈維的老師法布里克斯發現靜脈壁有瓣膜。

哈維用一根長長的探針刺入靜脈血管，如果向遠離心臟的方向刺入就有很大的阻力，如果向相反的方向刺入，探針一下就滑進去了。

因此，血液在靜脈中應該朝著心臟的方向流動，而不能反流。

過去的學者認為，血液白天從心臟流到全身，晚上從全身流回心臟。也就是說，血液在血管是雙向流動的。

哈維推翻了這個傳統觀念。

血液是每天用完了產生新的？還是反覆循環使用？

哈維沒有用動物做實驗。他拿出一支筆，用小學數學知識就找到了答案。具體過程如下：

一、根據成年人心臟的大小，猜想每次跳動的排血量是兩盎司；

二、成年人心臟每分鐘跳動 72 次左右；

三、每小時流出血液重量為：$2 \times 72 \times 60 = 8,640$ 盎司 $= 540$ 磅。

而一個人的體重一般只有 150 磅左右，還包括骨骼和肌肉。一個人一天的飯量也就二三磅左右。

所以，血液不可能是天天生產、天天耗盡，而是反覆循環使用的。

哈維把動物靜脈的血放光，發現動脈的血也沒有了。

反之亦然。

所以，動脈和靜脈是連通的。

血液從心臟動脈流出，傳遞給靜脈，再由靜脈流回心臟。

透過解剖，哈維發現動脈越來越小、靜脈越來越小。動脈和靜脈是在哪裡連接的呢？人體內難道有一個或者很多血管連接器？哈維做了很多解剖，但始終沒有找到。

1657 年，在哈維逝世後的第四年，義大利人馬爾皮吉（Marcello Malpighi）教授透過顯微鏡觀察到微血管的存在，證實了哈維理論的正確性。

哈維的書一出版，立即引起了**轟**動和爭論。

笛卡兒支持哈維並為他助陣。他說《心血運動論》應該受到稱許，它是一本破冰之作。

笛卡兒認為，人體是一個巨大的機器，心臟是機器的核心部分之一，也是一臺小機器。不過，當時大部分醫學人士反對血液循環理論，說哈維是「江湖騙子」，說血液循環是「難以理解且荒誕，會殺死很多人」。

對於大多數反對的人，哈維很客氣。他說，我不想與傑出的人，甚至有資格成為我老師的人爭辯。我不認為他們在說謊或者故意反對我。

對於個別辱罵的人，哈維回應說，我沒有能力阻止狗叫。

哈維在書中寫道：

絕大多數人將成為我的敵人，因為屈服於傳統是人類一個根深蒂固的本性，對古典理論的推崇影響著所有的人。既然大勢如此，我只能堅持自己的信仰，即對真理的熱愛，對成熟思想的公正評判。

1630 年，哈維奉查理國王之命，陪同倫諾克斯公爵訪問歐洲大陸。當時正值三十年戰爭，兵荒馬亂、十室九空。哈維抱怨說，一路上連解剖的狗、烏鴉、鳶都找不到。回國後，哈維跟著查理國王四處打獵，終於有不少鹿供他練手。

哈維隨同查理國王到蘇格蘭的時候，他花了大量時間觀察海鳥。

1640 年，英國內戰爆發。哈維隨同國王四處流亡。

在戰爭中，哈維受命在防禦工事中照顧兩個王子，即後來的查理二世和詹姆斯二世。在隆隆的砲聲中，哈維偷偷地從口袋裡掏出一本書來閱讀。一顆砲彈在他附近爆炸，哈維就挪動一下位置，繼續看書。

據說，晚上天氣太冷，哈維就把一具屍體當被子蓋。

1645，哈維擔任牛津大學默頓學院的院長。他花了大量時間觀察母雞生殖和雞雛發育。

1649 年，英國內戰結束，查理一世被絞死。作為國王的御醫，哈維被罰款200 英鎊，並禁止進入倫敦城。

1651 年，73 歲的哈維出版了《動物的生殖》(*De Generatione*) 一書。在此書中，他說了一句著名的話：

所有動物，最初的形態是一顆蛋，包括人。

1657 年 6 月 3 日，哈維突然中風，與世長辭，沒有子女。

哈維把自己一生的財富積蓄，以及書籍和文獻資料全部捐獻給醫學院圖書館。另外留給 69 歲的霍布斯 10 英鎊，以示友誼。

哈維的研究方式與大多數學者不一樣。

大多數學者的研究方式是引經據典，他們或引用某人的話，或批判某人的話。

哈維沒有。他說，我不想透過引用眾多專家的話來炫耀我的記憶力和閱讀量。我也不想支持或反對蓋倫。

我不說別人。我只展示我的實驗過程、實驗數據，以及結論。你們可以去看我的書，也可以自己動手去驗證。

這就是科學。

哈維揭開了生命科學的序幕，後來的科學家在他的基礎上有了許多新的發現。

義大利人加斯帕德 (Gaspard Bauhin) 解剖過一隻剛吃飽的狗。他發現狗的腸道上覆蓋了一層深白色管網，這實際上是食物消化後變成的乳糜。按照蓋倫的說法，這些乳糜將送到肝臟裡，在那裡加工成血液。

1651 年，義大利人讓・佩凱指出，乳糜將融入血液，而不是進入肝臟。肝臟不造血，只造膽汁。當時的人們稱這是「肝臟的葬禮」。

1665 年，英國人洛厄 (Richard Lower) 先替狗抽血，狗萎靡不振。他又替狗輸血，狗恢復了活力。

哈維的貢獻不亞於哥白尼、伽利略、牛頓。

《心血運動論》的分量相當於《天體運行論》、《對話》與《自然哲學之數學原理》。

首先，我們需要達成的共識的是，醫學是不是科學？

如果醫學是科學，那麼就沒有中醫學和西醫學。

醫學只有一個。

中醫，準確地說，是中華傳統醫學，是古代醫學。除了中醫，還有希臘醫、阿拉伯醫和印度醫，都屬於傳統醫學。

中醫有用，希臘醫、印度醫同樣有用。而且，這些傳統醫學在很多方面都是相通的。比如拔罐就是從國外傳到中國。

隨著時代的發展，科技的進步，中醫、希臘醫、印度醫的錯誤也越來越多。

科學需要哲學引導，醫學同樣如此。

在《心血運動論》的序言中，哈維寫道：

真正的哲學家只熱愛真理。他們並不認為自己的學識已經足夠，他們歡迎來自任何人、任何時期的新知識。他們不會狹隘地認為，古人傳給我們的所有的藝術和科學都盡善盡美。我們所知道的與我們所不知道的相比，微乎其微。

只有淺薄輕信的人才恪守先入為主的觀念，相信被灌輸的任何事情。

哈維去世三年後，英國人成立了一個組織，叫英國皇家學會。其成員有化學家波以耳、發現細胞的虎克。而牛頓，即將進入劍橋大學讀書。

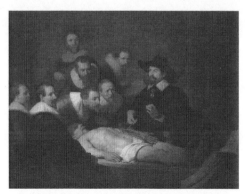

林布蘭《杜爾博士的解剖學課》油畫，1632 年，
216.5 公分 ×169.5 公分，現藏於荷蘭海牙莫瑞泰斯博物館

第 16 章　第一次中英衝突

早在鴉片戰爭的兩百年前，中英就爆發了一場武裝衝突，還簽署了一個條約。

沒有人會忘記 1840 年的鴉片戰爭以及《南京條約》。

其實早在鴉片戰爭的兩百年前，明朝就和英國人發生了一場武裝衝突，也簽署了一個條約。

這是怎麼回事呢？

萬曆年間，英國就想與明朝建立貿易關係。西元 1583 年，英國女王伊麗莎白一世寫了一封信給萬曆皇帝，表達了建立友好關係，相互通商的願望。可惜這封信沒有送到中國。後來又寫了兩封信，還是沒送到。有的信連歐洲都沒有出，有的信沉入海底。

除了寫信，伊麗莎白女王還鼓勵英國船長探索一條從英國通往中國的新航道。

當時從歐洲到中國有兩條現成的航道。

第一條航道由歐洲向南繞過非洲的好望角，先抵達印度，接著穿過麻六甲到達中國。第二條航道由歐洲向西向南穿過麥哲倫海峽，然後橫渡太平洋到達菲律賓，再北上抵達中國。第一條航道由葡萄牙人控制，第二條航道由西班牙人控制。

這兩個國家和英國是敵對關係，不允許英國船隻通過。

英國人只好尋找一條新通道。這條通道由英國出發，向西北方向橫渡加拿大北部的海峽，到達今天美國的阿拉斯加。然後穿過白令海峽向南到達日本，再到達中國。這條通道當時稱西北水道（Northwest Passage）。

英國人先後六次組織船隊前往西北探險，全部失敗了。

英國人還專門成立了一家名為中國的公司，最後也破產了。

1600 年，伊麗莎白女王批准成立「倫敦商人東印度貿易公司」（The Company of Merchants of London Trading into the East Indies），就是後來向大清販賣鴉片的那家公司。

1603 年，對中英貿易期待很高的伊麗莎白女王抱憾離世。

英國新國王詹姆斯一世和伊麗莎白女王一樣，也寫了兩封信給中國皇帝。幸

運的是，這兩封信都安全送到印尼的萬丹。這裡中國人很多，隨便一個人都可以把信帶回中國大陸。

不幸的是，沒有一個中國人敢轉運這封信。

從 1583 年到 1623 年，40 年來，英國國王先後寫給明朝皇帝五封信。

無一送達。

詹姆斯國王寫給日本統治者德川秀忠的信倒是平安送達了。

德川秀忠同意英國人在日本設立商館。他高興地送給詹姆斯國王一套盔甲。這套盔甲目前保存在倫敦塔。

英國人運來寬幅絨、菜刀、鏡子、印度棉花，日本人不感興趣。英國人在日本左看右看，也沒有發現有吸引力的商品。

英國人在日本認識很多中國人。其中有一個叫李旦的大商人，說自己能幫助英國人疏通福建政府的關係，促成中英貿易。

1618 年，英國商人科克斯給了李旦一大筆錢，超過一萬兩白銀，全部打水漂。別人笑話科克斯是「一隻沒有經驗任人戲弄的小鳥」。

1635 年，英國人威廉·史考騰（Willem Cornelisz Schouten）成立了一家公司，準備到中國做生意。此時，英國國王換成了著名的查理一世。他對史考騰的計畫很感興趣，親自投資一萬英鎊。

此時，明朝皇帝也換成了著名的崇禎皇帝。

1636 年 4 月，約翰·威德爾（John Weddell）船長率領 6 艘史考騰公司的商船從英國出航，經過 17,000 海浬的顛簸，於 1637 年 6 月抵達澳門附近的橫琴島。

威德爾船長向葡萄牙駐澳門總督卡馬拉遞交了查理一世的書信，請求卡馬拉幫助英國人在澳門做生意。

卡總督拒絕英國船隻停靠，拒絕英國人上岸做生意。

威船長威脅利誘，卡總督卡住不放。

船隻在公海上漂蕩了一個多月，水手們連口新鮮的飯菜都吃不上。

此時離開英國已經一年多了，時間上、費用上也耗費不起！

威船長決定繞開澳門，直接到廣州採購商品。他僱用了兩位中國領航員，於8月3日率領英國船隻駛入虎門水道。

廣東水師派出40艘帆船前往攔截。他們登上英國船隻，詢問威船長前來做什麼，並記錄了船隊人數、武器、貨物以及需要採購物品的類別和數量。

廣東官員要求威船長就地停留，聽候廣州政府的回覆。

威船長欣然同意。他請求廣東官員提供一個避風場所供船隻停泊。

8日，威船長來到了亞娘鞋（珠江口的一個島嶼）附近。由於長期在海上，補給不足，他派人舉著白旗上岸購買糧食。但無人理會。

明朝官員再次登船告知威德爾船長，要求他再等6天。

威德爾只得同意。

8月12日，英國船隊派出駁艇勘測水位。

駐守砲臺的明軍突然砲轟英國駁艇。

威船長立刻通知各商船進入戰鬥狀態。隨後，4艘英國商船飛速向亞娘鞋砲臺駛來。

明軍持續發射砲彈，沒有對英國船隻造成損害。

英國船隻反擊亞娘鞋砲臺，準確性較高。

半個小時後，駐守砲臺的明軍撤離。

英國人登上亞娘鞋砲臺時，把35門火砲當作戰利品搬到船上。他們隨後又俘虜了兩艘中國船隻。

威船長委託當地漁民向廣東官員遞交了一封信件。在信中，威船長表示對這次衝突很遺憾，他建議中英雙方盡快和好通商。

8月15日，廣州政府派一名叫保羅的黑人翻譯（廣州總兵陳謙的親信）前往英船隻了解情況。保羅告訴威船長，英國人如能歸還從亞娘鞋砲臺搶奪的中國砲和其他物資，通商的事情可以談。第二天，保羅帶著英國人約翰·蒙特尼、湯瑪斯·魯賓遜前往廣州。

廣東總兵陳謙接受了英國人的賄賂後，承諾幫助英國人在廣州做生意。英國

人趁機在廣州購買了一些貨物，並於 8 月 19 日運回船上。

英國人也不容易，冒著生命危險遠渡重洋，拿著真金白銀買東西卻跟做賊似的。

然而，大部分廣東官員力主將英國船隊趕走。陳謙迫於上級和同僚的壓力不得不表示贊同，並撰寫了一分命令英國人離開的文告。

8 月 21 日，保羅藏匿了那分公告，告訴英國人可以到廣州採購貨物。

威船長把俘獲的中國砲和商船交還給保羅，並再次派蒙特尼及其兄弟、魯賓遜三人攜帶 15000 兩白銀前往廣州。

三個英國人到廣州之後，住進一個姓葉的商人家裡。他們送出 8000 兩白銀向陳謙等廣東官員行賄，其餘資金用於購買酒、米、糖、薑等產品。

蒙特尼派人告訴威船長現金不夠。威德爾於是再送去 33000 兩白銀。

保羅為什麼故意撒謊？據推測這是陳謙的意思。

陳謙是廣州的軍事首領，亞娘鞋火砲丟失是他的責任。如果向英國開戰，失敗要掉腦袋，贏了也是興師動眾，得不償失。他的策略如下：

第一，透過和平的方式要回英國人手中的火砲和中國船隻。

第二，幫助英國人盡快完成採購，盡快離開。

第三，透過幫助英國人從中撈取好處。

客觀地說，陳謙的做法是理性的，是最佳方案。

陳謙和英國人簽訂了一分條約。主要內容有：

廣州政府允許英國人來廣州交易，可以短暫居住；

英國人每年交給明朝皇帝 20,000 兩白銀，4 門鐵大砲和 50 支火槍。

眼看中英貿易就要達成，在澳門一直打探消息的卡總督急了。9 月 6 日，他派人警告威船長必須立即離開中國海岸，因為英國人無權與中國人做生意，除非手中有葡萄牙國王或葡萄牙駐印度總督的批准書。

威德爾自信有陳謙當後臺，於是回覆說，此地屬中國皇帝，不是你們葡萄牙人的領土。難道英國人在這裡交易還需要葡萄牙國王的批准嗎？你們的要求是荒

唐無理的。我們絕不放棄眼前的生意。

卡總督同時派人前往廣州向熟悉的廣東官員告狀。他說威德爾等人是流氓和竊賊，他們來中國的目的不純、意圖不軌。

事情已經公開，廣州政府不能再睜一眼閉一眼了。

他們將保羅，同英國人做貿易的商人揭邦俊、葉貴均逮捕，將三名英國人也送進監獄，並扣押他們的銀元和貨物。

9 月 10 日凌晨兩點，江面一片安靜。

三艘滿載著油料和易燃物的火船駛向毫無防備的英國船隊。

英國士兵發現後，立即斬斷纜繩，躲開火船。

緊接著，大量明朝船隻出現，向英國船隊發射火箭和火球。

歐洲海戰的主要方式是遠距離重砲轟擊，大量火砲布置在側舷。

明朝水師的作戰觀念是近距離搏殺，所以火砲配置不足。

廣東水師軍艦的火力遠遜當時歐洲商船的火力。

威德爾船長指揮船隊發起反擊。

廣東水師發現進攻無效，逐漸退去。

憤怒的威船長向廣東官員提出最後的條件：

一、釋放我方人員，我們買完貨後就走，永不回來。

二、如果你們既不放人又不還錢，我們將不得不用武力解決。

廣州官員本以為能輕易地把「英國人」趕走，沒想到小事變大，再這樣下去恐怕要上報朝廷，惹怒皇上了，於是他們滿口答應。

12 月 29 日，威德爾船長帶著從廣州買來的貨物駛離中國海岸。

英國人到底買了什麼東西？清單如下：

糖（12,086 擔）、冰糖（500 擔）、青乾薑（800 擔）、散裝黃金（30 又 1/2 磅）、絲緞織物（24 盒）、生乾薑（100 擔）、蘇木（9,600 塊）、瓷器（53 桶）、金鏈（14 條）、丁香（88 箱）。

就這麼一點東西，打了好幾仗，耽誤大半年。

網路上有很多文章說英國人是來侵略的，被明軍打敗後屈辱地離去。顯然這是不對的。

第一，如果是侵略的話，就不用帶這麼多錢來了（約 5 萬兩白銀）。

第二，如果是侵略的話，就不會耐心等待談判，而是迅速發動戰爭。

第三，如果是侵略的話，就不會買下東西就走，而是占領土地，建立據點。

1672 年，英國東印度公司派員來到臺灣，和鄭成功的兒子鄭經簽署通商條約。英國向鄭經出售大砲和火藥，並幫助鄭家訓練砲兵。

1685 年，一名中國人訪問英國，與英國國王詹姆斯二世見面。

1793 年和 1816 年，英國分別派訪華團到中國。他們的要求和威德爾是一樣的，請求通商。

鴉片戰爭前兩百年，英國始終尋求與中國建立自由貿易關係。

明朝末年，西班牙兩次派使團訪華，福建政府拒絕通商。不過，由於菲律賓有巨額的白銀和商業機會，西班牙人實現了和明帝國通商的目的。

葡萄牙人請求通商，和明帝國打了幾仗，還引起了倭寇之亂，最後因為賴在澳門，達到了通商的目的。葡萄牙商人每年給明朝五百兩租金，兩萬兩的稅收。

荷蘭人請求通商，和明帝國打了幾仗，最後賴在臺灣與明帝國做生意。

英國人請求通商，和明帝國發生武裝衝突，最後總算買到了貨物。

與歐洲人百年的接觸與衝突，衝擊了明帝國的海禁政策，促進明帝國調整了海外貿易政策。

但是，影響力非常有限。支持發展工商業的明朝官員屬於鳳毛麟角。

在西歐，帝王將相已經達成共識，即發展工商業是富國強國的最主要手段。

崇禎年間，英國東印度公司董事湯瑪斯·曼（Thomas Mann）寫了一本書，書名叫做《英國來自外貿的財富》（*England's Treasure by Forraign Trade*）。在書中，湯瑪斯·曼明確指出：

增加國家財富的基本手段是依靠對外貿易。無論如何，我們都要牢記下面這一準則：即我們每年賣給外國人的貨物的價值，須大於我們所消費的外

國商品的價值（貿易順差）。

馬克思說，作為重商主義的經典著作，這本書在一百年內獨領風騷。

明朝自成立之來，一直是世界上最大的工業國。明朝出口大量製成品（最終財），進口少部分原料，完全有條件成為富國強國。

事實正好相反。

明朝是守著金山要飯。

第四部分

黑鐵時代的明朝

第 **17** 章　明朝的兩位皇帝

一心做木匠的天啟皇帝與說不盡的崇禎皇帝。

本章只是簡單列舉 1620 年到 1644 年之間，天啟和崇禎兩位皇帝在位期間明朝發生的一些大事，提供給讀者和同時期的歐洲做一個對比。

天啟帝朱由校 16 歲繼位，比同時期英國查理一世小 5 歲，比法國路易十三小 4 歲，比俄國沙皇米哈伊爾（Mikhail）小 9 歲。

天啟帝痴迷於動手做木工，技藝頗精，拿到市面上可以沽得高價。如果他能平衡國政大事和個人愛好兩者之間的關係，也可以算是他的優點。

歐洲就有不少多才多藝的國王。

天啟帝在位期間，明朝國第一紅人，非魏忠賢莫屬了。

魏忠賢原名李進忠，是個市井無賴，目不識丁，還好賭成性，最終輸光了本錢，走投無路，只得自宮。憑藉著小聰明和無底線，他透過皇帝的乳母客氏，成為皇帝眼前的紅人。

1624 年，魏忠賢趕走首輔葉向高，成為實際上的丞相。很多年輕的文人認魏忠賢當爹。很多學識淵博的文人把沒有知識、沒有睾丸的魏忠賢捧到和孔子一樣的高度。而反對魏太監的人被迫害致死。

把國家交給這樣一個奸佞小人，是明朝的恥辱，是士人的恥辱。

明朝內部烏煙瘴氣，外部也不安寧。

天啟帝剛剛繼位，努爾哈赤就率後金軍攻陷瀋陽。渾河一戰，明軍幾乎全沒。

1626 年，京師出現洪澇。江北、山東、河南爆發旱災和蝗災。

大江南北，民不聊生。朝廷內外，危機四伏。

1627 年 8 月，天啟帝到西苑乘船遊玩，意外落水，被救起後落下病根，不久病亡。

臨死前，天啟帝還強調魏忠賢可用。

天啟帝有點像一百年前的正德皇帝，年輕、愛玩、不負責任。

有人給天啟帝翻案。說他是一位有頭腦的皇帝，某個批示就是證明。

再好的皇帝，也做過壞事。再壞的皇帝，也做過好事。

一兩件事情，不能全面評價一個人的優劣。

評價君主只有一個標準，看結果。看他在位期間，國家有無進步，民眾生活是否提高。看他推出了哪些政策，取得了哪些效果。

與天啟帝同時期的法國國王路易十三，為了執政不惜發動政變，放逐自己的親生母親。

17 歲的米哈伊爾意外成為俄國沙皇，創造了相當出色的政績。米哈伊爾面臨的危急局面要比天啟帝嚴重得多。

天啟帝做了什麼？把一個泱泱大國交給魏忠賢這個毒瘤。

還有人為魏忠賢翻案？難道和魏公公是一夥的？

1627 年，崇禎皇帝登基即位，處死魏忠賢，剷除閹黨，撥亂反正。

崇禎是一個勤奮的人。二十多歲的他頭髮變白，眼角長出魚尾紋。

崇禎是一個善良的人。他臨死前的話代表了他的心聲。

崇禎是一個節儉的人。他不修宮殿、不興宴樂。

最後，崇禎以身殉國，也算個男人。

就連李自成都說他「君非甚暗」。

崇禎是一個無能的人。他治國無謀、任人乏術。

崇禎是一個急躁的人。他嚴苛多疑，誅殺眾多大臣。

最後，他是一個失敗者。

在他的統治下，明朝人民生活在極度悲慘當中。

兵部尚書呂維祺寫道：

村無吠犬，尚敲催徵之門；樹有啼鵑，盡灑鞭撲之血。黃埃赤地，鄉鄉幾斷人煙；白骨青磷，夜夜似聞鬼哭。

生活在中國的歐洲傳教士客觀地描述了明朝百姓的生活情況。當時，羅馬教廷要求信奉天主教的中國人定期吃齋，星期日休息。傳教士回覆說：「中國人是如此地貧窮，每天的收入又是如此之少，不讓他們（週日）工作就等於不讓他們吃飯。他們依靠稻米和草本植物生活，很少吃肉。如讓他們齋戒，活下來都是問題。」

崇禎的運氣不太好。外有不吃掉你誓不罷休的強敵，內有旱澇蝗瘟四大禍害，身邊又沒有務實、能幹的臣子。

雖然歷史沒有假如。但是，我還是要假如一下。

假如崇禎在位期間風調雨順，李自成、張獻忠不造反，明朝是不是就能把清軍擋在關外（吳三桂不投敵）？我覺得有可能。

假如換一個有能力的皇帝來替代崇禎，明朝是不是就能把清軍擋在關外。我覺得不行。

為什麼？

因為朱元璋是農民出身，他設計的政治制度只符合農業社會需求，既落後又高風險。

農業社會看天吃飯。風調雨順，百姓過得好。小災小難，百姓過得慘。大災大難，百姓餓死要造反。

朱元璋造的農業車，已經落後、老化，換誰都不行。

比如，一百多年的時間裡，明朝政府始終沒有明白，歐洲人為什麼不遠萬里，冒著生命危險來做生意。也沒有明白，多出口中國商品對中國的好處。

當英國的商人成為下議院議員，在倫敦嚴厲地批評國策時，中國海商正被官船追捕、斬殺。

明朝滅亡，不是崇禎皇帝個人的悲劇，是明朝體制的悲劇，是明朝官員和知識分子的悲劇。

話說回來，就算是崇禎度過難關，明朝再存活一百年，能走向近代文明嗎？顯然不能。

就算李自成把清軍擋在關外，他能帶領大順朝走向近代文明嗎？

顯然也不能。

我粗略地總結明朝中後期，知識分子頭腦中的觀念如下：

第一，自大封閉世界觀。

明朝士人有天下觀而沒有世界觀，認為明朝是世界上唯一的文明國家，其他

國家都野蠻落後。一百多年了，絕大多數明朝官員對西班牙、葡萄牙、荷蘭知之甚少，還以為這些國家都在東南亞。

相比較而言，西歐國家完成多次環球航行，繪製了精美的世界地圖。

戶部主事張京元說：

> 吾中國人足不履戶外，執泥局曲，耳目所未經，與之（傳教士）言輒大駭。

現在很多人沒出過國，看了大量的自媒體文章後，覺得自己比出國的人都懂外國。

明朝官員聽歐洲傳教士說歐洲、亞洲、非洲、美洲、赤道、南北極、緯度，啞口無言。他們聽歐洲傳教士說地球是圓的，太陽比地球大，月食是地球的影子，如同聽天書。

但是，他們對歐洲是落後國家的看法並沒有變化。面對事實，一些不服氣的大學問家狡辯道，都是偷中國的。

黃宗羲說：「勾股之術乃周公、商高之遺而後人失之，使西人得以竊其傳。」

王夫之說：「西夷之可取者，唯遠近測法以術，其他皆剽竊中國之緒餘。」西夷（注意稱呼）只有一個特長，其他都是偷竊中國的。緒餘是抽絲後留在蠶繭上的殘絲，借指不要的垃圾。

這是明朝頂級學者的見識。

第二，鴕鳥式的外交觀。

明朝政府對於外國人的看法是，我們絕對不會出國，你們最好也不要來，不交往最好。萬一你們不小心來了，我們也會接待你們，但你們最好不要多待，辦完事趕快走。

當大清重兵壓境的時候，明政府又是拉攏蒙古各部落，又是向葡萄牙借兵，又是向日本求助，卻連最可靠的朝鮮資源也沒派上用場。

第三，皇帝不顧百姓，百姓不知皇帝的政治體制。

崇禎同時期，當德國軍隊進攻巴黎的時候，全體巴黎人有錢出錢、有力出

力。鞋匠行會捐了 5,000 里弗爾的巨款。國王路易十三擁抱了他們的代表。

在李自成進北京之前，崇禎是不是可以發布一道聖旨：

捐一百兩銀子的，獲皇帝書法一幅。

捐三百兩銀子的，皇帝本人接見。

皇帝是不能擁抱百姓的，也不可能和百姓握手。我覺得捐一千兩銀子可以獲皇上拍肩膀待遇。

第四，萬物源於氣理，缺乏理性與邏輯的哲學觀。

天主教是宗教，是思想，也是一種哲學。當天主教傳到中國時，對儒家思想的衝擊是非常大的。很多人對天堂、地獄、靈魂很感興趣，但更多的人卻一味地攻擊和排斥。

有人說，如果佛教不是漢唐而是明朝傳入中國，很可能會遭到強烈的抵制。

第五，缺乏邏輯的學術觀。

明朝文人很愛動筆，很多人文筆流暢，講事實、說道理，讀起來非常有說服力，但細推敲下來卻站不住腳，只能適用於某個特定條件，甚至是完全錯誤的。

這是因為缺乏西方那種邏輯。

明朝文人的觀點很多，但定理很少。定理是共識，不需重複。觀點則因角度不同，永遠都在爭論，永遠沒有結論。

像史賓諾沙寫哲學書，完全是按照幾何學的方式。

利瑪竇說，明朝士人的文章是有一些格言和論述，但主要靠直覺，沒有科學方法，沒有條理。

第六，只動嘴不動手的實踐觀。

明朝太多的文人文不能下筆出策，武不能縱馬陣前。解決問題紙上談兵，解決對手花樣百出。他們既對付不了李自成、張獻忠，又對付不了皇太極。但是欺得了崇禎，貪得了白銀。閹黨橫行時，他們紛紛投靠門下甘為走狗。清軍壓境時，他們又紛紛投降成為貳臣。

崇禎帝急於尋找治亂之法，劉宗周說治亂先治心。

崇禎帝渴求能人奇才，劉宗周說人才操守不能少。

崇禎帝希望找退敵之術，劉宗周說仁義可治天下。

崇禎帝說，你回家跟你孩子說吧。

明末，很多學者痛批浮誇的學風，大聲呼籲經世致用之學。

有人說，你把明朝寫得那麼不堪，一無是處，完全是片面的、錯誤的。

首先，我們沒有寫得那些不堪，我在多處肯定明朝成績、欣賞明朝的人物。我欣賞的明朝人物太多了，湯顯祖、徐光啟、黃宗羲、王夫之、李贄等。但是，你讓我讚美正德帝、嘉靖帝、萬曆帝、天啟帝，我也做不到。任何人都不應該對一個事物有百分之百正面與負面的評價。

其次，我覺得明朝不是沒有成績，不是沒有發展，至少在絲綢和瓷器方面穩居世界第一，且無國能及。但是，與同時期的歐洲相比，發展落後了，沒有走出近代文明之路。明朝不是倒退，不是墮落，只是在停滯，在緩慢前行。

第 **18** 章
中國史上第一支歐洲傭軍

葡萄牙人跟隨明軍戰鬥在第一線，寧死不屈。

1521 年，明朝廣東水師在屯門大敗葡萄牙人。在戰鬥過程中，廣東官員目睹了葡萄牙火砲的威力。戰後，明朝國開始仿製，很快實現了國產化。

1543 年，葡萄牙人半賴半騙，終於在澳門立住了腳。後來的西班牙人、荷蘭人、英國人羨慕不已。他們從來沒有爭取到葡萄牙人這樣的待遇。

明末官員徐光啟結識了義大利傳教士利馬竇，向他學習西方科學技術。徐光啟逐漸意識到火砲的威力。他認為，以後攻城不能再用雲梯和鉤桿了，以後野戰也不能再用弓矢了。用大刀長矛與裝備大砲的部隊作戰，猶如空手鬥虎狼，「（西方火器）實為殲夷威虜第一神器」。

此時的西方火器指的是荷蘭人的大砲，比一百年前葡萄牙人的大砲先進多了。

荷蘭人一頭紅髮，明朝人稱他們為紅夷。他們的大砲，自然是紅夷大砲了。

支持徐光啟的人很多。李之藻稱紅夷大砲為：「不餉之兵，不秣之馬，無敵天下之神物。」焦勖說：「（紅夷大砲）是天下後世鎮國之奇技。」

明末火器專家趙士禎將大砲視為國家策略。他說：

呂宋、佛朗機是海上一浮漚耳。暹羅、日本、琉球、蘇蠟，從來不敢辱慢其酋長，荼毒其民人，神器之力也。如果多造火砲，弱者可以成強國，小國可以成大國。

道理是沒錯。不過，世界第一個日不落帝國西班牙，在趙士禎眼裡卻是海上漂浮的泡沫（浮漚）。西班牙駐菲律賓總督，在趙士禎眼裡是部落酋長。

西元 1620 年，徐光啟委託張燾到澳門向西洋商人購買了四尊大砲，費用是徐光啟個人出的。大砲運到江西廣信，經費花光了，只能放在原地。

1621 年 3 月，努爾哈赤占領遼陽、瀋陽，局勢危在旦夕。

徐光啟申請後，朝廷同意出資把滯留江西的大砲運到北京。年底，四尊大砲運抵北京，試射效果良好。

1622 年，張燾以官方身分前往澳門，再次購得 22 門大砲。

1623 年 5 月左右，張燾帶著 22 門大砲，23 名葡籍砲手和一名翻譯到京。這

23 人負責指導火砲的用法。

這是中國歷史上第一次僱傭歐洲軍事技術人員。

御史溫皋謨和兵部強烈反對聘請葡萄牙人。他們說廣東民間就有很多會操縱火砲的人,何必用外人。年輕的天啟皇帝否定了他們荒唐的提議。

到了天啟末年,明政府先後從澳門引進 30 門大砲,其中 11 門大砲布防山海關,18 門防守北京,1 門試射時爆炸。這 30 門砲不是澳門本地生產的,也不是從歐洲兵工廠運來的,而是從擱淺在澳門附近的英國船和荷蘭船上拆下來的。

1626 年,努爾哈赤攻打寧遠。明軍用紅夷大砲反擊。史載「周而不停,每砲所中糜爛,可數里。」「砲過處,打死北騎無算。」

此戰是後金發動侵明戰爭以來遭到的第一次重大挫折。

興奮的明廷封紅夷大砲為「安國全軍平遼靖虜大將軍」。

從沉船上拆下來的火砲都有這樣的威力,可見英國戰船的攻擊力有多強。

除了進口,明朝還成功地實現了火砲國產化。

徐光啟仿製紅夷砲 400 餘門,並向朝廷建議訓練新軍。

朝中重臣紛紛彈劾徐光啟。主要罪責如下:

一、以練兵為名侵吞國家資產(無非騙官盜餉)。

二、練兵就是個笑話(以朝廷數萬之金錢,供一己逍遙之兒戲)。

還有人說:「洋銃若能護國,吾輩成何?」

如果洋砲這麼厲害,那我們算什麼?

你們算嘴砲。

如果明朝官員的嘴砲是世界第二,沒人敢當第一。

他們給徐光啟扣了一頂帽子 ——「名教罪人」。他們說徐光啟誤國欺君,其罪甚大。

動嘴的勝利了,動手的徐光啟只得回上海老家抱孩子。

23 名葡萄牙人全部遣返澳門。

崇禎帝即位。徐光啟升授禮部左侍郎,又提出練兵。

同期，俄羅斯外有波蘭、瑞典大軍壓境，內部矛盾重重。米哈伊爾沙皇不僅引進歐洲大砲，還把軍隊編制、訓練、戰術按照瑞典的模式改革。

崇禎帝覺得練兵的投入太大、太慢有效，不如直接買火砲。他說，火器終為中國長技，西洋大砲不可偏廢。

1627 年，崇禎下旨，命兩廣軍門李逢節和王尊德去澳門購買火砲。

1629 年，後金軍突然入關，北京告急。崇禎皇帝急忙追問火砲去哪裡了。

徐光啟號召在京的歐洲傳教士，登上北京城頭引導大砲發射。

李王二人早就在澳門買好了火砲，並邀請葡萄牙人西勞（Gonçalo Teixeira Corrêa）率領 31 名砲手一同前往北京。紅夷大銃太重了，走走停停，耗費了很多時間。

11 月 23 日，大砲隊進入涿州，遭遇後金軍。當時城內官民都打算棄城逃跑。西勞急忙把大砲推上城頭，只放了幾砲，後金軍就撤退了。

1630 年，葡萄牙人拉著大砲進入北京。

崇禎皇帝十分高興，決心聘用全部葡萄牙人。西勞年薪一百五十兩，每月再加十五兩零用錢。其他人年薪一百兩，每月十兩餐費。

新購西洋大砲安置北京城各要塞處，並賜名「神威大將軍」。

不久，葡萄牙教練就訓練出兩百多名明軍砲手。

學生畢業，老師就可以回澳門了。

此時關外戰火又起。西勞主動向明政府請纓，願意去抗金前線。

崇禎十分讚賞。

趁著皇帝高興，徐光啟趁機提出，再去澳門招募砲手 200 人、隨從 200 人，火器若干。前後兩撥葡萄牙人加起來約 500 人，可以徹底保障北京的安全。再花上兩年時間，可以恢復全遼。

崇禎皇帝通通答應。

西勞回到澳門，很快招滿 400 人。這其中，有出生在葡萄牙的原裝歐洲人，有二代混血移民，有當地中國人，還有印度人和黑人。早在一百年前，葡萄牙人

就幫助泰國王室作戰，後來陸續成為緬甸、柬埔寨、日本的軍事盟友，算是經驗豐富的職業僱傭軍。

當時澳門的總人口在萬人左右，其中葡萄牙公民約一千人。

這支 400 人的僱傭軍由兩名軍官率領，一個叫科德略，另一個叫羅德里格。

他們從澳門出發，一路上由地方政府供應食物和物資，有雞有牛、有果有酒，十分豐盛。從葡萄牙人的記載來看，他們對沿途的招待很滿意，也迫切希望到北方同後金軍隊作戰。

僱傭軍剛到南昌，就接到北京的加急命令：

少數人攜帶大砲入京，其他士兵停止前進，立即返回澳門。

原來，僱傭葡萄牙人一事遭到禮科給事中盧兆龍的強烈反對。他認為：

首先，這些人幫不上忙。「以之助順則不足，以之釀亂則有餘。」

其次，這些人不是好人。「何事外招遠夷，貽憂內地，使之窺我虛實，熟我情形，更笑我天朝之無人也？」

最後，盧兆龍說：「堂堂天朝，必待澳夷而後強？臣自幼習讀孔孟之書，經文備之矣，不識世間有天主教。臣言夷人不可用，非言火砲不可用。」

我從小認真讀書，到現在都沒有聽說過天主教，說明天主教沒什麼價值。

劉宗周說：「唐宋以前，用兵未聞火器。火器無益於成敗之數。愈用兵則國威愈損也。」

劉宗周要是生活在現代，必定強烈反對引進外國飛機、電腦和手機。

林啟陸說：「從未見三代、唐宋治防夷寇禦者，用此碧眼高鼻之狡番為哉。」

總結反對派觀點有三：

第一，中國唐宋沒用過火器，所以現也不必用。

第二，火器在戰爭中的作用有限，沒有火器也能打勝仗。所以，不要用火器。這個推導過程非常可笑。今天小學生的邏輯性都比他們強。

第三，火器可以用，但外國人絕不能用。

明朝人，甚至在當代國人的腦中，存在著這樣一種觀念：

凡是主動搭訕的陌生人，多半出於某種目的。

凡是來到中國的外國人，必定為了某種好處。

陌生人和外國人做事是為了他們有好處，我們做事也是為了我們自己有好處。每個人做事都是為了某種好處，這是人的本性，不是道德缺陷。

問題是如何看待陌生人和外國人。是把他們當作是分我們蛋糕的壞蛋，還是合作雙贏的夥伴？

明朝的這些錯誤，到了清朝也沒有被糾正。

雖然徐光啟再三辯解，一貫猶豫的崇禎又倒向了盧兆龍。

就這樣，明朝朝第一支西方僱傭軍剛走到一半，就原路返回了。

又浪費了不少錢。

1631 年，耶穌會神父陸若漢帶著武器和少數人進入京城。

為了避開文官們弓箭一般的「口水」，徐光啟將陸若漢等人安排到山東登州（今山東蓬萊附近），協助自己的學生孫元化（登萊巡撫）造砲練兵。

孫元化對西方火器十分熟悉，著有《西法神機》。

登州的葡籍砲手約 40 人。他們很有職業精神，教導中國砲手十分認真。

第二批葡萄牙僱傭兵到達登州僅 1 個月後，就上了抗金前線。

當時，皇太極指揮後金兵攻打皮島。張燾和西勞攜帶西洋火器前去支援。

張燾對這次戰役的記述很生動：

西人統領西勞用遼船架西洋神砲，衝擊正面。計用神器十九次，約打死賊六七百。神砲諸發，虜陣披靡，死傷甚眾。此海外一大捷。

後金兵不懼砲火，頑強進攻，「潰而復合，合而復潰，如是者再四。」

不過，血肉之軀終究抵不過剛硬的砲彈。後金兵大面積潰敗。

紅夷大砲再次幫明軍取得勝利。

皮島戰役兩個月後，皇太極率大軍進攻關外要地大凌河。

北京兵部火急徵調登州砲兵前去支援。

孫元化把這個任務交給了孔有德。

孔有德打算率領三千人馬乘船跨海前去援救，無奈風高浪大。

於是，他帶著大砲從陸上直奔山海關。大軍行到吳橋的時候，風雪交加。當地老百姓怕大兵騷擾，紛紛閉門罷市。

有一個士兵又冷又餓，偷了當地望族王象春（曾任吏部郎中）的一隻雞。

王家的一名家僕向孔有德告狀。

明朝重文輕武。孔有德哪惹得起王象春，於是綁住這個小兵遊街示眾。

這個受盡侮辱的小兵一氣之下，殺了這名家僕。

這下王象春不做了。孔有德只得將小兵正法。

士兵極度悲憤，慫恿孔有德造反。

孔有德於是血洗王家（沒有殺王象春），然後帶著大砲，殺回登州。

登州守軍與孔有德叛軍用紅夷大砲互攻。葡萄牙砲兵本著僱傭軍的職業精神，固守砲位和叛軍作戰。

城內的耿仲明投敵獻門，孔有德殺入城內。

葡萄牙砲兵在明軍紛紛逃亡和叛變的情況下，血戰到最後一刻。包括砲隊統領西勞在內，共有 12 名葡萄牙人戰死，另有 15 人重傷被俘。

中國人尊師重教。孔有德感念師徒之情，允許陸若漢帶領倖存的葡萄牙人離開登州。他們只得返回澳門。

孫元化和張燾被俘。孔有德把他們兩人也放了。

1633 年 4 月，孔有德、耿仲明攜十數門紅夷大砲和眾多火器手投降後金。這兩人後來成為清軍征服江南的主力。

明朝花大錢、花時間培養的精銳，成了大清的特種部隊。

明朝的滅亡，完全怪那隻雞。

明軍屢屢欠餉，屢屢兵變，始終沒找到解決辦法。

按當時慣例，地方官失守城池，應自殺謝罪。孫元化是天主教徒，不能選擇自殺。他和張燾來到天津。

崇禎下令將孫張二人處死。兵部追贈西勞為參將。每名死者家屬給十兩撫

卹金。

　　徐光啟對於愛徒悲慘的結局感到非常傷痛，第二年他就去世了，以後再也沒有人提議和葡萄牙人合作。

　　話說回來，即使明朝傭傭再多的葡萄牙人，採購再多的大砲，也無法挽回滅亡的命運。

　　無論支持也好，反對也罷，明朝官員看到的只是紅夷大砲的形狀和威力，並沒有意識到其背後隱藏的奧祕 —— 科學技術。

　　16 世紀的義大利數學家塔爾塔利亞（Niccolò Tartaglia）發現砲彈以 45 度角發射，彈程最遠。

　　英國人發現砲管長度為口徑的 18 倍時發射性能最佳。

　　歐洲人發現火藥中硝石、硫黃、木炭最佳比例是 74.64%、11.85%、13.51%。粉末狀火藥也不行，要滴上水，使其變成顆粒狀，易於充分燃燒。

　　大砲、砲彈、火藥有了，還要用特定的尺規，還要用精密的望遠鏡，還要用數學計算時間和距離。

　　火砲技術涉及數學、物理、化學、光學知識，是一項綜合工程。

　　徐光啟在《幾何原本》的序言中寫道，

　　（兩國交戰）以寡弱勝眾強，彼操何術以然？熟於幾何之學而已。

　　兩國戰爭，比的不是大砲，比的是幾何。

　　幾何再往上，是哲學。歐洲哲學研究宇宙與世界，支持科學。明人的哲學重「心」而輕「器」，輕物質、輕事物。義大利傳教士利瑪竇送給明朝官員自鳴鐘、天文儀器、三稜鏡。湯若望又製作了望遠鏡。少數官員對這些機械愛不釋手，但多數官員認為這是玩物喪志。先進的機器擾亂人的心智，應該避而遠之。

　　明朝滅亡 150 年後，英國訪華團向乾隆皇帝送上了天體運行儀、地球儀、裝有 110 門火砲的戰艦模型、榴彈砲、迫擊砲、卡賓槍、連發手槍，以及蒸汽機、棉紡機、梳理機、織布機。

　　但是皇帝本人和官員們都沒有興趣。

第 **19** 章
歐洲的明朝故事

明朝最後的皇帝，把復國的希望寄託在羅馬教宗身上。

崇禎自殺之後，明朝北京政府滅亡。

福王朱由崧在南京即皇帝位，改元弘光。

清軍南下，攻下揚州，瘋狂屠城，史稱「揚州十日」。

接著，南京陷落。弘光帝被俘被殺，在位僅八個月。

1645 年 8 月，唐王朱聿鍵在鄭芝龍等人的擁立下，在福州登基，稱隆武帝。

御馬太監龐天壽侍奉隆武皇帝。他在萬曆年間加入天主教，受洗於龍新民。受龐天壽影響，隆武帝在福州斥巨資修建教堂，御筆書寫「敕建天主堂」，並賜「上帝臨汝」的匾額。

鄭芝龍也是天主教徒。

清軍圍攻福州，隆武帝派龐天壽前往澳門求援。

在傳教士的幫助下，澳門總督欣然同意派尼古拉斯·費雷拉率領三百多名葡萄牙士兵前去救援。葡軍人數雖然不多，但裝備精良，帶著火槍和十門大砲。

在途中，龐天壽聽說福州已經陷落，隆武帝被清軍俘虜後絕食而亡。

不久，桂王朱由榔（萬曆皇帝的孫子）在肇慶登基稱帝，稱永曆帝。

史書將弘光、隆武、永曆政府稱南明。

龐天壽於是帶著葡軍轉赴肇慶。

清軍迫近，永曆帝從肇慶逃到桂林。龐天壽又率葡軍追到桂林，正遇上明末抗清名將李定國和兩廣總督瞿式耜同清軍作戰。

費雷拉率領葡軍立即參戰。澳門火砲在作戰中貢獻良多。

中葡聯軍擊退清軍，取得桂林大捷。

瞿式耜也是一名天主教徒。他寫道：

> 臣急從都司禮龐天壽所鑄西洋大火銃，即從城頭施攻，斃敵乘馬之虜官三四名。

永曆帝見到龐天壽，任命他為司禮監掌印太監。在龐太監的建議下，永曆帝派遣耶穌會教士畢方濟前往澳門，購買西洋火砲，並向葡萄牙人借兵。

澳門總督派耶穌會教士瞿紗微前往桂林。

1648 年，瞿紗微為皇室成員及宮女太監們集體施洗，加入天主教。

皇太后（永曆帝嫡母）教名為瑪利亞，馬太后（永曆帝生母）教名烈納（海倫娜），王皇后教名亞納（安娜）。

永曆皇帝本人有些猶豫。

不久之後，太子朱慈煊出生。瞿紗微想為嬰兒施洗。

天主教的規定是一夫一妻。

永曆帝擔心兒子入教後不能娶嬪妃，不能生兒子，於是拒絕。

朱慈煊三個月大的時候，突患重病，幾近不治。

在這種危急的情況下，永曆帝最終同意讓太子受洗，取教名當定，即康斯坦丁的簡稱。

永曆帝很滿意這個名字。當定當定，很多事情該定下來了。

瞿紗微更滿意這個有獨特意義的名字。

西元 313 年，康斯坦丁大帝在太后海倫娜的影響下，宣布基督教為羅馬帝國國教。瞿紗微希望中國的海倫娜（馬太后）影響中國的當定皇帝（朱慈煊）宣布基督教為大明帝國國教。

永曆帝本人無意入教。耶穌會士把帶領中國皈依天主教的希望寄託在當定身上。

幸運的是，朱慈煊很快恢復了健康。

是否上帝保佑的結果？沒人知道。

興奮的永曆帝專門派使節到澳門耶穌會致謝，並再次請求援軍支持。

澳門當局並不熱情，象徵性地給了百支火槍。

在龐天壽的建議下，永曆帝同意派一個使團前往向羅馬，直接向教宗求救。

瞿紗微推薦波蘭傳教士卜彌格為團長。

澳門的傳教士，包括瞿紗微、卜彌格在內，都隸屬於耶穌會。耶穌會總部在羅馬，隸屬於教宗本人。因此，訪歐代表團全過程由耶穌會安排。

花蟹，背部有十字圖案

卜彌格（Michał Piotr Boym）於 1612 年出生於波蘭的利沃夫（今屬烏克蘭）。1644 年，當他到達中國的時候，清軍已經占領北京。

卜彌格曾經寫過一本《中國地圖冊》。在書中，他說在中國有一種蟹，殼上有十字架。這是太后、皇后、太子加入天主教的吉兆。

這種蟹叫花蟹、火燒公，也叫十字蟹，和天主教並無關係。

南明向羅馬派遣使團，首先要有正式的國書。

永曆帝不是天主教徒，所以信以永曆嫡母皇太后名義發出。寫給依諾增爵教宗的信件部分內容如下：

明朝寧聖慈肅皇太后烈納至諭於因諾曾爵代天主耶穌在世總師，公教宗主，聖父座前：

竊念烈納本中國女子，忝處皇宮，唯知閫中之禮，未諳域外之教。賴有耶穌會士瞿紗微，在我皇朝敷揚聖教。遂爾信心，敬領聖洗，三年於茲矣。

望聖父代求天主，保佑我國中興太平，俾我明朝第十八代帝太祖第十二世孫，主臣等悉知敬真主耶穌。更冀聖父多遣耶穌會士來，廣傳聖教。

今有耶穌會士卜彌格，知我中國事情，即令回國，致言我之差聖父前，彼能詳述鄙意也。俟太平之時，即遣使官來，到聖伯多祿，聖保祿臺前致儀行禮。

伏望聖慈鑒茲愚悃，特諭！

永曆四年，十月十一日。

卜彌格將信件翻譯成拉丁文。

龐太監也寫信給教宗、耶穌會會長、葡萄牙國王和威尼斯共和國總督。

請求教宗援助的理由是，受洗入教的南明太子當定，是中國未來的皇帝，會把中國變成天主教國家。一旦明朝國恢復國力，可以派軍隊到歐洲與土耳其人作戰。

龐天壽命年輕官員陳安德與卜彌格同行。

陳安德於是成為第一個赴歐洲的「中國外交官」。

1651 年 1 月 1 日，卜彌格帶著陳安德從澳門出發。

這是明朝歷史上第一支訪歐代表團。

明朝成立後，第一支赴中國的歐洲代表團，是 1519 年的葡萄牙代表團。這支代表團幸運地見到正德皇帝。

其實，早在三百多年前的 1287 年，一個名叫掃馬的北京人就奉蒙古大汗之命出訪法國，見到了教宗、法國國王和英國國王。

從中國回歐洲，耶穌會士一般從澳門出發，在葡萄牙遠東總部 —— 印度果亞（Goa）中轉航。果亞和里斯本之間每年都有固定的船隻往返。將近七十年前，四名日本貴族子弟從日本出發，就是按照這個線路到達歐洲。他們見到了教宗本人。

中華訪歐代表團於當年 5 月到達印度果亞。

當地葡萄牙官員不希望耶穌會介入中國內政，於是把卜彌格和陳安德扣押。

12 月，卜彌格和陳安德成功越獄。他們知道，葡萄牙船票必定買不到，於是決定走陸路。

卜陳二人化裝成亞美尼亞商人，前往波斯，然後經土耳其進入歐洲。歷經千辛萬苦，他們終於來到威尼斯，並見到了威尼斯共和國總督法蘭西斯科·莫林。他們還向法國駐威尼斯大使介紹了中國的情況。

在會談時，卜彌格始終穿著明朝官服。

為了宣傳中國的情況，卜彌格出版了《中國報告》，被當地人搶購一空。

威尼斯人閒著無聊，對中國宮廷政治很好奇？

非也。他們只有一個目的，發現《中國報告》裡的商機。

卜陳二人還不知道一個重大的新情況。

大清政府也派了一支代表團，由義大利傳教士衛匡國領銜，前往羅馬爭取教宗支持。衛匡國認識湯若望，見過順治皇帝。他從汕頭出海，經過菲律賓前往南洋，不想在中途被信奉新教的荷蘭人扣押了一年，之後返回歐洲。

明朝的波蘭特使被葡萄牙人攔截，大清的義大利特使被荷蘭人攔截。

真夠魔幻。

1652 年底，經過將近兩年的跋涉，南明使團終於抵達羅馬。

當時的教宗是依諾增爵十世。

聽說卜彌格來了，依諾增爵教宗十分不快，拒絕接見他們。原因有二：

❑ 他希望卜彌格直接跟自己匯報，而不是把消息公開。

❑ 教宗正與法國國王有矛盾，他反對法國大使介入。

新當選的耶穌會會長認為，接受南明使臣的請求將危及耶穌會在中國的傳教活動。

卜彌格和陳安德在義大利一等就是 3 年。

在此期間，羅馬教廷召開 3 次會議，沒有結果。

令人驚異的是，此時羅馬已經有了一名中國人，比他們來得還早。

法國人路德神父長期在越南傳教。為了學習當地語言，他把每一個越南字用拉丁字母標註。今天，越南人廢棄了原來的文字，改用路德神父的拉丁字母。

1645 年，路德神父準備返回歐洲。澳門的耶穌會告訴他，可以提供經費，讓他帶一名中國少年赴羅馬深造。

路德神父在澳門有一個好朋友叫安多尼，是中國人。安多尼有一個兒子叫鄭瑪諾，是一名天主教徒。路德很喜歡鄭瑪諾，在日記中稱其為「我的中國小孩」或「小瑪諾」。所以，路德神父就選了鄭瑪諾。

1645 年，雞年。年號不詳。因為中國有多個皇帝：隆武皇帝（南明）、弘光皇帝（南明）、永昌皇帝李自成、大順皇帝張獻忠，以及最終奪取天下的順治皇帝。

12 月 20 日，路德神父帶著 12 歲的鄭瑪諾從澳門出發，乘船前往羅馬。他們比卜陳代表團早 5 年出發。

1646 年 1 月 14 日，他們到達麻六甲。一支荷蘭船隊俘虜他們，並押回到巴達維亞（今雅加達）關了 3 個月。荷蘭人將人畜無害的路德神父和小瑪諾釋放。

路德神父和小瑪諾再次西行，再次經過麻六甲後，來到印度果亞。他們也走陸路，經波斯到達亞美尼亞。

鄭瑪諾在亞美尼亞的一個修道院學習了 6 個月。孩子極具語言天賦，很快就學會了亞美尼亞語，與當地人談吐無異。

經過土耳其時，當地軍官看鄭瑪諾身材高大、長著一副蒙古人的面孔，立即將他和路德神父拘押。鄭瑪諾以流利的亞美尼亞語解釋，很快獲得自由。

經過五年的艱苦跋涉，這一老一少於 1650 年到達羅馬，順利進入耶穌會學校學習語言。從果亞到羅馬，這一路超過一萬公里。

耶穌會在當時擁有世界上最多的學校，超過 400 所，全部施行免費教育。資金來自捐贈，授課老師不拿薪資。

為了節省時間，鄭瑪諾以 1 年零 10 個月的時間，完成歐洲中學生 4 年的全部課程。

1653 年，鄭瑪諾轉入著名的羅馬學院。這所學院培養過多位教宗，伽利略曾擔任該院教師。

鄭瑪諾學習修辭學一年，又用了三年學習哲學（包括一年邏輯學、一年音樂和科學，一年形上學）等多門課程。

1658 年畢業後，鄭瑪諾留在羅馬學院，教授拉丁文和希臘文法與文學。

一個中國人在羅馬著名的學校向外國人教授希臘文學，這在歷史上尚無先例。

中國人聰明、勤學，自古以來就是如此。

1660 年，鄭瑪諾繼續攻讀神學。後晉升為神父。

1653 年，大清特使衛匡國輾轉抵達荷蘭的阿姆斯特丹。在路上，他撰寫了一

本明滅清興的歷史書，叫《韃靼戰紀》。

衛匡國歸納了明朝滅亡的三大原因：遼東戰事、李自成等流民起義和魏忠賢專政。他寫道，（魏忠賢）權力無限，而官員、大臣、將軍及諫官之間因此產生忌妒、傾軋，各自結黨相互攻擊。這個太監則火上加油，濫用他享有的恩寵。若有人言語或文字對他有所冒犯，或者談吐和舉止對他不敬，或者不奉承他的卑賤之身，他立刻下令將此人處死，即使此人是大員，也至少要罷免他的官職。

衛匡國是一個外國人，不受派別和利益影響，記述這段歷史還是比較客觀公正。方豪認為《韃靼戰紀》「所記至詳，直言不隱，足補我國正史之闕略」。

總之，這本書史料價值極高。

世界上第一部記錄明末清初的歷史著作，竟然是外國人寫的！

《韃靼戰紀》第一版於 1654 年在安特衛普出版，科隆、倫敦、羅馬和阿姆斯特丹等地隨後跟進。據統計，從 1654 年到 1706 年，50 年的時間裡，這本書用 9 種語言發行 211 版，廣為流傳。

為了斷絕卜彌格向母國波蘭求救的念頭，衛匡國還將此書獻給了波蘭國王。

在歐洲期間，衛匡國還撰寫了《中國上古史》、《中國新圖志》。這是自 1615 年《利瑪竇札記》出版後，歐洲讀者所能見到的關於中國最新、最全的報導和評論。

《中國上古史》介紹了盤古、伏羲、神農、黃帝、禹、桀、湯、紂、周武王、周赧王，一直寫到西漢。他認為，伏羲即位的年代比《聖經》中挪亞洪水的時代還要早 600 年，引發了歐洲思想界的大爭論。

《中國新圖志》介紹了中國各省地理位置、名稱來源、建置沿革、面積方位、氣候物產、名山大川、城鎮交通、戶口租賦、風俗習慣、人文古蹟等。衛匡國因此被稱為「西方研究中國地理之父」。

衛匡國在書中第一次將古老的中國懸索橋介紹給西方。直到 1741 年，歐洲才有了第一座懸索橋。

卜彌格也沒有閒著。他在維也納出版的《植物誌》介紹了大量的中國動植物，還強調了這些植物的藥用價值。卜彌格還撰寫了《中國醫藥概說》、《中國

診脈祕法 》，向歐洲人介紹中醫中藥。

兩位特使像比賽一樣，爭相向歐洲人介紹中國的情況。

其實，在此之前，有關中國的書籍已經不少了。

比如，皮雷斯（Tomé Pires）的《 東方志：從紅海到中國 》（*Suma Oriental que trata do Mar Roxo até aos Chins*）（1515 年 ）、門多薩（Juan Gonsales de Mendoza）的《 中華大帝國史 》（*Historia del Gran Reino de la China*）（1585 年 ）、曾德昭《 大中國志 》（1642 年 ）等。除此之外，在中國的傳教士還寫了數不清的信件給歐洲親人朋友。

明末的歐洲人對明朝了解得如此清楚，而明朝對歐洲的了解卻是如此匱乏。明末接觸過、了解過歐洲人的蔡汝賢、茅瑞徵、沈德符、俞大猷、朱紈、嚴從簡都認為葡萄牙是一個東南亞國家，距離中國不遠。大部分文人相信，葡萄牙人喜歡吃中國小孩，而且記述得十分詳細，說什麼用鐵籠放在熱水上蒸，蒸熟了用鐵刷子刷掉皮膚後，小孩子還活著。這時候才殺了孩子，取了內臟，再次蒸熟後食用。

老百姓不知道情有可原，他們記載的這麼寫實真的很不負責任。

明朝人對歐洲的認識是被動的，幾乎沒有人去過歐洲。很多寫書的人也沒有去過葡萄牙人居住的澳門、西班牙人居住的菲律賓，以及荷蘭人暫居的臺灣。

1655 年，依諾增爵教宗去世，亞歷山大七世教宗繼任。

新教宗很同情南明朝廷和永曆皇帝的危險處境，於是接見了南明使團。不過，教宗認為，南明軍事實力太弱，早晚會亡。既然大清允許傳教，因此沒有必要武力支持南明。

亞歷山大教宗回信給皇太后和龐天壽，給他們口頭鼓勵和精神安慰。在回覆給龐天壽的信中，教宗引用了《 聖經 》中一位太監信教的事蹟鼓勵他。

不管怎麼說，教宗從態度上是支持的。

亞歷山大教宗也接見了衛匡國，專門討論中國天主教徒祀孔和祭祖的問題。在華傳教士認為中國人把孔子和祖宗當神崇拜沒問題，但加入天主教後，只能承認耶穌為神，不能祭拜孔子。

衛匡國解釋說，祀孔和祭祖屬於中國傳統禮儀，不是拜神。因此，應允許中國的天主教徒繼續參加這樣的儀式。

教宗接受了衛匡國的建議。

卜彌格和陳安德拿著教宗的信向葡萄牙國王約翰四世求救。

約翰四世口頭答應給予南明政府軍事援助。

卜彌格很興奮。他顧不得回波蘭老家省親，立即啟程返華覆命。在一封寫給友人的信中，他懇切地說：「我要回到中國的戰場上去，即使付出名譽和健康的代價也在所不惜。」

他們再次歷經磨難，回到澳門。

沒想到，葡萄牙殖民政府卻支持大清，拒絕他們入境。

八年了，中國的局面大變。

清軍基本上占領了廣西、貴州全境。

王太后和龐天壽沒有等到教宗的回信，已經病故了。

永曆帝和太子準備逃亡緬甸。

為了保住澳門，為了留下來做生意、傳教，葡萄牙人決定與大清合作。

卜彌格和陳安德只得從泰國和越南選擇地點入境。1659 年 8 月，因為勞累和疾病，時年 47 歲的卜彌格病逝於越南和中國廣西的交界處。

陳安德也從史書上神祕地消失了。

1662 年，沒有等到歐洲援助的永曆帝和太子當定，被吳三桂俘虜並被處死。

衛匡國比他們早一年回到中國，1661 年因霍亂逝於杭州。

1666 年 4 月，鄭瑪諾在里斯本受到葡萄牙國王召見後，揚帆東渡回國。

回國的路程同樣坎坷。直到 1668 年 8 月 19 日，鄭瑪諾才踏上澳門的土地。

一來一回，耗時二十三個春秋。

出發的時候，鄭瑪諾還是一名 12 歲的少年，現在是一名 35 歲的神父了。

可惜的是，鄭瑪諾還沒有發揮什麼功用，就在 1673 年病逝於北京。

如果鄭瑪諾能夠著書立說、傳播學問，說不定他就是中國第二個陳玄奘。

永曆皇帝臣由榔於十月初二日誠心祈禱

天主慈悲挽回頹永之虜寇化為良民憐萬姓生靈

萬民有罪責臣一人臣若有母貽萬方敬涯微

恍仰祈

永曆帝的祈禱書（現藏於梵蒂岡）

277

第 **20** 章

湯若望 —— 位居一品官員的德國人

康熙選擇雍正的時候經歷了殘酷的鬥爭。

那麼，你相信幫助順治選擇康熙的是一位德國人嗎？

Johann Adam Schallvon Bell （1592-1666）

1592 年，約翰‧亞當‧沙爾‧馮‧白爾出生於德國科隆。

19 歲時，約翰加入耶穌會。21 歲時，約翰進入羅馬學院。在這裡，他聆聽了伽利略關於望遠鏡的報告。

1618 年 4 月，從中國回來的金尼閣神父招募傳教士前往中國，約翰積極報名。

出發前，金尼閣神父尋求教宗、歐洲各國王室資金支持，在歐洲採購 7,000 冊書，涵蓋了天文、數學、建築、礦業、文學、宗教等領域。其中有《伊索寓言》、亞里斯多德的《宇宙學》、哥白尼的《天體運行論》、蒙田的《隨筆集》、維特魯威的《建築十書》等。

金尼閣帶著 22 名傳教士從里斯本啟航，於 1619 年 7 月 15 日抵達澳門。出發時是 22 人，到澳門時只剩下 8 人，中途死亡 14 人。約翰是倖存者之一。

金尼閣到中國後不久病逝。他帶去的絕大多數圖書都沒有譯成中文。

1622 年，約翰把自己名字中的「亞當」改為「湯」，把「約翰」改為「若望」，並取字「道未」，出典於《孟子》的「望道而未見之」。

就在這一年，荷蘭人進攻澳門。湯若望參與了戰鬥，並學會了使用火砲。

1623 年，31 歲的湯若望到達北京。幾個月後，他成功地預測了 10 月 8 日的月食。欽天監官員李祖白非常佩服湯若望淵博的天文知識。在湯若望的指導下，李祖白撰寫了《遠鏡說》，成為中國首部介紹光學傳播理論和望遠鏡製造技術的專著。

1627 年，耶穌會派湯若望到西安傳教。

這一年，崇禎帝繼位。

清軍入侵、農民反叛、財政破產、瘟疫成災。

天下大亂，解決之道在哪裡？

在天上。

大事小情，上天都會透過天象提前告訴你。

如果你不查、不懂、不能正確理解上天的意思，那你就離滅亡不遠了。

明朝建國後，成立欽天監，頒布了大統曆。為了防止民間藉天象起義，明政府禁止民間研究天文學。欽天監父死子繼，確保天文科技不外洩。元朝任命阿拉伯人為天文官員。明朝繼續僱傭他們，讓他們用伊斯蘭曆法（觀測天象）。

崇禎二年五月初一，欽天監用大統曆、伊斯蘭曆推算都是錯的，而徐光啟用歐洲天文學方法推算與實測相符。

這不是欽天監第一次犯錯。崇禎帝十分震怒。

上帝寄給我的郵件，你們不是遺漏就是讀不懂，這不是害我嗎？

崇禎帝親自觀測了日食、月食，歐洲曆法再次獲勝。

崇禎帝於是命令徐光啟設立曆局，編纂新曆。徐光啟召傳教士龍華民、鄧玉函入局。

鄧玉函寫信給歐洲的天文學家，請他們提供技術支援。克卜勒收到信後，回答了鄧玉函的問題，並寄了兩冊自己剛剛出版的《魯道夫星表》。這是當時世界上最準確的星表。可以說，偉大的克卜勒本人對中國曆法的修訂是有貢獻的。

伽利略也收到了鄧玉函的信。當時他被羅馬教會軟禁，沒有回信。

1630 年，鄧玉函去世，徐光啟召湯若望回北京修曆。

1633 年，徐光啟病逝。山東參政、天主教徒李天經主持歷局工作。

李天經發現根據大統曆推測的秋分，與實際時間竟然相差兩天以上。

別小看兩天，莊稼春季提前播種和延後播種，決定了秋天是豐收還是荒歉。如果鬧荒歉，就會死人，吃人肉，然後是農民叛亂。

地球繞太陽一周是一年，月亮繞地球一周是一月，地球自轉一周是一天。因此，修訂曆法的背後是天文學。

哥白尼出版《天體運行論》是在 1543 年。此後歐洲開啟了天文學革命。第谷記錄了精確的星表，克卜勒發現了三大定律，伽利略用望遠鏡觀測了太陽、月亮，布魯諾提出了宇宙無限論。歐洲在天文學領域的認知遙遙領先於世界。

由於封閉不進步，明朝最聰明的讀書人連最基本的天文常識都不能理解。

比如，地球是平的，還是圓的？

絕大多數明朝士紳認為大地是平的。《三國演義》裡寫道，陸地如棋局。

只有極少數明朝讀書人認可地球是圓的。張萱還從唐朝小說《酉陽雜記》裡找出了證據。該書講了一個故事，說是有人掘井太深，不見水，反而聽到車馬喧囂的聲音。

明朝士紳對地球上有人頭朝上，有人頭朝下不能理解。

宋應星就反對地圓說，視之為怪論。

再比如，太陽和地球比，哪個更大？

關於這個問題，不理解的明朝人就更多了。

方以智認為，如果太陽大於地球，那麼地球上的生物都會被燒死。

再比如，天體旋轉的軌跡是正圓形的，還是橢圓形的？

如果對這些問題沒有正確的認識，就不可能制定出準確的曆法。

不要說明朝，到了清朝康熙年間，當中國天文官員和歐洲天文官員進行測量比賽時，滿朝文武鴉雀無聲，一句話也說不出。

明朝文人先是接受一條一條的天文結論，最後驚嘆地發現，歐洲天文是有邏輯的，是自成體系的，不同天文結論是相互可以論證的。

張岱認為歐洲曆法：「闡微析幽，思出象表，雖使揚子譚玄，洛下握筆，無以及此。」

揚子即楊雄，是西漢時期的大思想家，他將老子的「玄」視為宇宙的最高奧祕。洛下是西漢時期著名的天文學家洛下閎，參與制定了《太初曆》。《太初曆》第一次將二十四節氣列入曆法。

至於歐洲領先的原因，李之藻認為，歐洲不禁止研究天文曆學，各國英才聚在一起討論、研究。我們的天文曆學幾百年來都是家族內傳，想學習沒老師，想討論沒朋友，這樣能不落後嗎？

兵部尚書熊明遇認為歐洲人：「四泛大海，周遭地輪，上窺玄象，下采風謠。」

歐洲人走出國門，深入世界的每一個角落。他們四處觀察，廣泛吸收，所以先進。

熊明遇認為，中國人應該像孔子問官於郯子一樣，虛心接納。

郯子是春秋時期一個小國的國君。孔子聽說他非常懂官制，於是親自前去拜訪求教。大有收穫的孔子感慨地說：「天子失官，學在四夷。」

由於宮廷失職，真正的知識已經流落在民間或者遠方了。

開明的明朝官員借用「天子失官」這個典故，勸國人不要無端歧視、一味拒絕歐洲知識。歐洲的確是四夷，但並不表示歐洲沒有學問。

李天經說：「繇余西戎之裔，秦用以霸。金日磾西域之子，為漢名卿。即馬沙亦黑，為回回族，我皇祖設專科以待之。苟有利於國，遠近無論焉。」

明朝文人還舉了韋宗觀釁的故事。

後秦皇帝姚興想討伐落後的南涼。他派尚書郎韋宗去後涼觀釁（偵察虛實）。後涼主傉檀與韋宗論王朝興廢，人事成敗，機敏善變，對答如流。

韋宗出來後，長嘆道：

命世大才、經綸名教者，不必華宗夏士；
撥煩理亂、澄清濟世者，亦未必《八索》、《九丘》。
五經之外，冠冕之表，復自有人。
車騎神機秀發，信一代之偉人，由（即繇）余、日磾豈足為多也。

其意思是說，世界級人物和思想家，不都是中國人；
治理世界和國家，不一定非要用古代典籍。
像繇余、日磾這樣的人才，太少了。
一句話，外國也有能人，該用就用。
孔子還說過，「三人行，必有我師。」
明朝的保守官員早就忘記聖人的教誨了。

明末五大師之一方以智部分接受了歐洲曆法，但還有很多不理解的地方。他說，土星繞日週期為 28 年（實際是 29.46 年），木星為 12 年（實際是 11.86 年），這些是怎麼驗證的？不可相信。

沈㴞說，太陽是皇帝，月亮是皇后，星宿是文武百官，小星星是老百姓，這

是尊卑貴賤的天理。歐洲曆法干涉王道，傷害王化，反對祖宗，反對聖賢，罪大惡極。

中國古代根據月亮的盈虧定月。6 個大月各 30 天，6 個小月各 29 天，全年 354 天。而太陽年是 365 天。兩者相差 11 天。為了取得統一，中國農曆每隔三年左右需要加一個月，稱閏月。比如 2020 年就有兩個四月。

萬曆年間，歐洲人計算地球繞太陽一週的時間是 365.2425 天，已經非常接近實際的 365.2422 天，每 3,300 年才差一天。因此，連閏天都不需要。

閏月問題把明朝不少官員都惹火了。

謝宮花問道，難道中國千古帝王將相，神聖賢哲的大識大見都錯了嗎？他們當然沒錯。大統曆行之萬世無弊。棄用閏月是異端邪說。

許大受說，沒有閏月荒謬無比，真真可笑之極矣。

林啟陸說，歐洲曆法是極古今之大妄（集有史以來各種錯誤於一身）。

他們反對歐洲曆的依據是《周易》、《尚書》、《左傳》。

他們反對歐洲曆的理由不是其不准確，不科學，而是亂了天道和尊卑。

天文學的落後，背後是數學的落後。

不會計算複雜的公式，怎麼能發現天體運行的規律。

哥白尼《天體運行論》一書的序中寫道，「不懂幾何學的人，不得入內。」

舉個小小的例子。把圓周分為 360 度，就是一個必不可少的計算工具。

徐光啟痛惜地說：「中國算數之學廢於近世數百年間。」他說數學可以協助發展氣象、水利、樂律、建築、理財、機械、輿地、醫藥、計時。數學是關乎國計民生的大事。可惜，絕大多數明朝官員沒有意識到這一點。

生前，徐光啟清醒地意識到中國與歐洲的差距。他說：「欲求超勝，必先會通。會通之前，必先翻譯。」

其意思是說，中國超過歐洲，需要三個階段：

第一階段翻譯西方著作，第二階段學習吸收，第三階段超過歐洲。

徐光啟是最早提出「師夷長技以制夷」的人，是明朝睜眼看世界第一人。

徐光啟的意思是透過學習、創造的方式超過西方。結果，明末清初的知識士人紛紛提出，西方的知識本來就是從中國抄襲的。因此中國從來就不曾落後，何來超越之說。這種觀點一直延續到清朝末年。

著名史學家王仁俊說，徐光啟不學無術，竟然把利瑪竇、湯若望講授天文學視為珍寶，卻不知西洋曆法都是從中國古書上剽竊的。徐光啟既無知，又可笑。

1634 年 12 月，曆局修完新曆，史稱《崇禎曆書》。

《崇禎曆書》包括宇宙體系、天體運行數據、數學知識（如球面三角學、幾何學），以及天文儀器製作與使用。

《崇禎曆書》吸收了哥白尼、第谷、克卜勒、伽利略的最新成果，標誌著中國天文學從此與世界天文學接軌，可謂一次巨大的進步。

湯若望發現中國歷史上出現過一位偉大的天文學家叫郭守敬。他說郭守敬是中國的第谷。

在後來的天文預測中，新曆與大統曆、伊斯蘭曆做對比，八戰八勝。

崇禎皇帝批覆，「新法為近，其餘於分秒疎遠。」1638 年底，他親書「欽保天學」四個大字，送給曆局。

但是，部分明朝官員強烈反對，說採用西方曆法「變亂治統，是千古未聞之大逆。」

崇禎帝猶豫了。

1643 年，當崇禎帝決定頒布新曆的時候，明朝國也快走到了盡頭。

一個皇帝本人認可的方案，一個親眼所見，多次驗證的方案，在明朝都推行不下去，明朝能不滅亡嗎？

曾看過一部韓國電影，劇情是因為曆法不準，導致糧食歉收，百姓饑饉，朝鮮皇帝提議制定朝鮮自己的曆法。大臣們說，朝鮮的曆法要聽明朝皇帝的，更改曆法如同子女違反父母的願意。電影中還出現了明朝的授時曆。

贊成也好，反對也罷，我覺得引進西洋曆法本身就是一件大好事。它把石頭丟進了死水，激起了思想的波瀾，引發了爭鳴與思考。

　　明朝知識分子對歐洲天文學強烈牴觸，對歐洲人的地理知識倒是沒有那麼反感。他們普遍接受並贊成歐洲人帶來的世界地圖。

　　1638 年左右，湯若望與李天經翻譯了德國礦冶學家阿格里科拉 (Georgius Agricola) 於 1550 年撰寫的《論礦冶》(*De re Metallica*)，中譯本定名為《坤輿格致》。《坤輿格致》內容包括礦山管理、開採原理、勘探技術、採礦技術、採礦工具和設備、檢驗礦石方法、礦石熔煉法、貴金屬與非金屬分離法等。

　　崇禎皇帝御批：「發下《坤輿格致》全書，著地方官相酌地形，便宜採取。」

　　在徐光啟的提議下，崇禎皇帝同意仿製西方火砲。

　　這項任務被分攤給北京的歐洲傳教士，包括湯若望。

　　教會一貫倡導和平，傳教士們卻不得不製造重型殺人武器。

　　湯若望內心極度不願意。由於他在澳門有使用火砲的經驗，被迫成為技術骨幹，兩年鑄造大砲 20 門。

　　劉宗周強烈反對。他說明朝依賴武器，有損國威。湯若望作奇巧以惑君心，罪不可赦，應驅逐出境。

　　氣得崇禎把他驅逐出宮。

　　對於湯若望，崇禎帝下令，再鑄大砲 500 門。

　　在造砲過程中，湯若望指導焦勗完成了《火攻挈要》一書，詳細介紹了製造火器的全過程，並附有插圖 40 幅。除了講火砲製造，該書還傳播了化學、數學、採礦、冶金等各方面的知識。

　　1644 年，李自成攻陷北京，崇禎皇帝自殺。不久之後，清軍殺入北京。

　　湯若望留守北京。

　　1644 年 7 月，他向清廷進獻《曆法》和天文儀器，並準確預測了 8 月 1 日的日食。

　　明朝亡了，大清也離不開曆法。

　　攝政王多爾袞下旨：

欽天監印信著湯若望掌管，凡該監官員俱為若望所屬。一切進曆、占候、選擇等項，悉聽演印官舉行，不許紊越。

清朝政府將新曆命名為《時憲曆》，頒行天下。今天我們的農曆計算也來源於這部《時憲曆》。

1646 年清廷加授湯若望太常寺少卿銜，官階正四品。

多爾袞為了獨攬大權，準備將順治皇帝和他的母親趕到皇城外居住。眾臣攝於他的淫威，不敢反對。

湯若望向多爾袞上書說，為順治皇帝選擇新址時出現了異象，是不祥之兆。這理由足夠充分，多爾袞悻悻作罷。

多爾袞病逝後，湯若望根據天象，為順治帝選擇了親政日期。

因此，順治帝和皇太后對湯若望十分信任。

順治帝非常欽佩湯若望的道德與學問，尊稱其為「瑪法」。「瑪法」是滿語音譯，意思是「尊敬的老爺爺」。順治帝經常請「瑪法」到宮中敘談。湯若望到門外時無須太監傳喚，進門後無須叩跪。

1651 年 9 月，順治帝一天之內加封湯若望通議大夫、太僕寺卿、太常寺卿三個頭銜，使他從原來的正四品晉升為三品。

順治帝加封湯若望的父親、祖父為通奉大夫，母親、祖母為二品夫人。還將誥命封書郵寄到湯若望的德國老家。

1658 年 2 月 2 日，順治帝封湯若望「光祿大夫」，正一品。

順治帝還打破尊卑慣例，親自到湯若望寓所探望求教，1656 年、1657 年這兩年間多達 24 次。

1659 年 5 月，鄭成功率領十幾萬水陸大軍大舉北伐，兵臨南京城下。

順治帝驚恐萬分，甚至產生了放棄北京，避難關外的打算。受到皇太后的訓斥後，順治帝又跳到另一個極端，吵著要御駕親征。

文武百官紛紛跪下勸阻。

順治根本不聽。他抽出長劍劈斷御座，宣稱誰敢阻攔，他就劈死誰。

太后勸說不管用，搬來皇帝最信任的乳母，也不管用。

王公貴族列隊到湯若望的館舍，請他出山。

湯若望立即撰寫奏章，跪勸順治以大局為重。

順治心裡有些後悔，正找不到臺階，湯若望的奏摺和苦勸正好給了他機會，於是欣然答應。

不久傳來消息，鄭成功在南京遭受慘敗。

24 歲的順治帝患上天花，病重不起，還沒有確定繼承人。

順治有 8 個兒子，存活的有 5 個，最大的二子 9 歲。

他擔心幼王被親王貝勒們欺負，有意把王位傳給一個堂兄弟。

在生命的最後一刻，順治帝召見湯若望，就這個事關國家前途命運的重大問題徵求他的意見。

湯若望說，關於王位繼承，東西方是一致的，即父死子繼，兄終弟及。皇位應該傳給年齡最大的皇子。不過，該皇子還沒有得過天花，這是一個很大的隱患。而三皇子玄燁染過天花現在康復，且聰慧過人，因此最為合適。

皇太后也是這個意見。

於是玄燁被扶上皇位。他就是中國歷史上赫赫有名的康熙大帝。

湯若望將利馬竇修建的經堂擴大，建成北京第一座大教堂（南堂）。

順治末年，中國有 30 多處教堂，15 萬左右天主教徒。

隨著天主教影響力的擴大，引發了一些民間保守派的不滿。

順治十六年至十七年之間，楊光先撰寫了〈闢邪論〉、〈摘謬十論〉、〈正國體呈〉、〈中星說〉、〈選擇議〉等多篇文章，親自到禮部、通政使司等衙門狀告湯若望，說湯若望等「非我族類，其心必殊」。

這個楊光先是個漢人，他說這話，難道沒有考慮到皇帝本人是滿族？

他這是公然造反啊！

楊光先說，湯若望的曆法是虎豹的皮，非常漂亮，令人喜歡。不過，湯若望是活虎豹，早晚會吃掉你。

楊光先說，湯若望在《時憲曆》封面上題寫「依西洋新法」五個字，是侮辱大清不如西洋。

《時憲曆》還有一個問題，楊光先竭力反對，那就是刻。

古代中國計時，一天十二個時辰，100 刻。我們知道，100 不是 12 的整數倍，二者搭配非常麻煩。

歐洲的計時單位是時分秒。一天 24 小時，一小時 60 分，一分 60 秒，沒有刻這種用法。為了和明朝搭配，西方傳教士把一小時分成四刻鐘，一天 96 刻鐘，和中國 100 刻比較接近，但比中國 100 刻準確。

楊光先還把徐光啟罵了一頓，說後者修訂曆法是「邪臣逆謀」。

當時順治帝尚在，湯若望仍受朝廷器重。禮部不理睬楊光先的訴狀。

康熙三年（1664），楊光先再上〈請誅邪教狀〉。他說湯若望有三條大罪：潛謀造反、邪說惑眾、曆法荒謬。每一條都該處死。

此時朝政由鰲拜主持。他嫉妒皇室對湯若望的倚重，打算排除洋人勢力，大權獨攬。楊光先給他一個很好的藉口。

鰲拜心狠手辣，下令將湯若望及大部分欽天監官員凌遲處死。他認為這還不夠，下令把那些欽天監官員的兒子也斬立決。

好不容易培養的天文人才被斬草除根，一個不留。

此時，湯若望已經是一位 73 歲的老人了。

就在要凌遲湯若望的最後一刻，北京突然發生一場大地震，皇宮因此失火。加上皇太后趁機說情，湯若望才保住生命。南懷仁等幾名傳教士被流放。

李祖白等 5 名中國欽天監官員被殺頭。

鰲拜任命楊光先出任欽天監正。

楊光先說，我不懂沒辦法，但反正我就是強烈反對地球是圓的。

鰲拜說，你寫了那麼多文章反駁西洋曆法，說明你懂，你不做誰做？

楊光先硬著頭皮來到欽天監。他廢除《時憲曆》，恢復了《大統曆》。他又貶黜了三十多名精通西洋曆法的職員。在他的不懈努力下，湯若望好不容易培養

出來的天文人才被全部廢掉。

然後，這位老先生又把天文儀器給廢了。

這樣，他這個外行終於可以放心地領導外行了。

在這位外行領導下，欽天監的測量沒有一次是對的。

一年弄出兩個春分，兩個閏月。

後來康熙皇帝氣憤地寫道：

從古有曆法以來，未聞一歲中再閏。舉朝無有知曆者，朕目睹其事，心中痛恨。

不過，楊光先說了一句誰也駁不倒的話替自己辯護：「寧可使中夏無好曆法，不可使中夏有西洋人。」

這句話還可以改成，寧肯明朝人都餓死，不可使中華有大清人。

康熙皇帝年輕，沒悟出楊光先話中的意思，否則應該把「逆賊」楊光先凌遲，誅九族。

1666 年，湯若望在憂鬱中病逝於北京，享壽 75 歲。

1668 年，康熙命楊光先與傳教士南懷仁同時觀測日影、金星、水星，楊光先全部敗給南懷仁。當時歐洲人已經知道光的折射定律。陽光從真空進入地球大氣層會折射。海拔高的地方空氣稀薄，地平面空氣飽和。因此，陽光進入地球大氣層到達地平面走的不是直線，類似於臺階線，又叫蒙氣差。另外，歐洲人測陽光方向時，連接的是太陽中心與地心，而不是太陽中心與地面。這兩者有地半徑差。剔除這兩個因素後，南懷仁提供了精確的日影數據。

楊光先哪知道這些啊！更何況他強烈反對地球是圓的！

早在秦始皇時代，埃及人就知道了地球是圓的，並測出了地球的半徑。當時沒有什麼科學儀器，測量工具就是兩根木桿。

這件事對少年康熙影響很深。多年後他對皇子們說，當南懷仁測量的時候，滿朝文武沒有一個說話，沒有一個看得懂，這讓我下定決心要親自學習曆法。

鰲拜倒臺後，康熙皇帝將楊光先革職。考慮到他是一位 70 歲的老人，恩准

他回家鄉養老，楊光先死於歸途。

清政府重新任命南懷仁為欽天監負責人，並恢復《時憲曆》。

康熙政府確定的時間是：日十二時，時八刻，刻十五分，分六十秒。

1669 年 9 月，康熙皇帝為湯若望昭雪，恢復他「通玄教師」之名。同年 12 月，康熙帝賜地重葬湯若望於利瑪竇墓旁，親賜祭文。

湯若望在中西文化交流史、中國基督教史和中國科技史上是一位不可忽略的人物。

欽天監要持續觀測天文數據，可惜那些天文儀器都被楊光先弄壞了。

南懷仁用了四年時間，於 1673 年鑄成六件大型天文儀器，安置在北京觀象臺上（建國門附近）。

這些儀器不僅能觀測天象，本身也是精美的藝術品。

北京觀象臺晚於巴黎天文臺一年，不過比著名的英國格林威治天文臺還早兩年。

南懷仁去世後，欽天監一直由歐洲傳教士負責。

道光六年（1826 年），歐洲傳教士或回國、或病故，且國人已經熟悉曆法，欽天監不再召西洋人，以滿人、漢人替代。這個過程中至少有二十位歐洲人擔任過清朝官員。

大清滅亡後，中國採用民國紀年法。

今天，我們全部使用歐洲人制定的公曆，與國際接軌。

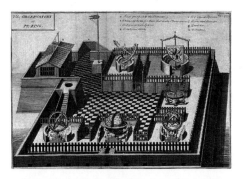

比利時人南懷仁主持鑄造的北京古天文儀器

第 **21** 章
黃宗羲 ── 「中國民主啟蒙之父」

明朝的滅亡，不僅是自身的滅亡，也是封建制度的失敗。

黃宗羲（1610-1695）

古者以天下為主，君為客，凡君之所畢世而經營者，為天下也。

向使無君，人各得自私也，人各得自利也。

天子之說是未必是，天子之說非未必非。

蓋天下之治亂，不在一姓之興亡，而在萬民之憂樂。

明朝末年，內憂外患。朝廷無能，百姓遭難。國家陷入黑暗，不能自拔。

就在這漫長無盡的黑暗當中，中國出了一個民主啟蒙思想家，出了一部可與《人權宣言》相媲美的曠世奇書。

這名思想家叫黃宗羲。我覺得他是明清之際最重要的人物之一。

在現有的政治框架下玩權術，耍陰謀，那是政治家。徐階、高拱、嚴嵩、張居正、申時行，都是聰明的官僚。

而用事實、邏輯、對比把現有政治框架的利弊說透，總結一套原則，設計一個更複雜、更高級的政治體系，這是政治思想家。

有人說，明朝有的是政治家，但沒有政治思想家。

黃宗羲的出現，證明中國有政治思想家，而且有傑出的、有深度的政治思想家。

有人說他的著作《明夷待訪錄》是中國版的《人權宣言》。

黃宗羲於 1610 年生於浙江餘姚。他的父親黃尊素是東林黨人，因彈劾魏忠賢被削職下獄，受盡酷刑而死。

崇禎元年（1628 年），魏忠賢倒臺，黃尊素冤案終獲平反。

黃宗羲作為證人，在刑部參加會審。他掏出藏在袖中的尖錐刺向閹黨餘孽許顯純，並拔掉其同夥崔應元的鬍子，在父親墳前燒掉。

百姓稱他為姚江黃孝子。

崇禎皇帝稱他為忠臣孤子。

我說他是一位血性男兒。

1644 年，崇禎自殺。

1646 年，魯王在紹興建立政權，任命黃宗羲為兵部職方司主事。

黃宗羲積極同清兵作戰，兵敗，避居化安山。

1649 年，魯王命他與阮美、馮京第出使日本，請求援兵。黃宗羲渡海來到日本長崎。當時日本實行閉關鎖國政策，無意介入大清和明朝的爭執。

黃宗羲從日本回國後，歸家隱居。

1650 年至 1654 年，黃宗羲遭清廷三次通緝。

1663 年，黃宗羲開館講學，撰成《明夷待訪錄》、《明儒學案》等。

1695 年 8 月 12 日，黃宗羲與世長辭，享壽 85 歲。

臨死前，黃宗羲叮囑兒子把自己的頭髮散開。這表示不綁辮子，不當清朝的老百姓。

黃宗羲最重要的政治著作就是《明夷待訪錄》。

明夷是《周易》中的一卦，其意思是說有智慧的人處在患難地位。待訪，等待後代明君來訪、採納。

秦始皇廢除分封制，建立君主專制，至今超過兩千兩百年了。

董仲舒罷黜百家，獨尊儒術，又影響了中國兩千年。

秦始皇制度加上孔子思想，這是中國古代政治、經濟、法律、軍事、哲學、文化、倫理道德的基礎。

朱元璋建立明朝以後，設計了一套所有階級都受害，只有自己子孫萬年安全的制度。這些制度事後證明落後、荒謬、無效。比如，明朝規定太監不能干政，然後出再了王振、汪直、劉瑾、魏忠賢。明朝廢除了丞相，但成立了內閣。明朝實行軍戶，號稱不花錢就能養兵兩百萬。實際上，明軍兵力不到百萬，真正打仗的時候到處缺錢，士兵因欠餉導致的叛亂、投敵數不勝數。明朝不允許民間研究天文學，導致天文學陷入停滯。

明朝的官員在朱元璋的制度上縫縫補補，提出很多解決具體問題的建議。

但是，沒有人質疑這套制度的根本，沒有人提出革命性的方案。

只有黃宗羲做到了。他說：

「君主原來是造福人民的，現在是禍害人民的；
臣子是服從人民的官，不是君主的奴僕；
法度原來是保護人民的，現在成了維護君主利益的工具；
明朝的滅亡就是因為廢除宰相；

> 各級學校定期議論政治，君主和官員要去學習；
>
> 科舉考試扼殺人才；
>
> 提升地方權力，與中央形成制約關係；
>
> 工商業不是國家末業，是國家本業。」

下面我來一一解讀。

《明夷待訪錄》開篇就是〈原君〉，直指君主制的核心和要害。

黃宗羲怒斥，君主未得到天下時，使天下的人民肝腦塗地，使天下的子女離散。君主得到天下後，就敲榨天下人的骨髓，離散天下人的子女，以供奉自己一人的荒淫享樂。

蛋糕不僅不是君主出的錢，甚至頂風冒雨買蛋糕的也不是君主本人。

朱元璋，你得到天下，是無數人流血犧牲換來的。事成之後，你卻說天下是你朱家的財產，有資格得到財產（蛋糕）的人都被你處死。你活著，天下的女人成了你淫樂的工具。你死了，還要超過四十個女人為你殉葬。

黃宗羲說，你有一個皇后，三個妃子就夠了。這樣服侍的太監可以減少到幾十人。這能省多少錢？少多少事？

明朝官員說，皇帝女人少，生不出兒子，影響政權穩定。

黃宗羲說，堯舜有子孫，沒有把大位傳給他們。宋徽宗子孫倒是多，兒子被金人屠殺，女兒被金人凌辱。

黃宗羲說了一句和霍布斯有異曲同工的話：

> 向使無君，人各得自私也，人各得自利也。

沒有君主的時候，人們都能得到自己的財產和利益。有了君主之後，人們反而失去了自己的東西。

所以，人們怨恨他們的君主，將他看成仇敵，比作獨夫。

仇敵獨夫，都應該馬上下臺。

明朝官員說，君為臣綱，君對臣錯。即使像夏桀、殷紂這樣的暴君也不能廢黜。

黃宗羲說，他們害死那麼多老百姓，難道不是過錯？不是犯罪？不該下臺？像桀紂這樣的君主滅亡，不是國家的危機，是國家變好的轉機。像秦始皇、朱元璋這樣的君主興起，是國家倒退的開始。

明朝官員讓皇帝學習漢文帝（海瑞），讓皇帝區別明主暴君（張居正），這些都是枝葉問題，不是樹根問題。

這就是黃宗羲與別人不一樣的地方，或者說他思想深刻的地方。

霍布斯說，君主和人民簽訂合約後，他才上位的。

黃宗羲說，君主是因為先為人民做好事才產生的。

霍布斯比較了君主制和共和制的利弊。

黃宗羲說，君主是天下的最大害。可惜的是他沒有聽說過共和制，不知道共和國是什麼樣的，否則他的文章在全世界都有重要的意義。

《明夷待訪錄》的第二篇是〈原臣〉。

黃宗羲舉例說，治理天下好比拉大木頭。國君在前，臣下在後方一起用力。君拉大木頭為民眾。臣拉大木頭也是為民眾，而不是為君。

君臣名稱不同，都是做同樣工作的人。以後不要說君臣民了，就說官（君臣）民好了。

春秋戰國時期，王、公、侯、伯、男都是職級。公侯當面拜君主，君主也回拜臣子。比如秦王見范雎的時候，跪而請曰：「先生何以幸教寡人？」兩人分開的時候，范雎再拜，秦王亦再拜。

秦漢以後，君主再也不會拜臣子了。

為什麼？

有人故意將公侯伯男和王拉開了距離。這種硬性的劃分是不合理的。

君臣是同事關係。

如果臣不為民服務，君就罷免了他。

如果君不為民服務，臣子可以拒絕君主的命令，並督促君主糾正。

明朝官員說，君為臣綱，君為臣之父。君要臣死，臣不得不死。

黃宗羲說，臣子不是君主的兒子，甚至可以是君主的老師和朋友。

他舉例說，萬曆皇帝對張居正稍稍優待，但這種優待比起古時候學生對待老師的禮遇還不到百分之一，就有人說皇帝喪失了尊嚴。這種君尊臣卑的觀念是要不得的。

黃宗羲認為，明朝君臣關係完全是錯位的。

皇帝的錯誤在於自己不服務人民，也不聘用服務人民的人，只聘用服務於自己的人。

臣子的錯誤在於以為自己的權力來源是皇帝，而不是百姓。他不履行自己的公職，反而變成皇帝的私僕，淪落到太監和宮女的地位。當皇帝和人民有矛盾的時候，官員站在皇帝一邊，侵害百姓的利益。

本來，皇帝應該自稱為臣，他是服務百姓的臣，最大的臣。

實際上，臣子卻把他當皇帝。大皇帝帶著一群小皇帝。

《明夷待訪錄》中，〈原相〉一章的第一句話是：

有明之無善治，自高皇帝罷丞相始也。

黃宗羲說，幾乎整個明朝的治理都是失敗的，根源在於沒有丞相。

中國古代丞相的地位很高。丞相進大門時，天子要起立。如果天子坐轎看到丞相，也要下來。

黃宗羲認為，天子傳子不傳賢，丞相傳賢不傳子。

當天子不賢時，賢良的丞相可以補救。

明朝廢除丞相後設立了內閣。內閣不是專門的機構，權力有限。

明朝沒有丞相，對誰有好處？

太監。

比如魏忠賢。他人稱九千歲，比丞相還威風。

黃宗羲建議，應恢復丞相。國家大事由丞相和天子共同商量，最後由天子批紅。

歐洲也有不少懶國王、笨國王，丞相可以幫助他們。本書前面講到的法國鐵血丞相黎塞留就是例證。

法國國王路易十三說，我不需要黎塞留，但國家需要黎塞留，所以我要任用他。

站在臣民的角度，有丞相對國家是好事。

站在皇帝的角度，有丞相對自己是壞事。

丞相擅權可致天下大亂，廢除丞相制度可以杜絕權臣。

所以，明朝皇帝不要丞相。

1781 年，尹嘉銓在著作中稱大學士為相國，被乾隆皇帝發現後嚴厲駁斥。大清怎麼能有相國？

〈原法〉一章的主要內容有：三代（夏商周）的時候有法度，三代以後沒有法度。

為什麼？

當時的帝王授田地給百姓，讓他們有吃有穿。設立學校，讓百姓接受教育。制定婚姻制度，讓他們不淫亂。規定兵役賦稅，讓百姓不動亂。

當時的法度是服務百姓的手段。

後世君主制定的法度是約束百姓，保護自己。

秦朝廢除分封制後，所有的郡縣歸君主私人所有。

漢代實行庶孽制，因為庶孽可以保障君主的安全。

宋代解除方鎮的兵權，因為兵權威脅君主。

明朝的皇帝擔心官員騙他，用另一個人監督他。還是不放心，再用制度約束他。法令一個接一個，天下越來越亂。

黃宗羲認為，這些法度是為老百姓著想嗎？對老百姓有好處嗎？凡是侵害老百姓利益的，都不能稱為法。

有人認為，現代的法律比古代的法律完備。

　　黃宗羲反駁說，古代的君主沒有強烈的施虐慾，古代的百姓也沒有壞到可惡的地步。所以法度不夠，社會卻是平安的。

　　法令少的時候增加，大家可以接受。法令多的時候去減少，就非常困難了。所以，現在做什麼事情都很難。

　　〈學校〉一章的主要觀點有：

　　從前，君主認為對的未必對，君主認為錯的未必錯。

　　那麼，對錯的標準在哪裡？在學校。

　　學校和朝廷是兩個機構，不相從屬，相互監督。

　　東漢時，大學有三萬學生，官員見了他們都要躲開。

　　宋朝時，儒生在皇宮外擊鼓，請求朝廷任用李綱。

　　明朝時，朝廷判斷是非。學校成為科舉的附屬場所，不敢也不能辨別對錯了。

　　黃宗羲提出的方案是：

　　從中央到地方，層層設立學校。校長不能由政府委任，由各級大眾推舉。官員辭官後可以當校長，百姓沒當過官也可以當校長。官員不能兼任校長。校長不是官員，所以沒有上級。

　　學校除了教授儒學，還要教兵法、曆算、醫學、射擊等課程。

　　「中央大學（太學）校長」級別不低於丞相，甚至高於丞相。

　　每月初一，皇帝和丞相、六卿、諫議等官員都要到太學，「就弟子之列」，「政有缺失，祭酒直言不諱」。

　　地方官員在每月初一和十五也要到地方學校向校長叩頭，就像弟子一樣。地方官員要聽取郡縣師生的評議。

　　逃課缺課一律懲罰。

　　黃宗羲的方案已經非常接近英國議會制度了。英國議會定期開會，討論國策利弊，國王和首相參加，接受評議。英國議長不是官員，不受英國國王和首相領

導。如果有什麼不同的話，一是英國議員來源廣泛，有很多律師和商人，明朝學校則全部是讀書人。二是黃宗羲把校長的地位抬得很高。英國議長見了國王還要站著。黃宗羲認為，皇帝見了校長要叫老師。

〈取士〉一章的主要觀點有：

古代選人寬鬆，用人嚴格。現在選人嚴格，用人寬鬆。

漢代有選舉，有賢能的士人不會被埋沒。唐宋考試科目多樣，選拔的人才多樣。考過了科舉還要去吏部複試，不合格還是不能當官。比如韓愈，他在吏部複試了三次都失敗了，十年後才當官。宋代雖然登第之後就可以入仕，但官職較小。

寬進不會遺漏人才，嚴用不會誤用庸才。

明朝的科舉是嚴格選人。千軍萬馬只能過科舉一座獨木橋。像屈原、司馬遷、司馬相如、董仲舒、揚雄這樣的偏才，到了明朝就別想當官了。

明朝讀書人一旦當了官，便終身為官，或在中央、或在地方，即使被罷免回家，也享有待遇。

其結果，眾多豪傑默默老死於溝壑，更多廢物大肆吞噬俸祿。

《明夷待訪錄》是一部批判君主專制、具有民主啟蒙性質的專著。

《明夷待訪錄》是一部里程碑式的、超時代的政治學著作。

像張居正這樣的官員，制定了很多有利於國家的政策。

而黃宗羲則設計了一部封建時代的憲法！

中國歷史上從來不缺能臣，只缺有獨立思想、原創思想的哲人。

明夷待訪是指等待後代明君來採訪、採納。

後代的君主顯然知道這本書的「價值」，紛紛下令禁止此書出版。

直到清朝末年，康有為、梁啟超、譚嗣同、章太炎等提倡君主立憲和革命的人，才發現這本書，將其視為天書。可惜太晚了。

黃宗羲和馬基維利的書都屬於古典政治理論。與馬基維利推崇一千多年前的羅馬共和國一樣，黃宗羲比照的目標是中國兩千多年前的三代。

顯然，這是不可能發展出近代或現代政治的。

如果說有什麼不足的話，第一，這本書沒有〈原民〉，沒有論述人民的權利，人民的需求。

第二，由於中國的政治體制比較單一，只能就君主制論君主制。150年前義大利馬基維利的《君王論》就闡述了君主制、僭主制、貴族制、民主制之間的利弊。黃宗羲很偉大，但他不可能會想到民主制。

第三，把三代作為理想，凡事和古代比較，是沒有希望的。過去好的傳統可以繼承，把過去當成目標，則是完全錯誤的。

第四，邏輯性不足。

像霍布斯的《利維坦》先討論人，夾雜討論宇宙。把人討論徹底之後，再闡述政治。政治是人的學問，如果連人都不認識，何談政治。

霍布斯從哲學開始，然後到政治學，形成一套體系。姑且不說對錯，至少是自洽的。論述一門學科，從定義開始，然後是公理和定理。邏輯通暢後，再舉例子。黃宗羲還是就政治論政治，一些例子是能證明一些觀點，但舉反例也能駁倒這些觀點。

黃宗羲還提出，歷史上的稅費改革不止一次，但每次稅費改革後，由於當時社會政治環境的局限性，農民負擔在下降一段時間後，又會漲到一個比改革前更高的水準。後人稱之為「黃宗羲定律」。

黃宗羲同時代還有一位著名的思想家，說過一句震撼人心的話：「天下興亡，匹夫有責。」

真相是，顧炎武沒說過。

顧炎武讀完《明夷待訪錄》後驚嘆道：

讀之再三，於是知天下之未嘗無人，百王之弊可以復起，而三代之業，可以徐還也。

明朝不是沒有人（才）！回到三代的狀態還是有可能！

可能嗎？不可能。

明朝沒有實現三代，清朝也沒有實現三代。

那麼，這個世界有實現三代的嗎？

有。在哪裡？19世紀的英國。

鴉片戰爭後，國人紛紛走出國門，在英國大開眼界。

清末學者王韜寫道：「英國之所恃者，在上下之情通，君民之分親，本固邦寧，雖久不變。觀其國中平日間政治，實有三代以上之遺意焉。」

閩浙總督徐繼番讚美華盛頓說：「華盛頓不傳子孫。而創為舉世之法，幾於天下為公，浸浸乎三代之遺志。」

晚清中國第一個駐歐大使郭嵩燾寫道：「三代以前，獨中國有教化耳。自漢以來，中國教化日益微滅，而政教風俗，歐洲各國乃獨擅其勝。其視中國，亦猶三代盛時之視夷狄也。」

薛福成認為民主不是西方人發明的，他說：「中國唐虞之前，皆民主也。匹夫有德者，民皆可戴之為君。秦漢以後，則全乎為君主矣。」

顧炎武在《日知錄》裡寫道：「易姓改號，謂之亡國；仁義充塞，而至於率獸食人，人將相食，謂之亡天下。保國者，其君其臣肉食者謀之。保天下者，匹夫之賤與有責焉耳矣。」

顧炎武認為，「亡國」是指改朝換代，換個皇帝。秦亡了有漢，明完了有清。「亡天下」是指仁義道德無法發揚光大，統治者虐害人民，人民之間也紛爭不斷，這是亡天下。

漢亡宋亡，明亡清亡，但中國始終沒有亡。

維護明朝不滅亡，崇禎要負主要責任，官員負次要責任。百姓的責任很輕，甚至不用負責。

但是，國家到了沒有仁義的時候，到了統治者虐害人民的時候，到了人民相互殘殺的時候，最低微的百姓也有義務和責任站出來，保護天下。

梁啟超把顧炎武這段話濃縮為八個字：「天下興亡，匹夫有責。」

顧炎武的主要觀點如下：

❑ 反對獨治，主張眾治。他說：「人君之於天下，不能以獨治也。獨治之而刑繁矣，眾治之而刑措矣。」

❑ 大力發展經濟。他說：「今天下之大患，莫大乎貧。有道之世，必以厚生為本。」他希望明朝五年而小康，十年而大富。談錢有什麼丟臉的。顧炎武說：「古之人君，未嘗諱言財也。民得其利，則財源通而有益於官；官專其利，則財源塞而必損於民。」

很多人讀明史喜歡看夏言、嚴嵩、徐階、高拱官場爭鬥，很多人愛評價嘉靖崇禎的是非，很多人推崇于謙和海瑞的氣節，很多人熱衷於明清戰爭的細節。

唐宋都有政治鬥爭、軍事藝術、文學巨匠。

明朝不見得比它們好到哪裡。

為什麼？

行為受思想支配。同樣的行為背後必定是同樣的思想。

至於我，我更喜歡了解鄭和、李贄、何心隱、徐光啟、黃宗羲、顧炎武、湯顯祖、吳承恩、馮夢龍、徐霞客這些人的思想和人生。他們是如何看待宇宙的？如何看待社會的？如何看待人生的？

第 **22** 章
俄國人來了

不同於英國人、荷蘭人的經商要求，不同於義大利人、葡萄牙人的傳教要求，俄國人來了就是要侵占土地、掠奪財物、屠殺百姓。

第 22 章　俄國人來了

西元 1643 年，崇禎十六年。

清軍征服索倫部落，將整個黑龍江流域納入大清版圖。

索倫是中國北方鄂倫春族、達斡爾族等部族的統稱。

同年，一支俄羅斯軍隊突然殺入外興安嶺，進入中國境內。

繼葡萄牙人、西班牙人、荷蘭人、英國人、義大利人、法國人、德國人、比利時人之後，俄羅斯人終於來了。

以荷蘭人為首的西歐人，其核心目的是來經商。

以義大利人為首的西歐人，其核心目的是來傳教。

俄羅斯人的核心目的，是來搶人、搶錢、搶地盤。

1240 年，蒙古人征服了俄羅斯，將其納入金帳汗國的疆域。

1274 年，蒙古軍隊占領南宋全境。

蒙古人先征服了遙遠的俄羅斯，後征服了中國。

蒙古人信奉伊斯蘭教，勸俄羅斯人從東正教改信伊斯蘭教。

俄羅斯人問，信教可以，能喝酒嗎？

蒙古人說，伊斯蘭教禁酒。

俄羅斯人說，噢，那就算了。

1472 年，莫斯科大公伊凡三世（Ivan III of Moscow）迎娶了一位身世不同尋常的妻子。

她叫索菲婭（Sophia Palaiologina），是被土耳其滅亡的拜占庭帝國的公主。

拜占庭帝國的國徽是雙頭鷹，左右兩個腦袋分別監視著歐洲和亞洲。伊凡三世認為自己是拜占庭帝國的繼承人，於是將雙頭鷹加入俄羅斯國徽，延續至今。

1480 年，在被蒙古人統治 240 年後，伊凡三世宣布莫斯科大公國獨立。

俄羅斯民族源於好戰的北歐維京人，被蒙古人統治期間又融入了蒙古人能征善戰的基因。從此，俄羅斯人成為世界上對最渴求土地的民族。

1526 年，莫斯科大公瓦西里三世（Vasili III Ivanovich）快 50 歲了，還沒有兒子，他決定離婚，取一位新妻子。

俄羅斯大公娶妻的程序是這樣的。

所有貴族家庭中未出嫁的少女報名（一般上千人）。

專家評委從年齡、身高、頭部大小、膚色、眼睛、頭髮等多個維度打分。

符合條件的幾百名候選人進行第二輪篩選，由御醫檢查是否有傷有病。

大約二三十人進入最後一道程序，由大公本人親自面試，挑選一個。

聽起來像中國的科舉，最後由皇帝殿試。

瓦西里最終選擇了葉琳娜（Elena Glinskaya）。

1530 年 8 月 25 日是一個陰雨天，葉琳娜馬上就要生產了。

突然天空中亮起一道奪目的閃電，緊接著是一聲震耳欲聾的炸雷，最後是一聲「哇哇」的哭聲。

一個男嬰誕生了。瓦西里為兒子取名伊凡，即伊凡四世。不過（Ivan IV Vasilyevich），更多的人稱他為「雷帝」（the Thunder Emperor）。

伊凡四世 3 歲即位，葉琳娜太后攝政。

5 年後，葉琳娜突然去世，原因不明，很可能死於政敵的毒藥。

大貴族舒伊斯基（Vasili IV Shuisky）抓住了權力。為了終生控制伊凡，他想到了一個餿主意，就是經常嚇唬這個 8 歲的孩子，讓他從小留下陰影，長大後見到自己就害怕。

5 年後，伊凡四世在舅舅格林斯基（Mykolas Glinskis）的支持下，逮捕了舒伊斯基，把他和四條嗜血的餓狗關進同一間牢房。

伊凡四世沒有幸福的童年，舒伊斯基沒有幸福的老年。

1547 年，莫斯科突然發生一場大火，造成 1700 多人死亡，8 萬多人無家可歸。受災群眾情緒很不穩定。他們衝進克里姆林宮，用石頭砸死了格林斯基。

伊凡四世沒想到自己以這種方式奪回了權力。

新官上任三把火。他的第一把火就是將自己的頭銜莫斯科大公改叫俄羅斯沙皇。

伊凡四世在位期間，多次向外征戰。

俄羅斯領土面積約 600 萬平米公里，超過了萬曆時期的明朝。

伊凡四世下令在克里姆林宮附近修建一座東正教大教堂，取名聖母教堂。聖母教堂由九個小石室教堂組成。後來，建築師陸續替九個小教堂戴上顏色豐富、樣式不一的洋蔥帽子。從此該教堂成為俄羅斯最出名的建築物之一。

1580 年時，雷帝有三個兒子。

有一天，雷帝發現太子妃穿了一件不順眼的衣服，於是上前責罵她，動手打她，導致胎兒流產。太子上前與父親理論。

雷帝在憤怒中用權杖擊打兒子的頭。不巧（恰巧）的是，權杖正打在太子（Ivan Ivanovich）的太陽穴上，太子當場斃命。雷帝被滿臉鮮血的太子驚住了。他抱著兒子的屍體日夜嚎啕。

雷帝另外兩個兒子當中，費奧多爾（Fyodor I Ivanovich）是個傻子，小德米特里（Dmitri Ivanovich）是個嬰兒，而且被很多人視為非婚生兒子。

1584 年，萬曆十二年。雷帝在下棋時死去，有人說他是被毒死的。

雷帝知道費奧多爾是個弱智，臨死前安排四大臣輔政。

四大臣分為兩派，國舅戈東諾夫（Borís Fyodorovich Godunov，他的妹妹是費奧多爾的妻子）和別利斯基支持費奧多爾，另外兩人主張廢掉傻子，立小王子德米特里為沙皇。

費奧多爾不僅傻，而且病弱，站一下就要坐下。有一次舉行儀式的時候，他因為承受不了皇冠的重量，當場摘下來送給旁邊的人。

1591 年，德米特里暴死，原因不明。官方聲明是他不小心拿刀刺到了自己的脖子。

戈東諾夫沒有對手了，執掌大權，成為攝政王。

1598 年，體弱多病的費奧多爾在堅持了 14 年後病逝，享年 41 歲，沒有子女。

今天專家們開棺驗屍，證明他是被人毒死的。

俄羅斯大貴族們商量，只能讓費奧多爾的妻子葉琳娜當女沙皇。

葉琳娜不願意，去修道院剃髮做了修女。

皇位只能給戈東諾夫。但他和沙皇家族沒有血緣關係。

還有人說，費奧多爾就是被戈東諾夫毒殺的。

9 月 1 日，加冕當天，戈東諾夫對臣民發誓道：

「蒼天為證！我要在一百年之內，讓俄羅斯沒有一個窮人，一個病人。」

戈東諾夫意識到俄羅斯的落後。他是第一個向歐洲派遣留學生的沙皇，主要留學國家是德國、英國、法國和奧地利。

結果，派出去的留學生全部留在歐洲，沒有一個回到俄羅斯。

1605 年，戈東諾夫七竅流血，據推測是被人毒死的。

在這個空檔上，有個自稱是德米特里的人，在波蘭軍隊的支持下進入莫斯科，成為新沙皇。

假德米特里很親民，經常出宮造訪民居。他勸告大貴族們多去歐洲參觀，最好將自己的子女送到歐洲留學。

俄羅斯大貴族認為沙皇是個神經病。

1606 年 5 月 8 日，假德米特里和來自波蘭的瑪麗娜（Marina Mniszech）舉行了隆重的婚禮。婚禮儀式和時間都違反了東正教的教規。瑪麗娜從波蘭帶來的貴族在莫斯科酒後發瘋，冒犯了俄羅斯權貴。

大貴族舒伊斯基（Vasili IV Shuisky）知道沙皇是個冒牌貨，他想篡位。

5 月 17 日凌晨三點，莫斯科教堂鐘聲齊鳴，發出了暴動訊號。

舒伊斯基命人打開監獄的大門，給每名犯人分發斧頭和刀劍。他一手持劍，一手拿著十字架，帶著匪徒們衝進克里姆林宮。

假德米特里被鐘聲和喧譁聲吵醒。他跳窗逃跑，沒考慮到窗戶距離地面超過十公尺，或者說考慮到了也要跳。假德米特里重重地摔在地面，昏迷過去。

憤怒的暴民抓住他把他燒死，然後把他的骨灰抹上火藥，製成砲彈，發射到波蘭境內。

瑪麗娜皇后逃回波蘭，大量波蘭貴族被殺。

第 22 章 俄國人來了

喜事喪事一起辦。

5 月 19 日，舒伊斯基登基成為沙皇瓦西里四世。

波蘭人稱德米特里那天晚上沒有死，而是逃出莫斯科，回到波蘭。他們扶持了第二個假德米特里。

1610 年，波蘭軍隊攻占莫斯科，舒伊斯基被殺。不幸的是，第二個假德米特里也死了。

波蘭國王齊格蒙特（Sigismund）想讓自己的兒子繼承俄羅斯皇位，後來改變主意想自己親自兼任俄羅斯沙皇。

1612 年，俄羅斯貴族把波蘭人趕出莫斯科，但沒有能力把他們趕出俄羅斯領土。

歐洲最強盛的瑞典軍隊也闖進了俄羅斯國門。他們提議俄羅斯人接受一位瑞典王子為沙皇。

十幾年來國家沒有一個看似合法的元首，俄羅斯到了滅亡的最後時刻。

全國只有十分之一的土地有收成，餓殍遍地。

市民們搶劫富人，焚毀城市。

農民們趕走官員，建立地方政權。

1613 年，俄羅斯大貴族、高級神職人員、大商人以及莫斯科市民代表約一千人齊聚莫斯科，參加全國縉紳會議。

在過去，莫斯科市民多次建議，甚至以武力強迫沙皇接受他們的方案。這次，他們有了選擇沙皇的權力。

全國縉紳會議最後宣布：

立 17 歲的米哈伊爾·羅曼諾夫（Mikhaíl Fyodorovich Románov）為沙皇。

米哈伊爾死都不願意當沙皇，貴族們就把他綁架到莫斯科。

1613 年 7 月 22 日，米哈伊爾在他 17 歲生日那天正式登基，成為俄羅斯新沙皇。他創建的王朝稱羅曼諾夫王朝，一直延續到十月革命的那一年。

在米哈伊爾的領導下，俄羅斯引進歐洲先進的火器，像瑞典人一樣訓練軍

隊。俄羅斯還引進英國和荷蘭的工匠和生意人，在莫科斯為他們劃分居住區。俄羅斯僱傭英國地質學家尋找銅礦，建設鋼廠和兵工廠。米哈伊爾還重建了圖書館。

1645 年，米哈伊爾去世。他在危機時刻挽救了國家。俄羅斯變得平靜、富裕。莫斯科的人口和倫敦不相上下，超過了羅馬。

而同期的崇禎皇帝就沒有那麼幸運了。

1618 年，米哈伊爾沙皇派佩特林來到北京，住了四天，沒有見到萬曆皇帝。

總結明朝中後期這一百多年來俄羅斯的歷史，有四個主要特點：

❏ 政府缺乏法律規範和道德約束，像落後的蒙古政權，幾乎每隔二三十年就有一場大的政變。小的暗殺不計其數。

❏ 對內對外性情殘忍。他們處理敵人或罪犯的方式有泥土活埋，有鐵籠活烤，有嘴灌鐵水，慘無人道。

❏ 瘋狂對外作戰、擴張，屠殺外族人和外國人。史學家說：「被俄羅斯人征服的外國人中，只有懷中的嬰兒沒有流淚。」

❏ 俄羅斯周邊國家因為民族、信仰不同，極為複雜。

羅曼諾夫王朝的開創者米哈伊爾沙皇

1598 年，俄羅斯吞併西伯利亞汗國。

西伯利亞汗國與地理上的西伯利亞不是一個概念。

西伯利亞汗國位於歐洲與亞洲交界的地方，領土面積只有幾十萬平方公里，人口只有 20 萬。

西伯利亞這個名稱起源於韃靼語「西波爾」（Sibir），意為「沉睡之地」。俄羅斯人將其音譯為「西伯利亞」。

地理意義上的西伯利亞西起烏拉山脈，東至白令海峽，北臨北冰洋，南抵哈薩克、蒙古、外興安嶺，面積約 1,300 萬平方公里。西伯利亞比歐洲還大。

西伯利亞依據地形可分為三部分：西邊的西伯利亞平原、中間的西伯利亞高原、東邊的西伯利亞山地。

大唐帝國擁有西伯利亞大量領土，比如我們熟知的貝加爾湖地區。

平原可以建立村鎮生活，山地不適合人類居住。

俄羅斯人從西向東分布，同緯度溫度相差不明顯。

國內人口從南向北分布，越走越冷。

就像美洲的印第安人一樣，西伯利亞有若干部落，以游牧為生。這裡沒有國家政權（酋長制），沒有文字，而且人數較少。17 世紀初期，這一廣大地區的人口約 30 萬。當然，西伯利亞有相當大一塊土地屬於大明帝國。

永樂七年（1409 年），明政府設奴兒干都司，其管轄範圍西起鄂嫩河，東至庫頁島，北達外興安嶺，南瀕日本海。

1413 年，當地興建永寧寺。明政府立了一塊碑，稱永樂碑。永樂碑有中文，也有蒙古文、女真文、藏文，沒有俄文，現存海參崴。

永樂碑是大明帝國擁有外興安嶺的不滅物證。

1600 年，俄羅斯人進入鄂畢河流域；

1607 年，俄羅斯人進入葉尼塞河流；

1628 年，俄羅斯人進入勒拿河流域；

這是西伯利亞的三大水系，從西向東排列，南北流向。

1632 年，俄羅斯人在勒拿河中游河谷建立雅庫茲克，這個地方相當於整個西伯利亞的中心。

1639 年，俄羅斯人到達鄂霍次克海。從莫斯科跨越 6,000 公里後，俄羅斯人站立在太平洋的海灘。

1652 年，俄羅斯人在靠近貝加爾湖西南端的地方建立了伊爾庫茲克城。

擁有先進武器和豐富作戰經驗的俄羅斯人可以輕易地擊敗零散的、落後的西伯利亞部落，強迫他們信奉東正教，每名男子每年至少要繳納 11 張貂皮。

年輕俘虜則被迫為俄羅斯人修築軍事堡壘。

任何反抗只能招致更殘酷的鎮壓。

西伯利亞地區幾乎沒有什麼農業，當地的殖民者連糧食都需要從靠近歐洲的地方運過來。由於路途遙遠，經常斷糧。另外，殖民者在當地管轄的人口又非常少，沒辦法靠收稅養活自己。因此，這些殖民者在西伯利亞沒有系統的政府機構，更像是分散的駐軍點，一邊收購一點皮毛，一邊就是到處搶劫。

沙皇政府對於廣大的西伯利亞沒有辦法直接有效的管理。他不出本錢，鼓勵那些將軍和亡命之徒去探險、搶劫。如果成功了，就封他們為貴族，失敗了，沙皇也沒有什麼損失。

西元 1643 年，崇禎十六年。

俄羅斯人瓦西里‧波雅爾科夫（Vassili Danilovich Poyarkov）率 132 人來到外興安嶺。他們殺人放火、敲詐勒索。這是俄軍第一次侵略中國。勇敢的達斡爾人奮起反抗，將敵人趕走。俄國人糧食耗盡，有 40 多人餓死。波雅爾科夫讓活著的人吃人肉，包括達斡爾人的肉，以及餓死同胞的肉，一共吃了 50 多人。

1644 年，在迎來一支援軍後，他們再次南下，被當地人民打得四處逃竄。1645 年，波雅爾科夫帶著 480 張貂皮以及 3 名人質逃到最東邊的鄂霍次克海。1646 年，他們返回出發地雅庫茲克。

此後幾年，又有多名俄國殖民者侵入黑龍江地區，掌握了大量的情報。

葉羅費‧帕夫洛維奇‧哈巴羅夫（Yerofey Pavlovich Khabarov）出生於阿爾漢格爾斯克州鄰近的農村。他是貧苦農民，比農奴好一點，後經商致富。

1649 年夏，哈巴羅夫統率 70 名哥薩克人越過外興安嶺，到達黑龍江上游北岸。這裡是達斡爾頭人拉夫凱的領地，共有 5 座城堡。

黑龍江古書稱「黑水」，滿語和蒙古語的意思也是「黑水」。

俄國人則稱之為阿穆爾河，意為大河或河口的意思。

哈巴羅夫欺騙達斡爾人說，自己是來打獵，做生意的。

達斡爾人根據俄語「獵人」的發音，稱他們為羅剎。

達斡爾人沒有上當，當面揭穿了他的騙局。

哈巴羅夫勸達斡爾人歸順沙皇，並繳納實物稅。

達斡爾人嚴詞拒絕。

哈巴羅夫這小子本想動武，又估算自己這幾十人太少，於是留下少數人駐守，自己回雅庫茲克求援。

哈巴羅夫向當地督軍法蘭茲別科夫鼓吹黑龍江地區的富有。廣闊的田野、牧場和大森林，農業發達，盛產皮毛，比整個西伯利亞財富的總和都多。

法蘭茲別科夫動心了，同意給哈巴羅夫武器、軍服和經費。

法蘭茲別科夫還寫了一封信，讓哈巴羅夫帶給順治皇帝。信中說：「清朝皇帝應率領他的氏族、部落和全體的人，接受全俄沙皇阿列克塞（Alexius）的統治，永遠做奴隸，並向沙皇進貢金銀寶石和刺繡織物。如果你們服從，沙皇將派軍隊來保護你們。如果你們反對，那麼就用戰爭鎮壓你們，殺死、絞死你們，把你們的妻子兒女抓來做俘虜。」

1650 年夏末，哈巴羅夫率領 138 名士兵，攜帶 3 門火砲和一批槍支彈藥，再次南下。

1650 年 10 月，哈巴匪幫占領了雅克薩（Yaksa）。

雅克薩在女真語中意為「坍塌的河灣」，今天俄羅斯將其改名為阿爾巴津。

哈巴匪幫以雅克薩為基地，修築城堡。他們不斷襲擊附近達斡爾居民。

年輕的男人一律抓來當苦力，為他們做事，或者為他們加工貂皮。

老男人一律殺死。

女人不管老幼都被強暴加虐殺。

將整村達斡爾人被屠殺的事情也時有發生。

1651 年 6 月，哈巴匪幫到達斡爾頭人桂古達爾的村寨（在今呼瑪縣新街基村的黑龍江對岸），殺死大人和小孩 661 人，搶走婦女 243 人，兒童 118 人，合計 1,022 人。而俄方只有 4 人陣亡。

1651 年 9 月 4 日，哈巴匪幫竄到托爾加城，將頭人托爾加、圖龍恰扣作人質。這位圖龍恰是皇太極的額附達斡爾大頭人巴爾達齊的親戚。托爾加城內的達斡爾人夜裡集體逃跑。惱羞成怒的哈巴匪幫將全城焚掠一空。

第二天，托爾加悲憤自殺。

9 月下旬，哈巴匪幫竄入松花江與黑龍江匯合處的朱舍里（俄國人稱作杜切爾），殺死了很多人，並把婦女、小孩和牲畜奪為己有。

10 月 9 日，哈巴匪幫竄入宏加力河河口附近的阿檣斯克（中方稱為烏扎拉村），修城建房，準備在此過冬。他們也沒有閒著，天天搶掠，抓人質，徵實物稅。

10 月 19 日，朱舍里人和赫哲人奮起反抗。由於武器簡陋，許多人壯烈犧牲。

一年時間，哈巴匪幫劫掠了一百多個村鎮，殘害生命超千人。

達斡爾人向駐守寧古塔的清朝官員哭訴，請求順治皇帝保護他們。

寧古塔並沒有塔，是滿語「六個」的意思。

接到稟報後，清朝政府命令寧古塔駐軍立即驅逐哈巴匪幫。

寧古塔章京（章京即將軍）海塞命令捕牲翼長希福，率領數百名士兵以及達斡爾人、赫哲人，前往征剿。

1652 年 4 月 4 日凌晨，他們到達沙俄殖民軍駐地烏扎拉村。

此時，哈巴羅夫統領的兩百多名殖民軍還在睡覺。

如果清軍偷偷接近，突然進攻，一定能全殲匪幫。

蠢驢希福卻在很遠的地方就鳴槍放砲。

哈巴匪幫驚醒過來，立即展開防守。

清軍具有數量優勢。他們用大砲轟開敵堡，衝進營地，甚至將軍旗插上城牆。

嚇得半死的哈巴羅夫準備舉手投降。

此時，蠢驢希福下了第二道愚蠢的命令：不准打死敵人，全部要活的。

清軍於是停止開火，有的人放下了武器，空手去抓俄國人。

哈巴羅夫一看，立即命令俄國人開槍。

雙手放下武器的清軍紛紛倒地。

希福只能敗退。

此戰結果，清軍方面傷亡近 700 人，損失戰馬 830 匹、火槍 17 支、火砲 2 門和一些糧食，連插上城牆的軍旗也丟了。

哈巴匪幫有 10 人陣亡，78 人受傷，包括哈巴羅夫本人。

哈巴羅夫因為以少勝多，在俄國成了著名的大英雄。俄國政府為他豎立雕像，發行紀念幣。還在西伯利亞設立哈巴羅夫斯克邊疆區和哈巴羅夫斯克市。

哈巴羅夫回到莫斯科，沙皇賞賜他軍功章和土地。

沙皇任命洛巴諾夫為遠東元帥，率領三千人馬，全面征服黑龍江。

不久之後，沙皇發現兵力不足，糧食不足，於是收回這一命令。

順治皇帝聽到戰報，勃然大怒。他下令處死海塞，革去希福的職務，鞭打一百，繼續留在寧古塔。

為了整個東北地區的安全，看來是需要採取一些措施了。

原來寧古塔只設總管統轄，官階三品，隸於盛京昂邦章京。

清政府將寧古塔總管提升為昂邦章京。設章京一名，士兵 430 名。

順治帝任命沙爾虎達為昂邦章京、寧古塔總管。沙爾虎達是三朝老將，曾率兵幾次征撫瓦爾喀、虎爾哈、庫爾喀，是統一黑龍江地區的大功臣。

清政府派使節到朝鮮，要求朝鮮國王選鳥槍熟手百人，到寧古塔接受調遣。

朝鮮國王孝宗遵令，遣北虞侯邊岌領一百名鳥槍手到寧古塔報導。

此時，寧古塔共有清兵 300 名，赫哲族人 300 名，朝鮮兵 100 名，共 700 名。

哈巴羅夫已經回到歐洲。新的匪幫首領是他的助手斯捷潘諾夫（Onufriy Ste-panov），手下有 370 名悍匪，繼續在松花江上燒殺搶掠。

1653 年，俄國雅庫茲克督軍命契奇金等五人去北京，將他寫給順治皇帝的信帶去。信中寫道：我們的國君是強盛的、偉大的、令人敬畏的。他是許多皇帝和諸侯的統治者。他以聖諭命令你沙姆沙汗，率領你的全族和所有達斡爾酋長們接受國君的統治。如果你拒絕，那麼，國君就會因為你不順從而用戰爭懲治你，奪取你的城市，使你們看到國君的神威。為了不觸怒大國君，你們要用你們國家出產的金、銀、寶石、貴重的商品和柔軟的皮貨進貢。

契奇金沒走出多遠，就被憤怒的達斡爾等族人民斬殺。

1654 年夏天，清軍與俄軍相遇。

朝鮮將領邊岌建議，選擇江邊一個地勢較高的地方設陣，用柳柵設牆。敵人若來進攻，就放砲回擊。

沙爾虎達點頭同意。

果然，俄國人一邊用大砲轟擊，一邊派士兵登岸。

中朝聯軍還擊。

俄軍戰敗，登船退出松花江，逃往黑龍江上游。

1657 年，沙爾虎達領兵遠道突襲，敗俄軍於黑龍江下游的尚堅烏票（今佳木斯市附近山音村）。

朝廷賜沙爾虎達蟒衣貂帽、鞍馬、腰刀、緞疋等物。

1658 年，清政府再次遣使到朝鮮，命朝鮮國王徵兵運糧。徵敕諭：

今羅剎犯我邊境，擾害生民，應行征剿，茲發滿兵前往，需用善使鳥槍手二百名，王即照數簡發，並將一切應用之物，全行備辦。

朝鮮國王遵命。

1658 年，斯捷潘諾夫帶領俄國殖民軍 500 名，乘船沿黑龍江搶掠，又闖入了松花江。沙爾虎達率清軍分乘戰船 47 艘，在松花江與牡丹江的會合處（今黑龍江省依蘭縣城附近）嚴陣以待。

雙方激烈交戰。清軍擊斃加活捉俄軍 270 多人。另外兩百多人狼狽逃走。

匪幫首領斯捷潘諾夫暴屍戰場。

1660 年，沙爾虎達的兒子巴海與前來進犯的俄軍交戰，斬首及淹死俄軍百人，抓獲俄羅斯婦女 47 名。

從 1652 年到 1660 年，清軍八年抗俄，將俄國侵略者全部逐出黑龍江中下游流域。不過，清軍並沒有在附近駐軍，而是班師回朝。

幾年後，俄羅斯殖民者就回來了。

俄國殖民者最早於 1640 年進入外興安嶺。1652 年，清軍開始反擊，直到 1689 後雙方才簽署《尼布楚》條約，這三十多年史稱「中俄邊界衝突」。

與英國、法國、荷蘭等國不同的是，俄羅斯從此是大清國的鄰居了。

對明朝大清來說，人不犯我，我不犯人。人若犯我，我去平息。

對英法德來說，人不犯我，我要防人。若有機會，我定犯人。

對俄羅斯來說，不管人犯不犯我，只要有空，我就去犯人。

如果說大英帝國是把一百個外國領土變成殖民地，

那麼，俄羅斯就是把一百個外國領土變成本國領土。

羅曼諾夫王朝 1613 年創立，1917 年結束。

清朝於 1616 年建立政府，1912 年滅亡。

兩個王朝成立與滅亡時間相近，都是大帝國，國土面積相近。

兩個王朝成立時，俄羅斯是農奴制國家，工商業落後，每年出版的書籍少得可憐。

而大清則繼承了四千年的中華文明。

不過，羅曼諾夫王朝從清帝國身上，至少拿走了上百萬平方公里的土地。

第五部分
巴洛克時代的藝術

第 **23** 章
貝尼尼和聖彼得大教堂

17 世紀最偉大的天才與一座世界上最大教堂的故事。

天啟六年。西元 1626 年 11 月 18 日。

世界上最大的教堂，聖彼得大教堂正式宣告落成。

聖彼得大教堂長約 211 公尺，寬 150 公尺，總面積 2.3 萬平方公尺，最多可容納近 6 萬人同時祈禱。

聖彼得大教堂的高度是 136.6 公尺，從 13 世紀一直到 1884 年美國華盛頓紀念碑落成之前，在將近五百年的時間裡，教堂一直是世界上最高的建築。

明朝末年，世界最高的建築是德國史特拉頌的聖瑪麗教堂，高度是 151 公尺。其他較高的教堂有英國林肯大教堂（159 公尺），法國博偉的聖皮埃爾大教堂（153 公尺），法國史特拉斯堡教堂（142 公尺）。當時，林肯大教堂和聖皮埃爾大教堂的最高塔倒塌，所以聖瑪麗教堂暫居第一。

總之，這幾座教堂的高度居世界前五。

當時的歐洲有數十萬座教堂，從重要程度來講，聖彼得教堂位居第一。

首先說說聖彼得。

彼得是個漁夫，放棄家產跟隨耶穌傳道，是耶穌最喜愛的三個門徒之一（彼得、雅各、約翰）。在法語中，彼得叫皮埃爾。

羅馬教會尊聖彼得為第一任教宗，羅馬教會的開創者。

羅馬帝國的君士坦丁大帝在羅馬找到了聖彼得的墓地，命人在墓地上修建教堂。教堂於西元 330 年左右完工，稱聖彼得大教堂。

到了 1503 年，聖彼得教堂已經矗立了一千多年，瀕近坍塌。當時的建築技術不發達，不能修繕加固。

因此，教宗儒略二世決定將其拆除，並在原址重建新聖彼得大教堂。儒略教宗雄心勃勃，對新教堂的投資不惜血本。他授權神職人員到處銷售贖罪券，引起馬丁路德的抵抗，引發了轟轟烈烈的宗教改革。

聖彼得大教堂於 1506 年開工，整個工期為 120.5 年。

大教堂施工總成本約 4,680 萬達克特，折算成黃金 110 噸。

拉斐爾曾擔任建築總監。1547 年，米開朗基羅極不情願地成為新的建築總

監。他為聖彼得大教堂設計了絕無僅有的大圓頂，直徑 42 公尺。在此之後，大教堂還有五位建築總監。

從外觀上看，聖彼得大教堂是文藝復興和巴洛克兩種風格的綜合體，所以更加華麗、恢宏、堂皇、美觀。

大教堂上面是大圓頂，大圓頂的頂部是十字架，十字架下面有個青銅圓球，外部覆蓋著黃金。如果看照片，這顆球很小，但是其內部卻可以容納 20 個人。1845 年，教宗和俄羅斯沙皇還在圓球裡吃過茶點。這應該是現代電視塔空中餐廳的原型。

教堂左右各有一個大鐘錶，分別顯示格林威治時間和羅馬時間。

教堂平頂上有 13 尊雕像，是耶穌和他的 12 個徒弟。

沿著臺階走向大門，可以看見兩座高大的使徒雕像。這兩位是耶穌最重要的門徒 —— 彼得和保羅。

聖彼得大教堂有 5 扇門。每隔 25 年，最右邊的門會打開一次，教宗會帶領信徒由此走入聖堂，意為走入天堂。你如果去遊覽的話，一般走右邊第二扇門。其他三扇門分別是「中門」、「善惡門」和「死門」。

大教堂裡有三件國寶。

第一件就在離大教堂門口不遠的右邊，一件名為《聖殤》的雕塑作品，內容是聖母懷抱死去的兒子。這是米開朗基羅 24 歲時的作品。當時的人們不相信一個年輕人能夠創作出如此傑出的作品。為了證明自己，米開朗基羅在雕像上刻上了自己的名字。這是世界上唯一有米開朗基羅簽名的雕塑。

第二件寶貝是貝尼尼雕刻的青銅華蓋，就在大圓頂的正下方。華蓋由 4 根螺旋形銅柱支撐，足有 5 層樓那麼高。華蓋本身由 4 位天使支撐。華蓋前面的半圓形欄杆上點燃著 99 盞長明燈，華蓋下方則是宗座祭壇和聖彼得的墳墓。只有教宗本人才有資格在這裡舉行彌撒。

第三件寶貝是聖彼得寶座，也是貝尼尼設計的。寶座鑲有像牙，椅背上有兩個小天使，手持開啟天國的鑰匙和教宗三重冠。

你可以乘坐電梯來到屋頂庭園，從這裡俯視聖彼得大廣場。

聖彼得大廣場長 340 公尺，寬 240 公尺，可容納 30 萬人。

廣場中間聳立著一座 41 公尺高的方尖碑，來自埃及。方尖碑兩旁各有一座美麗的噴泉，涓涓的清泉象徵著上帝賦予教徒的生命之水。

廣場被兩個半圓形的長廊環繞。每個長廊由 284 根高大的圓石柱支撐著長廊的頂，頂上有 142 個教會史上有名的聖男聖女的雕像。

聖彼得大教堂和廣場都屬於梵蒂岡。

梵蒂岡在拉丁語中意為「先知之地」。

梵蒂岡是天主教的總部，是全球 8 億天主教徒的精神中心。

梵蒂岡也是一個國中之國，一個政教合一的國家。

美國哲學家愛默生說，聖彼得大教堂是地球上美麗崇高的裝飾品，是該時代最偉大的建築。

信教的人們，無不認為聖彼得大教堂是上帝的奇蹟。

不信教的人們，無不為人類的創造力感到驚嘆。

一位觀察家說，如果有人可以遊覽 17 世紀世界各地的主要城市，就會得出結論：羅馬是世界文明的中心，因為有聖彼得大教堂。

以上內容寫得像導覽，為什麼？除了因為聖彼得大教堂的確值得遊覽之外，我認為，聖彼得大教堂建造過程是人類最重要的歷史之一，聖彼得大教堂是人類才華和努力的展現，聖彼得大教堂是永不磨滅的豐碑。

17 世紀初，除了聖彼得大教堂，法國在擴建羅浮宮，印度開始修建著名的泰姬瑪哈陵，伊朗的伊斯法罕伊瑪目廣場竣工。當崇禎皇帝正節衣縮食過苦日子的時候，幾大帝國正大興土木。

提起聖彼得大教堂，以及羅馬，就不得不引出一個天才人物 —— 貝尼尼。

教宗烏爾巴諾八世說，貝尼尼為羅馬而生，羅馬以貝尼尼為榮。

可以說，羅馬城就是貝尼尼的博物館和紀念碑。

整個羅馬有近千個噴泉，走在很多地方都能聽到水的聲音。

貝尼尼創作了四河噴泉、摩爾人噴泉、破船噴泉、特里同噴泉、蜜蜂噴泉。

貝尼尼自畫像

其中，最著名的四河噴泉位於羅馬納沃納廣場。「四河」是指歐洲的多瑙河、亞洲的恆河、非洲的尼羅河、美洲的拉布拉他河。四河還代表著四大洲（當時歐洲人已經到了澳洲，但並不了解）。

貝尼尼也是一位優秀的畫家。由於文章篇幅原因，這裡不展開了。他的主要成就在雕塑領域。他是米開朗基羅之後最傑出的雕塑家。實際上，他的雕塑技藝不遜於米開朗基羅。

貝尼尼的父親皮埃特羅是一位非常普通的雕塑家。1606 年，皮埃特羅帶著 8 歲的兒子貝尼尼去見教宗保祿五世。

貝尼尼拿出筆來，很快畫完一幅速寫。

教宗大為驚嘆，直呼這是第二個米開朗基羅。

教宗賞給孩子 12 枚銀幣，小貝尼尼的雙手都捧不住。

保祿五世授命紅衣主教巴貝里尼監護小貝尼尼並為他量身打造教育方案。

皮埃特羅笑著說，其實我最好的雕塑作品，就是我兒子。

19 歲時，貝尼尼創作了《聖洛倫佐的殉難》（*The Martyrdom of Saint Lawrence*）。

聖洛倫佐（聖勞倫斯）是一位圖書管理員。他作為基督徒被敵人放在燒紅的鐵網上活活烤死。

聖洛倫佐被烤到一半時，對行刑者說，這一面烤好了，翻個面吧。

行刑者看到聖洛倫佐的面部表情中既有痛苦也有快樂。他聞到了世界上最美的香味，比羊肉串更香的味道。

這是開玩笑。

行刑者聞到了天使的芳香，於是改變信仰，變成一名基督徒。

聖洛倫佐後來成為灶神。

貝尼尼用大腿貼在一個燒熱的火盆上，一邊對著鏡子觀察自己痛苦的表情，一邊用鑿子雕刻聖洛倫佐。

17 世紀初，羅馬的每一個藝術家，面前都有兩座高不可攀的大山：

繪畫的卡拉瓦喬，雕塑的米開朗基羅。

一個人想要成功，必須另闢蹊徑。

貝尼尼說過一句非常著名的話：「不敢打破規則的人，永遠不可能超越規則。」

20 歲出頭的貝尼尼創造了兩幅寫入美術教材的作品：

〈被劫持的波瑟芬妮〉（*The Rape of Proserpine*）和〈阿波羅和達芙妮〉（*Apollo and Daphne*）。

任何看到〈被劫持的波瑟芬妮〉的人都會驚嘆不已。

雕像是一個強壯的男人用力抓住一位少女，少女驚呼著想要掙脫男人的懷抱。你只需看兩個關鍵部位 —— 男人的兩隻手。他的一隻手放在少女的後背上，另一隻手放在少女的大腿上。在這兩個部位，你可以看到少女的肌肉被男人的手按住，出現了自然的凹陷。彷彿少女不是石頭做的，而是真正的有彈性肌肉的人。

這幅作品展現出剛與柔、強與弱，男與女的強烈對比。

〈阿波羅和達芙妮〉的故事是這樣的。

阿波羅是太陽神，有一天，他看到小愛神愛洛斯在擺弄弓箭，於是對他說，我的箭能射死毒龍，你這個小東西有何用？

小愛洛斯生氣了。他把一支「生」愛箭射向阿波羅，同時將一支「滅」愛箭射向河神的女兒 —— 年輕漂亮的達芙妮。

阿波羅瘋狂地追求達芙妮，達芙妮拚命地躲避阿波羅。

阿波羅終於追上了達芙妮。當他欣喜地用一隻手觸摸達芙妮時，達芙妮卻變成了一株月桂樹。阿波羅摘下月桂枝葉編成桂冠戴在頭上。1688 年，德萊頓（John Dryden）被任命為第一位桂冠詩人。

貝尼尼的這件作品呈現了達芙妮演變的瞬間：她的腳變成了樹根，她的手指變成了樹枝和樹葉，她的身體正長出樹皮。

追逐與逃避，欣喜與驚恐，快樂與悲劇，在兩具美麗的肉體中展現出來。

一位法國紅衣主教宣稱，我的家裡絕對不會擺這樣的雕塑，否則我家裡所有人都會被誘惑。

貝尼尼聽說後，非常開心。

1623 年，新教宗烏爾巴諾八世召見貝尼尼，對他說了一段著名的贊語：「尊敬的騎士，你覲見我，覲見教宗是你的幸運。而你生活在這個時代，是我們所有人的幸運。」

貝尼尼的生活並不複雜。年紀輕輕就有舒服的生活。他一直沒有結婚，在年近 40 的時候，瘋狂地愛上了自己助手的老婆康絲坦薩（Costanza Piccolomini Bonarelli）。

貝尼尼破例為自己的情婦雕刻了一個半身像。

康絲坦薩半胸像

要知道，當時只有王公貴族和高級神職人員才有資格享受這樣的待遇。

貝尼尼沒打算和康絲坦薩結婚，直到有一天他聽到一個噩耗：情婦和自己親弟弟路易吉（Luigi）上床了。

當時，路易吉當貝尼尼的助理。貝尼尼告訴情婦和弟弟自己要去鄉下走一趟，然後偷偷來到康絲坦薩的家裡。

他卻見到了最不想見的人，自己的弟弟。

他見到了最不想見的事，弟弟穿著康絲坦薩的睡衣。

貝尼尼怒火中燒。他順手拿起一根鐵鉤子，準備刺死自己的弟弟。

在弟弟的掙扎和哀號下，貝尼尼打斷了他的兩根肋骨。

貝尼尼回到家後，還不解氣，越想越氣。他抓起長劍，直奔弟弟家。

路易吉忍著劇痛從床上爬起來，摀著肋下逃進教堂。

貝尼尼想闖入禁地，神父拚命攔住了他。

姦夫要解決，淫婦也不能放過。

貝尼尼遞給僕人一把剃刀，讓他去找康絲坦薩。

僕人沒有辜負貝尼尼的重託，用剃刀毀了康絲坦薩一張美麗的臉，貝尼尼曾經深愛的臉。

僕人被逮捕，審判後關進監獄。

毀容後的康絲坦薩因為通姦罪，也進了監獄。

路易吉被放逐到博洛尼亞，與他恨之入骨的哥哥保持安全距離。

主謀加凶手貝尼尼，罰款 3,000 埃斯庫多（scudo）。

教宗免除了貝尼尼的罰金。他說，你的問題是缺個老婆。

於是貝尼尼娶了全羅馬最漂亮的女人 —— 卡特琳娜·特奇奧。

婚後，貝尼尼從未出軌，育有 11 個子女。

1680 年，貝尼尼病逝於羅馬。

後人稱貝尼尼是「米開朗基羅之後最偉大的雕塑家」。

實際上，貝尼尼沒有完全模仿米開朗基羅。他有自己鮮明的特點。他的雕塑

水準直到今天仍無人能超越。貝尼尼能雕人物，還能雕刻皮膚、毛髮、青筋、額頭上的汗珠、眼睛下面的淚痕，都栩栩如生。

他能點石成人。

米開朗基羅的雕像主要集中在宗教領域，展現了神和人之間的連繫。這些雕像以特定的動作展示了特定的含義。另外，米開朗基羅幾乎所有的作品都是男性，女性也是強壯的「男人婆」。

貝尼尼的作品更接近生活。他的人物不是擺拍，而是在奔跑、在扭曲、在旋轉、在喘息、在尖叫、在狂呼、在痙攣。

不服氣的約書亞・雷諾茲（Joshua Reynolds）諷刺貝尼尼說，他的雕像都是雜技演員。

其實，這正是巴洛克雕塑的一大特點，激情、活力、張力甚至暴力。

今天你去羅馬遊覽的話，聖天使橋上有貝尼尼的雕像，聖彼得廣場上有他設計的柱廊。你會看到他雕刻的君士坦丁大帝騎馬像，你從他設計建造的朝聖階梯拾級而上，進入聖彼得大教堂。聖彼得大教堂裡烏爾巴諾八世或亞歷山大七世的墓龕、聖彼得墓上方的華蓋、聖彼得寶座，都是貝尼尼的作品。

有人說貝尼尼：

「如果上演一出大戲的話，其中布景是他畫的，雕像是他刻的，機械是他發明的，音樂是他譜曲的，劇本是他寫的，甚至連劇院也是他建造的。」

貝尼尼在各個領域都取得了驚人的成就。他真正吸收了古希臘、古羅馬以及米開朗基羅的精髓。

人們稱貝尼尼為巴洛克之父。

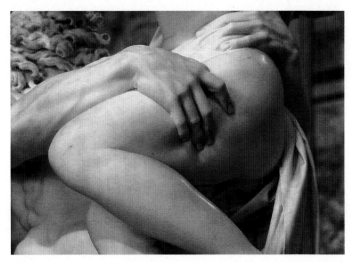

貝尼尼〈被劫持的波瑟芬妮〉（局部），大理石，1622 年，當時貝尼尼只有 24 歲

第 24 章

林布蘭 ── 「餓死也不妥協」

他透過才華贏得了美人和財富。又因為才華失去了一切，直到窮死。

Rembrandt（1606-1669）

什麼？把我和林布蘭相比？太褻瀆了。我們應該俯伏在林布蘭面前，絕不能與他相比！

—— 法國著名雕塑家奧古斯特·羅丹

我有三個老師：大自然，維拉斯奎茲和林布蘭。

—— 西班牙著名畫家法蘭西斯科·哥雅

荷蘭最出名的畫家是誰？

梵谷。

梵谷的老師是誰？

梵谷年輕的時候，和一個朋友去看畫展。

他在一幅畫前面停下來，仔細思考。

朋友不耐煩，就拋開梵谷一個人繼續往前看。他看了一圈回來，發現梵谷還站在這幅畫前面。

朋友一看，這幅畫是林布蘭的〈猶太新娘〉（*The Jewish Bride*）。

梵谷對朋友說，我真想在這幅畫前坐上兩個星期，哪怕啃麵包、喝冷水。如果我能畫出這樣的畫，我願意少活 10 歲。

在〈猶太新娘〉中，林布蘭反覆塗抹新郎的衣袖，使其亮部像浮雕一般地凸起，乍一看雜亂無章，但仔細看衣飾的紋理是完美的。

我們知道，梵谷作品的一大特色就是反覆塗抹。

梵谷是世界最知名的荷蘭畫家。

林布蘭是荷蘭人民心目中地位最高的畫家。

林布蘭於 1606 年生於萊頓。他的父親是一位富有的磨坊主，母親是一位麵包師的女兒。

14 歲時，林布蘭進入萊頓大學學習法律。半年後，他放棄學業，向當地一位老師學習繪畫。

1623 年，林布蘭爸爸將 17 歲的林布蘭送到阿姆斯特丹最有名的畫家拉斯特曼（Pieter Lastman）的畫坊學習。爸爸開明，有錢，還支持兒子的夢想。

拉斯特曼認為，繪畫中，層次最高的是表現重大事件的作品。受他的影響，年輕的林布蘭喜歡創作充滿表現力的繪畫。

1627 年，21 歲的林布蘭已經掌握了油畫、素描和銅版畫的技巧，並且有了自己的風格，於是回到家鄉開畫室招學生。

生意好的時候，他一年可以接到 65 張訂單。

26 歲，林布蘭離開家鄉，前往荷蘭第一大城市阿姆斯特丹。

有才華的人總是要去大城市。

剛到阿姆斯特丹的時候，林布蘭主要畫人像。4 年時間，林布蘭為 50 多位有錢有地位的人畫肖像畫。

林布蘭賺了大錢，娶了一位有財有貌的女子。她是一位市長的女兒，父母雙亡，有地有房。林布蘭的求婚禮物就是她的肖像畫。

林布蘭愛他的妻子。他畫表情疑惑的妻子，他畫安靜接受丈夫描摹的妻子，他畫在榻上安睡的妻子，他畫美夢初醒的妻子。

妻子就是美，妻子就是幸福。

林布蘭在市中心買了一棟四層樓的大房子。阿姆斯特丹是大城市，寸土寸金。有錢人也買不起大片的土地，所以都是買小土地蓋高樓。

阿姆斯特丹是國際化城市，能買到世界各地的商品。

林布蘭是暴發戶，是購物狂。

他的收藏包括日本盔甲、印尼匕首、羅馬時代的皇帝半身塑像、遠東鼻笛、毒鏢吹管、高加索皮革、波斯紡織品、土耳其號角、爪哇皮影，可能還有中國古箏。動物標本有一隻凱門鱷、一隻犰狳、一隻天堂鳥。

據說天堂鳥從不落地，累了就在飛行中睡覺。

所以，林布蘭的天堂鳥是沒有腿的（可能被鳥販烤了）。

當然，畫家最大的收藏是別人的畫。如盧卡斯・范・萊頓（Lucas van Leyden）、彼得・布勒哲爾（Pieter Bruegel de Oude）、杜勒、曼特尼亞（Andrea Mantegna）和提香。

林布蘭開了工作室，有 50 個學生（員工），算是業內的大公司了。

童年幸福、少年得志、婚姻美滿、事業發達。

34 歲那年，林布蘭畫了一幅自畫像。他倚靠在壁臺邊，神情帶著幾分無憂無慮的優雅，儼然是一名年輕上進、有遠大前途的貴族。

文藝復興風格的繪畫,其背景或鮮豔亮麗,或柔和多彩。

卡拉瓦喬將背景一律改成黑色。人物站在中央,一束強光打在他的臉上或身上。這就是巴洛克風格。

林布蘭深受卡拉瓦喬影響,而他比這位祖師爺走得更遠。他用光更微妙,效果更強烈。

我們在拍證件照的時候,背景一般是白色或藍色,拍出來的效果是平面的。

現在把背景換成黑色,然後從你的左前方打一束光到你的臉上。照片洗出來之後,有一種酷似林布蘭人物肖像畫的效果。

仔細觀察,你右眼下方,鼻子右部會形成一個倒立的光線三角形。

這種用光的方法,就叫林布蘭光(Rembrandt lighting)。

很多導演在電影中頻頻使用林布蘭光,比如王家衛。電影海報也使用林布蘭光。《教父》中,馬龍·白蘭度的臉就有林布蘭光。

明朝畫家已經接觸過歐洲油畫,對其讚歎不已。

劉侗寫道:「歐洲畫望之如塑。鼻隆其準,耳隆其輪。」

顧起元歸納原因如下:「中國畫只畫陽不畫陰,故人物面部身手平正,絕無凹凸感。歐洲人物畫陰陽兼畫,所以面部有高下,手臂皆輪圓。」

下面介紹林布蘭的一幅作品——〈蘇珊娜和長老〉(*Susanna and the Elders*)。

蘇珊娜與長老的故事出自《聖經》。蘇珊娜是一個貌美貞潔的女子。兩位長老痴迷於蘇珊娜的美貌,常常跟隨。有一天,蘇珊娜在自家花園沐浴時,兩個長老竟然跳出來企圖施暴。蘇珊娜堅拒絕從,大聲呼救。

眾人衝進花園後,兩位長老反誣蘇珊娜與人通姦。

眾人盲目相信了長老的話,要把蘇珊娜處死。

先知說出了真相,挽救了蘇珊娜的生命,把長老處死。

很多畫家都創作過這個題材。當你看到一幅畫裡有兩個猥瑣老頭和一個洗浴的女人時,幾乎可以必定就是這個故事。

林布蘭筆下的兩位色長老，前面這位面露凶光，伸出惡爪，試圖扒下女主角的衣服。後面這位滿頭白髮，已經需要靠拐杖行走了，依然色心不死。

林布蘭筆下的蘇珊娜，面對兩位動手動腳的長老，既不慌張，也不反抗，而是雙手合十祈禱。她的臉不是對著兩位色長老，而是天真地望著畫外的你。

她的眼睛彷彿射出一個問題，你在看什麼？你怎麼想？

你是相信我，還是相信長老？

林布蘭很多畫就是這樣的。你盯著畫看，畫中的人物盯著你看。

仔細看圖，整個畫面只有蘇珊娜是亮的，其他地方都是黑暗的。

兩位長老出沒於黑暗當中。他們所做的事見不得人、見不得光。

林布蘭《蘇珊娜與長老》，1647 年，76.6 公分 ×92.8 公分，現藏於柏林畫廊

哈爾斯是一位和林布蘭同時代的傑出畫家。他是快手，畫肖像就像拍照片。他能用畫筆「捕捉到」人物最美、最精神、最有特色的瞬間。

有一次，哈爾斯在酒吧與一位外來的騎士發生了衝突。

酒吧老闆讓騎士原諒這位老畫家。

騎士看著眼前這位邋遢的老人，不相信他是畫家。就算是畫家，也是個蹩腳的不入流的貨色。

　　哈爾斯也不辯解。他打開包包，取出繪畫工具，在畫板上飛快地描繪起來。騎士一杯酒還沒有喝完，畫板上已經出現了一位鄙視與不屑的騎士。

　　騎士一看，大吃一驚，這幅素描和剛才的自己一模一樣。

　　於是，兩人舉杯慶祝。

　　哈爾斯回家後，繼續修飾該畫，變成了千古佳作〈微笑的騎士〉。

哈爾斯〈微笑的騎士〉

　　德國著名畫家馬克斯·利伯曼（Max Liebermann）說過：「當我看到哈爾斯的作品，我有一種創作的欲望。因為他的人物活潑生動。」

　　他接著說：「當我看到林布蘭的作品時，我只能放棄。林布蘭的繪畫技巧太高了，根本學不會。」

　　如果說哈爾斯畫的是人物的形象和表情，那麼林布蘭畫的是人物的氣質和心靈。

　　舉個不恰當的例子。

一開始，林布蘭畫 20 歲的少女，陽光漂亮。

現在，林布蘭只畫 35 歲以上的女人。

他畫女人的知性，女人的智慧，女人的嫉妒，女人的傲慢。

他不畫美女大頭照，他不再抹掉女人臉上的疤痕和粉刺。

他不畫女人曼妙的身姿和動作，他畫的是女人眼光和面部肌肉透露出來的、微妙的精神狀態。

他畫的美女不是笑看著你，而是想把她的故事講給你聽，欲說還休。

他畫的不是你天生的容貌，而是你後天的內涵。

林布蘭不再追求光潔、和諧、完美。他追求真。

林布蘭不像義大利人那樣把和諧與美看得高於一切。

林布蘭較早的一批客戶當中，很多人在海外經商冒險，有著豐富的閱歷。他們覺得林布蘭畫得真實、畫得好。

林布蘭到了中年的時候，老一輩商人逐漸退出舞臺，富二代接班上任。

這些年輕人沒有經歷過苦難。他們遊歷義大利和法蘭西，其品味也逐漸向古典主義靠攏。他們用威尼斯圓形建築打造自己的鄉村別墅。他們穿著華麗多彩的服裝。他們不能忍受臉上的瑕疵。他們喜歡一眼就能看懂、一眼就覺得好的繪畫。他們不喜歡去理解、去思索。

對林布蘭而言，他經驗豐富、畫技嫻熟。無論是老一輩，還是富二代，只要提要求，他都能滿足。

然而，林布蘭卻違背市場需求，堅決走自己的路。

他不想畫用化妝品掩飾過的臉，或者說看起來很美的臉。

他想畫成熟的臉、自信的臉、智慧的臉、熱情的臉、真實的臉，甚至憂鬱的臉。

當林布蘭覺得自己的作品越來越深刻，越來越有內涵的時候，他的客戶也越來越少了。

當時的荷蘭繪畫市場有點像當今的演藝圈。男的是小鮮肉，女的是網美臉。

他們在影視作品中開名車、住豪宅。

林布蘭不想跟隨。他一再思索角色，思索細節，他想突破自己。他塑造了一個又一個人物。結果他的作品沒人看，賺的錢還不如明星的司機。

林布蘭特別倔強。有一次，他為別人畫全家福。此時，他的一隻寵物猴死了。他對客人說，能不能把這隻猴子畫進全家福裡。

客戶堅決反對。

林布蘭還是堅持畫上了。

客戶拒絕收貨、不再付錢。

二流的畫家都是商人，他讓客戶滿意，自己賺大錢。

一流的畫家都是天才，他讓自己滿意，寧肯賠錢，過得窮困潦倒。

1642 年，林布蘭接到一張訂單。

阿姆斯特丹的民兵隊需要一幅集體肖像畫。

他們決定 AA 制，每人出 100 荷蘭盾。折合成新臺幣的話，每人 5 萬元。

這幅畫將懸掛在民兵總部一樓的巨型大廳裡，占據一整面牆。林布蘭不得不搭一個架子來支撐龐大的畫布。

過去的團體畫，人物整齊劃一，像士兵一樣成排站立。

林布蘭不想落入俗套。於是他設計了一個場景：

接到市民報警後，民兵隊在出發前的一刻。

畫面正中穿黑色軍裝，身披紅色綬帶的是中尉法蘭西斯。他嘴唇微張，正同身旁的副隊長商量對策。他伸出的手在副隊長身上留下一道陰影。

隊員們有人在擦槍筒，有人在扛旗幟，周圍有一群孩子在看熱鬧。

林布蘭把自己畫在隊長帽子的上頭，露出他那標誌性的鼻子。

當林布蘭耗費大量心血完成這幅作品，得意地交給民兵隊員們時，所有人都沉默了。

然後是一片吵鬧：

「這畫畫得太亂了。難道不應該站得整整齊齊，像軍隊的樣子。」

「為什麼我只有臉，而他卻有整個身體？」

「憑什麼他站在中間，而我卻躲在後面的角落裡？」

「大家出的錢一樣多，就要畫得一樣多。」

「這個小女孩是誰？她的腰間為什麼有隻雞？她出錢了嗎？」

他們對林布蘭說，要嘛重畫，要嘛退錢。

林布蘭嘔心瀝血的作品遭到批評，他竭力為自己辯護。

不重畫，不退錢。

民兵隊員們控告林布蘭，整個阿姆斯特丹都知道了。

最後法官判決，民兵隊員拿走這幅畫，但不付尾款。

民兵們把油畫掛在大廳裡。大廳有點小放不下，隊員們於是裁掉了部分畫面。人們在大廳裡燒泥炭取暖，時間久了，畫面上落了厚厚的一層炭灰，使得整幅畫色彩變得更加黯淡。

林布蘭畫的是白天，結果畫面看起來像晚上。

這幅畫原名叫〈法蘭斯・班尼克・庫克上尉帶領的第二民兵支隊〉，後來人們把這幅畫叫〈夜巡〉（*De Nachtwacht*）。

今天，〈夜巡〉和達文西的〈蒙娜麗莎〉、維拉斯奎茲的〈宮女〉並稱世界三大名畫。

這些民兵不會想到，他們成為世界名人了。

客戶投訴，就連法官都說這幅畫難看。

從此以後，就再也沒有人找林布蘭畫肖像了。

林布蘭生活闊氣，突然斷了收入來源，立即陷入困境。

不幸的是，他的妻子也於這年去世了，才剛 30 歲。妻子留下了一筆巨款 —— 4 萬荷蘭盾。妻子的遺囑規定，林布蘭不能再婚，否則就把她的嫁妝還給她的娘家人。

林布蘭夫婦有四個孩子，只有一個男嬰存活，還不滿週歲。

林布蘭請了一個叫迪瑞克斯的奶媽照顧自己和兒子。不久之後，兩人同居了。

　　迪瑞克斯非要林布蘭娶她。在被拒絕後，她控告林布蘭。林布蘭不得不支付給她高額的贍養費和養老金，身心俱疲。

　　林布蘭和後來的女僕韓德瑞克同居了。兩人生了一個女兒。因為遺囑，兩人不能結婚。教會和社會一致譴責林布蘭犯下通姦罪。

　　他們認為，林布蘭不僅畫得差，人品也差。

　　時代變了，客戶變了，需求也變了。

　　但林布蘭沒變。他不想變。

　　有人勸他說，不管你當年多牛，你現在過氣了。你畫的東西是四不像，你甚至不如一個普通的畫家。人家收費還比你低。

　　你就不能把人家的皮膚畫得白皙一點？

　　你就不能把人家臉上的瑕疵去掉嗎？

　　你就不能把人家的衣服畫得清晰點？

　　不能。

　　我畫的是藝術品，不是畫。

　　那些假裝高貴、優雅、端莊和有涵養的人，實際上粗鄙、庸俗、虛偽與淺薄。我不想畫他們。

　　林布蘭沒有訂單，沒有現金。

　　吃了幾年老本之後，林布蘭欠下的債務越來越多。他的房貸已經嚴重逾期。他投資了一艘貨船，又因海難沉入大海。

　　1656 年，林布蘭只得忍受恥辱地簽署了破產協議，拍賣自己的物品還債。銀器、鏡子、床、椅子和箱子，曾經琳瑯滿目的收藏，充滿異國情調的玩物和天然珍品，還有多年辛苦收集的藝術檔案，包括逝世多年的恩師彼得‧拉斯特曼所作〈托比亞斯〉，舊友兼對手揚‧列文斯（Jan Lievens）在萊頓小城的繪畫，曼特尼亞的手稿，盧卡斯‧范‧萊登的手書等。

　　債主根本不想了解藝術，他們只要現金。林布蘭價值連城的收藏品被按普通裝飾品處理掉了。

1658 年，債主們逼林布蘭賣掉他的四層樓豪宅。他的房子不僅沒有增值，反而比原價低 2,000 荷蘭盾。

　　順便說一句，他的豪宅今天還可以參觀。

　　林布蘭 50 歲了，卻不得不去貧民窟租房子住。

　　韓德瑞克和林布蘭的兒子開了一家畫店，幫助林布蘭賣他的畫。

　　一個翻身的機會來了。

　　阿姆斯特丹市政大廈是荷蘭最漂亮的建築之一。市政官員決定訂購一些油畫來裝飾大廳，這項任務交給了林布蘭的弟子戈弗特・弗林克（Govert Teuniszoon Flinck）。不巧弗林克於 1660 年去世。這時候，才有人想起了他的老師林布蘭。

　　林布蘭分配的作品題目叫〈克勞迪亞斯・奇維里斯的密謀〉（*The oath of Claudius Civilis and the Batavians in the sacred grov*）。

　　荷蘭人認為自己的祖先是巴達維亞人。一千多年前，羅馬人入侵荷蘭。巴達維亞領袖克勞迪亞斯・奇維里斯與各部落首領歃血為盟，誓死抵抗羅馬人。這幅畫只要展現克勞迪亞斯高大、英俊、堅毅的一面，就能獲得客戶滿意。

　　該畫的勞務費為 1,000 荷蘭盾，相當於 100 萬新臺幣。

　　對於陷入困頓中的林布蘭來說，這是一筆巨款。

　　繪畫技巧從來不是問題。林布蘭 20 年前的水準就能超過他現在所有的學生。如果林布蘭願意，他可以創造一幅〈最後的晚餐〉。

　　〈克勞迪亞斯・奇維里斯的密謀〉掛在阿姆斯特丹的市政廳，整個荷蘭的權貴都會看到這幅作品。到時候，源源不斷的訂單就會飛來，林布蘭就可以贖回自己的豪宅。

　　林布蘭正確的選擇，就是順應大眾的審美，壓抑自己的個性，向客戶低一下頭，輕鬆地把 20 萬人民幣拿回家。

　　然而，林布蘭不想去理解別人。他想讓別人理解他。

　　畫作完成之後，掛在了市政廳的牆上。

　　然而，市政府人員實在不能理解、不能忍受林布蘭的美。最後，他們叫來林

布蘭，讓他自己拿下自己的畫。

還有人認為，林布蘭把民族英雄畫成小丑，是荷奸，是賣國賊。

20 萬人民幣沒有到手，林布蘭還賠了畫布和染料的錢。

還不算為之付出的心血。

掛在市政廳的油畫被人逼著拿下來，林布蘭頓時淪為荷蘭人的笑柄。

人們嘲笑他的畫技，嘲笑他的不合時宜。

市政官員僱傭約里安‧歐文，讓他畫一幅同樣的內容填補林布蘭留下的空白。

歐文用了幾天的時間就完成了畫作，拿到 50 荷蘭盾，即 5 萬元新臺幣。

顯然，市政官員認為歐文的作品太普通，藝術價值不高。

但官員們寧肯天天看三流畫，也不接受林布蘭的作品。

我問你，如果讓你設計一幅將士們抵抗強敵的作品，你會選擇下面哪個方案：

林布蘭的巨畫沒人要，丟了又很可惜。

別說 100 萬，林布蘭家裡 5 萬也沒有。他把這幅巨畫裁成幾幅小畫，低價售出。

1734 年，林布蘭去世 65 年後，有人以 60 荷蘭盾的價格購得其中一幅小畫。這幅小畫相當於原畫的四分之一。60 荷蘭盾也就是一張好床的價格。

這幅小畫現藏於瑞典。

2008 年 3 月，瑞典藝術家將這幅畫估價 1.23 億美元。

不幸中的不幸的是，韓德瑞克和兒子（只有 27 歲）都先於林布蘭去世。

1669 年，林布蘭在貧困中閉上眼睛，身邊只有女兒陪伴。

除了一些舊衣服和繪畫用具外，畫家沒有留下任何財產。因此，他只能葬在阿姆斯特丹西教堂的一處無名墓地裡。後來城市改造，把墓地平了。從此，再也找不到林布蘭的遺骸了。

林布蘭生前沒有留下傳記。他畫了上百幅自畫像，至今尚存 90 幅。這些自畫像有他的容貌、身分、家人、情感，財富、人生和他要向世人展示的東西。

林布蘭大鼻小眼，長得實在不好看。不過，如果一個畫家覺得自己都不美，

都沒有觀賞價值，他怎麼有信心去創作作品給別人欣賞？

年輕時，林布蘭畫過一幅自己和嬌妻的畫，從裡到外都透露著快樂。

晚年的林布蘭面部褶皺、表情憂鬱、身材肥胖、貧窮寒酸。他就畫這樣的自己，不用美化。

林布蘭依舊凝視著畫面外的你。

1658 年的自畫像，林布蘭為畫中的自己穿上了金色衣服。他挺直胸膛，表情嚴肅地端坐在椅子上，右手放在扶手上，左手握著一把畫畫用的木桿。

這是標準的國王畫像。

不管世人如何笑我，不管我的容顏如何衰老，不管我的衣服多麼破舊，我依然是繪畫界的王。

1658 年的自畫像中，林布蘭面帶微笑。也許是對冰冷世界的蔑視和回敬。

巴洛克主義創始人、林布蘭心目中的「老師」卡拉瓦喬，腰間經常藏著一把匕首。誰批評他的畫，他就找誰打架。

林布蘭用自畫像回覆批評、回覆世界。

我的人就是這樣，我的畫就是這樣。

我不在乎你們的嘲諷。

我寧肯窮死、餓死，也不畫一張庸俗的畫。

我林布蘭筆下沒有二流作品。

畫一幅畫，沒人評價，這是業餘畫家。

畫一幅畫，普通人都說好，這是二流畫家。

畫一幅畫，畫家都說好，這是一流畫家。

畫一幅畫，全世界都說不好，這是大師。

林布蘭的繪畫水準與同時代的魯本斯、維拉斯奎茲不相上下。後面兩個人為王室服務，美化君主，衣食無憂，與林布蘭的命運有天地之別。

林布蘭，荷蘭最偉大的畫家之一，世界歷史上最偉大的畫家之一。

林布蘭去世了，荷蘭藝術的黃金時代也結束了。

第 **25** 章
明末清初的歐洲繪畫

世界三大油畫作品中有〈蒙娜麗莎〉，另外兩幅是什麼？本章將為您講講油畫背後的故事和那些畫家們。

從明朝中期到清朝成立將近 150 年裡，歐洲藝術（繪畫、雕刻和建築）大體上可以分為三個階段。

第一階段是文藝復興階段，代表人物有文藝三傑（達文西、米開朗基羅、拉斐爾），有威尼斯三傑（提香、丁托列托 Tintoretto 和委羅內塞 Veronese），有北歐豪傑杜勒，有法蘭德斯怪傑老彼得‧布勒哲爾。

第二階段是矯飾主義階段，出現了一個奇葩，哈布斯堡王朝的宮廷畫家朱塞佩‧阿爾欽博托（Giuseppe Arcimboldo）。

任何人都會被他的畫吸引。比如，他畫〈圖書館長〉的肖像，就用各種書組成圖書館長的臉。他畫〈廚師〉，廚師的臉由乳豬和烤家禽構成。他畫〈園丁〉，園丁的臉全是蔬菜。

我們有時會遇到一類觀察題，讓你在一幅畫中尋找 10 種以上的動物。

阿爾欽博托就是這類畫的祖師爺。

1600 年，新世紀的頭一年，羅馬出現了一部轟動全城的作品 ——〈聖馬太蒙召〉（*The Calling of Saint Matthew*），並宣告了第三階段 —— 巴洛克階段的來臨。

巴洛克這個詞來源於葡萄牙語，意為不圓的珍珠，形狀怪異的珍珠。在義大利語中，巴洛克有「奇特、古怪、變形」等解釋。

〈聖馬太蒙召〉的作者叫卡拉瓦喬，是一位脾氣暴躁的「浪子天才」。關於他的事蹟與成就，筆者在其他著作中有詳細介紹。

卡拉瓦喬的創新點展現在三個方面：

❑ 整個畫面由明基調變為黑背景，高光聚焦在中心人物身上，整個畫面充滿戲劇性。

❑ 畫中人物形象從耶穌、聖母轉向人，既有王公貴族，也有平民百姓。小商小販、妓女小偷，皆可入畫。

❑ 從和諧優雅、平衡克制的動作轉向激情、誇張，甚至暴力。

天妒英才，卡拉瓦喬死於 1610 年。

卡拉瓦喬死後的一百年裡，歐洲最著名的畫家，包括林布蘭、維拉斯奎茲、魯本斯、維梅爾在內，都深受卡拉瓦喬影響，都算是巴洛克畫家。

其中，林布蘭、維梅爾、哈爾斯稱荷蘭畫派三傑。

魯本斯、范戴克和喬登斯稱法蘭德斯畫派三傑。

其中，林布蘭的〈夜巡〉（1642 年）、維拉斯奎茲的〈宮女〉（1656 年）與達文西的〈蒙娜麗莎〉合稱西方油畫的「三寶」。

〈夜巡〉是荷蘭的國寶，〈宮女〉是西班牙的國寶。

除了繪畫，這一百年內的雕塑、建築、音樂都被稱為巴洛克式。因此，當你聽說某件藝術品、某棟建築是巴洛克風格時，你就知道它們誕生於 17 世紀（明末清初）。

用個最簡單的方式歸納如下：

1500-1599 年，文藝復興時期；

1600-1699 年，巴洛克時期；

1700-1800 年，洛可可和浪漫主義時期。

我在之前的作品裡介紹過達文西、米開朗基羅、拉斐爾、老彼得‧布勒哲爾、卡拉瓦喬，加上本書中的貝尼尼、林布蘭，也只是介紹了很少一部分藝術家，也只是介紹了他們很少的作品。我在寫作過程中，學習了大量畫家的生平、作品，非常想介紹給讀者。相對於其他人，藝術家的脾氣更古怪，藝術家的生活更凌亂，藝術家的人生更多彩。

可惜的是，本書不是藝術史，沒有足夠的篇幅留給他們。

不懂藝術，生活的樂趣和意義至少降低一半。

藝術史和政治史、軍事史、科技史一樣重要。

藝術家對人類的貢獻不遜於政治家、軍事家和科學家。

藝術家是哲學家。他們透過不同常人的眼睛觀察世界，透過自己的畫筆和鑿子表達世界觀，表達人生觀。

藝術家是歷史學家。他們的作品真實地反映了那個時代人們吃什麼、穿什麼、住什麼、做什麼、家裡有什麼。他們的作品真實地反映了那個時代人們的喜悅和哀愁。

　　早在萬曆年間，明朝的畫家們就看到了傳教士帶來的西洋油畫，對其逼真程度讚歎不已。明末清初，歐洲畫家也在青花瓷上領略了中國繪畫作品。

　　藝術家是創新家。一個花瓶，一百個畫師畫出來都差不多。而一百個藝術家，可以創造出一百種表現形式。

　　不管哪個國家，藝術家都是國寶，藝術家的作品也是國寶。

　　然而，在古代社會，無論中國還是歐洲，人們都把藝術家當作地位不高的工匠。

　　西班牙畫家阿隆‧卡諾（Alonzo Cano）完成了一件貴族雕像，向貴族的會計索要 100 杜布倫（約 3,200 美元）酬勞。

　　會計問他：「你花了幾天時間完成的？」

　　「25 天。」

　　「那你一天就賺 4 個杜布倫？」

　　「我之所以能用 25 天成完，是因為我之前學了 15 年。」

　　「我也學了 15 年，而且還花大錢上大學。身為會計，我的職業比你高貴，但我一天只賺 1 個杜布倫。」

　　「你的職業比我高貴？」雕刻家咆哮道，「你，會計，是國王以地上的土造就的，而我，阿隆‧卡諾則是上帝親自創造出來的。」

　　盛怒之下，阿隆‧卡諾將雕像砸得粉碎。

　　現在文盲很少了，現在的「藝盲」卻比比皆是。除了知道幾個藝術家的名字，以及幾幅作品外，其他的就知之甚少了。大多數人一年去博物館看展覽不超過三次，其藝術知識尚停留在中小學生水準。包括我自己在內，這兩年透過閱讀材料、觀看畫作，也就具備了高中生的水準。

　　下面簡要介紹幾位 17 世紀的藝術家。

聽說過約翰尼斯‧維梅爾（1632-1675）的人可能不多，看過〈戴珍珠耳環的少女〉的人一定不少。

維梅爾出生在台夫特一個畫商家庭。21 歲時，他加入了台夫特畫家公會，當過兩屆公會領導人。他有 11 個兒女，由此導致生活貧困，有時不得不用油畫去抵償麵包鋪的債務。1675 年，維梅爾參加了抵抗法國軍隊的戰爭，因勞累過度，在貧病交加中去世，終年 43 歲。

他生前的作品不多，死後也不為人所知。

直到兩百年後，一位法國藝術評論家杜爾發現了這位埋沒已久的天才畫家。

維梅爾作品大多數描繪寧靜、和諧的家庭生活，特別是女性的形象和活動，畫面通常是一兩個人在室內勞作或休閒，光線從左側的窗戶照進來。

與同時期其他畫家不同，特別是與「自畫狂」林布蘭不同，維梅爾沒有畫過自畫像，只在一幅作品中畫過自己的背影。西班牙著名畫家達利對維梅爾佩服不已，特意在自己的畫裡重複了這個背影。

我們非常遺憾地無法目睹畫家的真容。

維拉斯奎茲（1599-1660）是文藝復興後期西班牙最偉大的畫家。法蘭西斯科‧哥雅認為他是自己心目中的「偉大教師」。

維拉斯奎茲出生於塞維利亞。12 歲開始學畫，19 歲娶了老師的女兒，26 歲成為宮廷畫師，為西班牙國王菲力普四世及王后、公主畫了大量的肖像畫。

國王非常欣賞維拉斯奎茲，經常在他的畫室一待就是幾個小時。

有人妒嫉他說：「維拉斯奎茲只會畫人頭，別的就一無所長了。」

維拉斯奎茲不快地回敬道：「整個西班牙，還沒有幾個人能畫好人頭。」

1660 年，維拉斯奎茲在籌備西班牙公主和法國國王路易十四的婚禮中勞累而死。

彼得‧保羅‧魯本斯（1577-1640）是 17 世紀法蘭德斯最著名、最有成就的畫家。魯本斯畫作最大的特點就是，他畫中的女人都很圓潤。

相對於其他畫家，魯本斯的人生非常成功。

他是歐洲各國王室的座上賓。西班牙國王任命他為大使，英國國王查理一世封他為爵士，法國王室向他下了大量訂單。

魯本斯負責接訂單，發想創意和框架，完成核心部分，其他的交給自己的助手完成。

魯本斯一生創作了大量的作品。對此，他無奈地說：

「我沒有那麼大的雄心，但訂單太多迫使我毫無勇氣地冒險。」

附錄
明末清初世界大事紀

時間	事件
萬曆四十八年 （1620 年）	・萬曆皇帝駕崩。 ・「五月花」號到達北美，部分乘客簽署《五月花號公約》。 ・天啟皇帝登基。
天啟元年 （1621 年）	・北美殖民者與印地安人共慶豐收，後來演變成感恩節。 ・荷蘭天文學家、數學家司乃耳提出司乃耳定律。
天啟二年 （1622 年）	・英國和波斯合作，從葡萄牙人手中奪走霍爾木茲。 ・葡萄牙人在澳門擊退前來進攻的荷蘭人。 ・荷蘭人侵占澎湖。 ・印地安酋長殺死了 347 名英國定居者。
天啟三年 （1623 年）	・《莎士比亞戲劇集》出版。
天啟四年 （1624 年）	・路易十三首建凡爾賽宮。 ・黎賽留成為第一部長。 ・聖法蘭西斯・澤維爾大學在玻利維亞成立。 ・福建政府迫使荷蘭人從澎湖撤離。
天啟五年 （1625 年）	・英國國王查理一世加冕。
天啟六年 （1626 年）	・荷蘭人以 60 荷蘭盾購買曼哈頓。 ・努爾哈赤去世。 ・聖彼得大教堂竣工。
天啟七年 （1627 年）	・後金軍首次征服朝鮮。 ・崇禎登基。
崇禎元年 （1628 年）	・威廉・哈維出版《心血運動論》。 ・湯瑪斯・曼撰寫重商主義名著《英國來自對外貿易的財富》。
崇禎二年 （1629 年）	・查理一世解散議會，開始「十一年暴政」。

附錄

時間	事件
崇禎三年 （1630 年）	・波士頓建市。 ・袁崇煥被凌遲。 ・德國天文學約翰尼斯・克卜勒去世。
崇禎四年 （1631 年）	・法國第一家報紙出版發行。 ・《風中奇緣》的男主角，英國冒險家約翰・史密斯去世。 ・英國人湯瑪斯・霍布森去世。作為一個馬販，他只展示自己最差的馬，然後告訴顧客可以自由選擇。後人用「霍布森選擇」表示沒有選擇。
崇禎五年 （1632 年）	・北美馬里蘭殖民地成立。 ・俄羅斯人建立雅庫茲克據點。 ・泰姬瑪哈陵開始建造。 ・康門紐斯出版《大教學論》。
崇禎六年 （1633 年）	・塞繆爾・德・尚普蘭單人新法國（加拿大）總督。 ・料羅灣大戰，鄭芝龍戰勝荷蘭艦隊。 ・徐光啟去世。
崇禎七年 （1634 年）	・法蘭西學院成立。 ・德國人創建保拉納啤酒廠。
崇禎八年 （1635 年）	・日本禁止出國，違者處死。
崇禎九年 （1636 年）	・哈佛大學成立。
崇禎十年 （1637 年）	・費馬在書頁空白處寫下費馬猜想。 ・荷蘭共和國出現鬱金香泡沫。 ・宋應星出版《天工開物》。 ・第一次中英衝突。 ・笛卡兒提出「我思故我在」。
崇禎十一年 （1638 年）	・荷蘭人定居模里西斯、錫蘭。
崇禎十二年 （1639 年）	・俄羅斯人到達太平洋。 ・荷蘭與日本達成獨家貿易合作協議。

時間	事件
崇禎十三年 （1640 年）	·第一家著名的歐洲咖啡廳在威尼斯開業。 ·法蘭德斯畫家彼得·保羅·魯本斯去世。
崇禎十四年 （1641 年）	·荷蘭人趕走麻六甲的葡萄牙人。 ·中國北部和中部爆發大規模瘟疫。 ·中國探險家兼地理學家徐霞客過世。
崇禎十五年 （1642 年）	·英國內戰爆發。 ·林布蘭完成他最著名的畫作〈夜巡〉。 ·荷蘭航海家阿爾貝·塔斯曼發現紐西蘭。
崇禎十六年 （1643 年）	·法國國王路易十四即位。 ·皇太極去世，順治皇帝繼位。 ·荷蘭阿爾貝·塔斯曼發現東加和斐濟。
崇禎十七年 順治元年 （1644 年）	·李自成進入北京，崇禎皇帝自殺。 ·清軍占領北京。
順治二年 （1645 年）	·多爾袞發布薙髮令。
順治四年 （1647 年）	·英國清教徒統治者禁止民眾過聖誕節。 ·義大利數學家卡瓦列里去世。 ·明朝文學家馮夢龍去世。
順治五年 （1648 年）	·荷蘭與西班牙結束八十年戰爭。 ·俄羅斯人傑茲諾夫從北冰洋穿過白令海峽，到達太平洋。 ·印度紅堡竣工。
順治六年 （1649 年）	·英國議會判處查理一世死刑並行刑。 ·法國數學家兼民間科學協會祕書長馬林·梅森去世。
順治八年 （1651 年）	·英國哲學家霍布斯出版《利維坦》。 ·英國第一家咖啡館在牛津開業。
順治九年 （1652 年）	·荷蘭人在好望角建立補給站，後成為開普敦。
順治十年 （1653 年）	·第一次英荷戰爭爆發。

附錄

時間	事件
順治十二年 （1655 年）	· 阿姆斯特丹市政廳揭幕，現為皇家宮殿。
順治十三年 （1656 年）	· 西班牙畫家維拉斯奎茲創作其最重要的作品〈宮女〉。
順治十四年 （1657 年）	· 克倫威爾拒絕成為英國國王，繼續稱護國公。 · 惠更斯出版了一本機率論著作。
順治十五年 （1658 年）	· 英國護國公克倫威爾去世。 · 清朝和俄羅斯軍隊在黑龍江發生武裝衝突。
順治十六年 （1659 年）	· 世界上第一張支票簽出。
順治十七年 （1660 年）	· 英國查理二世繼位。
順治十八年 （1661 年）	· 克倫威爾被戮屍。 · 順治去世，康熙皇帝繼位。
康熙元年 （1662 年）	· 鄭成功收復臺灣並於當年去世。 · 永曆皇帝被處死。 · 巴黎試行公車。 · 葡萄牙將印度孟買作為嫁妝送英國。

這邊皇帝在上吊，那邊歐洲人在幹嘛？

法國超鐵血宰相掌權、英國議會與國王撕破臉、俄國真假沙皇爭上位……慵懶的崇禎十七年，歐洲卻在大混戰！

作　　者：馬瑞民

發 行 人：黃振庭

出 版 者：崧燁文化事業有限公司

發 行 者：崧燁文化事業有限公司

E-mail：sonbookservice@gmail.com

粉 絲 頁：https://www.facebook.com/
　　　　　sonbookss/

網　　址：https://sonbook.net/

地　　址：台北市中正區重慶南路一段六十一號八
　　　　　樓 815 室

Rm. 815, 8F., No.61, Sec. 1, Chongqing S. Rd.,
Zhongzheng Dist., Taipei City 100, Taiwan

電　　話：(02)2370-3310

傳　　真：(02)2388-1990

印　　刷：京峯數位服務有限公司

律師顧問：廣華律師事務所 張珮琦律師

定　　價：460 元

發行日期：2023 年 07 月第一版

◎本書以 POD 印製

國家圖書館出版品預行編目資料

這邊皇帝在上吊，那邊歐洲人在幹
嘛？法國超鐵血宰相掌權、英國議
會與國王撕破臉、俄國真假沙皇爭
上位……慵懶的崇禎十七年，歐洲
卻在大混戰！/ 馬瑞民著 . -- 第一
版 . -- 臺北市：崧燁文化事業有限
公司 , 2023.07

　面；　公分

POD 版

ISBN 978-626-357-415-1(平裝)

1.CST: 歷 史 2.CST: 通 俗 作 品
3.CST: 歐洲

740.1　　112008191

電子書購買

臉書